Handlungsorientierung
und Mehrsprachigkeit

KFU
KOLLOQUIUM FREMDSPRACHENUNTERRICHT
Herausgegeben von Gerhard Bach, Volker Raddatz,
Michael Wendt und Wolfgang Zydatiß

BAND 7

PETER LANG

Frankfurt am Main · Berlin · Bern · Bruxelles · New York · Oxford · Wien

Dagmar Abendroth-Timmer
Stephan Breidbach
(Hrsg.)

Handlungsorientierung und Mehrsprachigkeit

Fremd- und mehrsprachliches Handeln
in interkulturellen Kontexten

PETER LANG
Europäischer Verlag der Wissenschaften

Die Deutsche Bibliothek - CIP-Einheitsaufnahme

Handlungsorientierung und Mehrsprachigkeit : fremd- und mehrsprachliches Handeln in interkulturellen Kontexten / Dagmar Abendroth-Timmer/Stephan Breidbach (Hrsg.). - Frankfurt am Main ; Berlin ; Bern ; Bruxelles ; New York ; Oxford ; Wien : Lang, 2000
  (Kolloquium Fremdsprachenunterricht ; Bd. 7)
  ISBN 3-631-37650-2

Gedruckt auf alterungsbeständigem,
säurefreiem Papier.

ISSN 1437-7829
ISBN 3-631-37650-2
© Peter Lang GmbH
Europäischer Verlag der Wissenschaften
Frankfurt am Main 2000
Alle Rechte vorbehalten.

Das Werk einschließlich aller seiner Teile ist urheberrechtlich geschützt. Jede Verwertung außerhalb der engen Grenzen des Urheberrechtsgesetzes ist ohne Zustimmung des Verlages unzulässig und strafbar. Das gilt insbesondere für Vervielfältigungen, Übersetzungen, Mikroverfilmungen und die Einspeicherung und Verarbeitung in elektronischen Systemen.

Printed in Germany 1 2 3 4 6 7

www.peterlang.de

INHALT

Vorwort der Herausgeber 7

I. EN GUISE D'INTRODUCTION

Dagmar Abendroth-Timmer/Stephan Breidbach
Mehrsprachigkeit und Mehrsprachigkeitsdidaktik 11

II. KULTUR – SPRACHE – VERSTEHEN

Gemeinsames Papier der kooperierenden Wissenschaftler/innen
Sprachliches Lernen und Handeln in mehrsprachigen und
interkulturellen Kontexten 23

Michael Wendt
Erkenntnis- und handlungstheoretische Grundlagen
des Fremdsprachenunterrichts 61

Klaus Schüle
In Relationen Denken und Handeln:
Vom konstruktiven Umgang mit dem Konstruktivismus 79

Peter Grundy
The role of Language in Language Learning: A Focus on Relevant Theory 97

III. FREMDSPRACHLICHES LEHREN UND LERNEN

Gerhard Bach
Handlungsorientiert lehren und lernen im Kontext von subjektiven
Theorien und Methodenvielfalt 109

Hannelore Küpers
Sprachen Lehren und Lernen: Prozessmusterwechsel 119

Dagmar Abendroth-Timmer/Michael Wendt
Französisch/Spanisch als Arbeitssprache im Sachfachunterricht 131

Andreas Bonnet
Naturwissenschaften im bilingualen Sachfachunterricht: *Border Crossings?* 149

Stefanie Lamsfuss-Schenk
Didaktik des Fremdverstehens im bilingualen Geschichtsunterricht:
Eine qualitative Longitudinal-Studie im bilingualen Klassenzimmer 161

Anschriften der Autoren 177

Vorwort der Herausgeber

Seit 1999 besteht am Fachbereich Sprach- und Literaturwissenschaften der Universität Bremen das *Institut für Fremdsprachendidaktik und Förderung der Mehrsprachigkeit* (INFORM), ein Zusammenschluss der Didaktiken des Englischen, der romanischen Sprachen, Deutsch-als-Fremdsprache sowie der Angewandten Linguistik. Mit dem Ziel der Internationalisierung der Forschung und der Nachwuchsförderung kooperiert INFORM seither mit Universitäten aus Norddeutschland (Hamburg, Osnabrück, Oldenburg), mit der Université de Franche-Comté (Besançon, Frankreich) und der University of Durham (Großbritannien). Zentraler Bestandteil der Kooperation ist die Durchführung gemeinsamer Kolloquien.

Vom 18. bis 20. November 1999 veranstaltete INFORM mit dankenswerter Unterstützung des Fachbereichs 10 der Universität Bremen, der französischen Botschaft und des Institut Français de Brême das zweite Fremdsprachendidaktische Kolloquium. Es galt dem Thema „Handlungsorientierung und Mehrsprachigkeit: Fremd- und mehrsprachliches Lernen und Handeln in interkulturellen Kontexten." Die Besonderheiten des Kolloquiums bestanden in der gemeinsamen Perspektivierung der Forschungsinteressen und der Öffnung für Fremdsprachenlehrerinnen und -lehrer. Daher wurden zu den einzelnen Themenbereichen Workshops angeboten, deren besondere Qualität vor allem in den Diskussionsprozessen zu sehen ist. Ziel dieses Sammelbandes ist die Anregung weiterer, über den Rahmen der Tagung hinausgehender Diskussionsprozesse.

Die auf dem Kolloquium gehaltenen Vorträge wurden für diese Publikation überwiegend neu bearbeitet. Für ihre umsichtige inhaltliche und formale Überarbeitung und Korrektur sei den Beiträgern/innen an dieser Stelle nochmals gedankt. Gleichzeitig bedanken wir uns bei Martina Lienhop für die sorgfältige und kompetente Erstellung und Bearbeitung der Manuskriptvorlage. Auch INFORM und den Herausgebern der Schriftenreihe „Kolloquium Fremdsprachenunterricht" sei ein Dank für die Ermöglichung dieser Publikation ausgesprochen.

Bremen, im Dezember 2000

Dagmar Abendroth-Timmer
Stephan Breidbach

I. En guise d'introduction

Mehrsprachigkeit und Mehrsprachigkeitsdidaktik

Dagmar Abendroth-Timmer/Stephan Breidbach

Nachstehend soll der Begriff der Mehrsprachigkeit reflektiert werden. Dabei werden gesellschaftliche wie institutionelle Fragen einbezogen und hinsichtlich psycholinguistischer und interkultureller Faktoren diskutiert. Es werden anschließend einige Ansätze der Mehrsprachigkeitsdidaktik vorgestellt. Insgesamt soll der Beitrag zum Thema der dann folgenden Beiträge des Sammelbandes hinführen.

1. Gesellschaftliche Sicht auf Mehrsprachigkeit

> Exemple vertigineux d'une réalité exaltante : découvrir d'autres langues n'est pas seulement utile. C'est une aventure de l'esprit et des sens, une invitation au voyage, un hommage à l'intelligence, une jubilation. (Lietti 1994: 56)

Bilingualität oder Mehrsprachigkeit sind keine Erfindungen der Neuzeit ebenso wenig wie die frühe Heranführung von Kindern an andere Sprachen. Bereits die Römer ließen im zweiten Jahrhundert v. Ch. ihre Kinder durch griechische Sklaven fremdsprachlich unterweisen (vgl. Lietti 1994: 27ff.); ihnen folgten in späteren Epochen Sprachmeister und Gouvernanten. Ein überwiegender Teil der Weltbevölkerung ist gesellschaftlich bedingt mehrsprachig. Mehrsprachigkeit ist somit der demografische Normalfall. In Staaten jedoch, die nur eine offizielle Nationalsprache haben, wurde lange Zeit Mehrsprachigkeit als schädlich dargestellt (vgl. Lietti 1994: 67).

Dieses Denken wirkt bis heute weiter und führt dazu, dass die Diskussionen über den Erhalt der Migrantensprachen und die Förderung sogenannter Schulfremdsprachen auseinander klaffen (Sauer 1993: 90). Dabei wird die Frage aufgeworfen, ob Kindern in der Schule ein Recht auf Einsprachigkeit oder auf Mehrsprachigkeit zugebilligt werden sollte (vgl. Heintze/Nehr/Neumann 1991: 28, Werner 1997). Generell wird den Migrantensprachen nach wie vor nicht der Status von lernrelevanten Fremdsprachen zugemessen (Belke 1993: 81f.), obgleich mit ihrer Aufnahme in den Kanon der Schulsprachen das Problem der kulturellen und kommunikativen Künstlichkeit der Fremdsprachenlernsituation überwunden werden könnte.

Gogolin (1994) spricht in Anlehnung an die Terminologie von Bourdieu pointiert von einem „monolingualen Habitus" des deutschen Bildungssystems. Damit bezeichnet sie den Sachverhalt, dass grundsätzlich von einer homogen einsprachigen Schüler- und Lehrerschaft ausgegangen wird, weshalb die Bezugssprache selbstverständlich und unhinterfragt das Deutsche ist. Daraus resultiert, dass die faktische Mehrsprachigkeit von Migrantenkindern bereits im Ansatz ignoriert wird oder als ein "Problem" nur dieser Kinder auftaucht.

Dagegen gilt es innerhalb der interkulturellen Erziehungswissenschaft und Teilen der Fremdsprachendidaktik mittlerweile als unstrittig, dass der Kontakt mit anderen Wahrnehmungsmustern und Denkweisen durch den Einbezug der verschiedenen gesellschaftlich vorzufindenden Sprachen eröffnet werden könnte. Hierdurch ließen sich, so die Annahme, mögliche neue Wege der Integration der verschiedenen kulturellen Gruppen aufzeigen.

Im Folgenden sollen diese neuen fremdsprachendidaktischen Konzepte der Entwicklung von Mehrsprachigkeit unter Einbezug der Betrachtung psycholinguistischer und interkultureller Lernprozesse sowie der institutionellen Gegebenheiten betrachtet werden.

2. Außerinstitutionell versus institutionell erworbene Mehrsprachigkeit

Die Wechselwirkung zwischen Sprache, Wahrnehmung, Denken und Kultur steht im Zentrum einer Reihe von Theorien. Gemäß der sowjetischen Psychologie, namentlich Vygotsky, dient Sprache der Einflussnahme auf die (soziale) Umwelt und hat ihrerseits Einfluss auf das Denken. Während der zweite Teil der Grundannahme, die der sogenannten Whorf-*Hypothesis* entspricht, bis heute Gegenstand kontroverser linguistischer Debatten ist, wurde der erste Teil zu einem akzeptierten Ausgangspunkt der Sprachbetrachtung unter Vertretern des Konstruktivismus. Bereits Piaget verwendet die Unterscheidung zwischen einer egozentrischen und einer sozialisierten Sprache und fasst damit die Verbindung zwischen der kognitiven und sprachlichen Entwicklung des Kindes, das sich durch seine Handlungen und symbolbildende Spiele aktiv und lernend mit der Umgebung auseinander setzt. Dabei scheinen biologische, soziologische, pädagogische und kulturelle Faktoren den spezifischen und individuellen Entwicklungsverlauf, dessen Grundstruktur eher universeller Art ist, zu bestimmen (Moscato/Wittwer 1992: 39).

Werden mehrere Sprachen in außerinstitutionellen Kontexten (mehrsprachiges Elternhaus, Migrationssituation u.ä.) erworben, ist trotz kommunikativ eventuell ähnlicher Lernnotwendigkeiten nicht von einer parallelen Sprachentwicklung auszugehen, da die genannten Faktoren hinzutreten und die Strukturmerkmale der jeweiligen Sprachen unterschiedlich sind. D.h. eine grammatische Funktion wird nicht zeitgleich in beiden Sprachen erworben, da sie in der einen Sprache eventuell komplexere Formen verlangt. Zudem verursacht der gleichzeitige Erwerb mehrerer Sprachen durch die jeweiligen sprachlichen Strukturen bedingte Interferenzen. Ferner ist das soziale Prestige dieser Sprachen ein wichtiger Faktor. Gesellschaftliche Missachtung von Sprachen bezeichnet Skutnabb-Kangas (in Heintze/Nehr/Neumann 1991: 26) als kulturellen und institutionellen Linguizismus (vgl. auch de Mattheis 1978: 143), aus dem eine "doppelte Halbsprachigkeit" von Migrantenkindern resultieren könne. Hiermit ist die Annahme gemeint, dass Mehrsprachige ihre Sprachen nicht so weitgehend beherrschen, wie von monolingualen Sprechern angenommen wird:

A 'semilingual' is considered to exhibit the following profile in both their languages: displays a small vocabulary and incorrect grammar, consciously thinks about language production, is stilted and uncreative with each language, and finds it difficult to think and express emotions in either language. (Baker 1993: 9)

Auch wenn diese Aussage kritisch betrachtet werden kann und in ihrer politischen Dimension möglicherweise triftiger ist als in seiner spracherwerbstheoretischen, so weist es doch auf den Umstand hin, dass die Unterdrückung von Sprachen zu Identitätsproblemen bei den Sprechern führen kann. Eine in der Gesellschaft verbreitete Vorstellung des Begriffs der "doppelten Halbsprachigkeit" ist mit der Schlussfolgerung verbunden, dass die "vollständige" Beherrschung einer einzigen "Verkehrs-" Sprache durch Maßnahmen wie einem Verbot der jeweiligen Sprachen in der Schule angestrebt werden sollten. Eine solche Maßnahme ist jedoch als restriktiv und damit kontraproduktiv zu bezeichnen, da sie soziale Kontakte in der betreffenden Sprache zu Gleichaltrigen mit gleicher Muttersprache unterbindet und damit die Sprach- und Identitätsentwicklung einschränkt. Auch der muttersprachliche Zusatzunterricht ist nach seiner Einbindung in die Stundentafel zu beurteilen und dann als ausgrenzend zu werten, wenn er zeitlich parallel zum Unterricht im Klassenverband erfolgt.

Dennoch ist auch im Falle von Sprachen, die keinem der o.g. Linguizismen ausgesetzt sind, festzustellen, dass bei ihrem simultanen Erwerb (vgl. Peltzer-Karpf/Zangl 1998: 18f.) nicht zwingend eine ausgewogene Sprachbeherrschung erreichbar ist. Meistens überwiegt die Kompetenz in einer, dann dominanten Sprache (vgl. Lietti 1994: 69, Edwards 1995: 59), oder aber einzelne Teilkompetenzen und Register sind in der einen Sprache mehr ausgebildet als in der anderen. Burgschmidt (nach Weller 1993: 19) fasst dies mit dem Begriff der „asymmetrischen Mehrsprachigkeit". Die Dominanz einer Sprache ist nicht statisch und kann je nach Lebenssituation zwischen den Sprachen wechseln. Mehrsprachigkeit bedeutet damit den Erwerb von Teilkompetenzen in mehr als einer Sprache, die ihrerseits mit ganz unterschiedlichen kulturell geprägten Konzepten verbunden sein können.

Bei der Aneignung mehrerer Sprachen im institutionellen Kontext handelt es sich in der Regel um sukzessive Mehrsprachigkeit (vgl. Peltzer-Karpf/Zangl 1998: 18f.). Innerhalb der Fremdsprachendidaktik bezeichnet Mehrsprachigkeit das Verfügen über Kompetenzen in mehreren Fremdsprachen ohne Berücksichtigung der Erwerbssituation und des Perfektionsgrades; diese Sichtweise bezog sich anfänglich auf romanische Mehrsprachigkeit (vgl. Meißner/Reinfried 1998b). Ob im schulisch-institutionellen Rahmen überhaupt von Mehrsprachigkeit gesprochen werden kann, bezweifelt Weller (1993: 9) mit dem Hinweis, dass das schulische Erlernen einer Fremdsprache „ein spezieller Fall von Sprachkontakt [ist], der aber nicht zur Bilingualität führt." Insgesamt spielt, so Weller (ebd.), „natürliche" Bilingualität im deutschen Bildungssystem bis auf wenige Ausnahmen in speziellen Bildungsgängen wie Internationalen Schulen, Europaschulen, Natoschulen oder Auslandsschulen keine wesentliche Rolle:

> Wenn „bilingual" zur Bedingung hat, daß der Mensch im unmittelbaren Wirkungsbereich zweier Sprachen steht, gehört das schulische Lernen fremder Sprachen eigentlich

überhaupt nicht in den Kontext der Zwei- oder Mehrsprachigkeitsforschung. Die normale, öffentliche Schule ist nicht in der Lage, die Zweisprachigkeitsbedingungen zu schaffen, die auf längere Sicht zum tatsächlichen Kontakt zweier „beherrschter Sprachen führen können". (Weller 1993: 10)

Diese Feststellung wird unterstützt durch empirische Befunde aus dem Bereich der Brüsseler Europaschule von Housen/Baetens-Beardsmore (1987: 99f.), die feststellen, dass Sprachvermögen in einer Fremdsprache wesentlich davon abhängt, ob das außerschulische Umfeld den tatsächlichen Gebrauch der Sprache notwendig und in diesem Sinne authentisch macht. In diesem Zusammenhang ist der Hinweis von de Mattheis (1978: 144) von Bedeutung, wonach eine hohe Sprachperformanz nicht zwingend durch einen umfangreichen Kontakt mit der Sprache (z.B. durch einen Aufenthalt im Zielsprachenland) erreicht wird, sondern neben dem Alter des Kindes und damit der kognitiven Voraussetzung zum Lernen die Beziehung zu den Sprechern der Sprache entscheidend ist.

Damit wird die in der Diskussion unterstellte Unterscheidbarkeit zwischen außerinstitutionell erworbener und institutionell erworbener Mehrsprachigkeit grundsätzlich infrage gestellt. Psycholinguistisch kann diese Unterscheidbarkeit nicht unterstützt werden, da die Prozesse der Sprachaneignung in beiden Fällen gleichen Mustern unterliegen. Der Erwerb einer zweiten Sprache erfolgt aber auf Basis der zuerst erworbenen Sprache und der jeweiligen kognitiven Reife, d.h. einzelne Phasen werden verkürzt oder übersprungen. Es kann ferner angenommen werden, dass Assoziationsgesetze wirken. Zum einen werden Strukturen mit den Situationen, in denen sie erworben werden, abgespeichert, zum anderen sind hiermit Assoziationen zwischen den Sprachen gemeint, die sich auf die Lautung oder Schreibung, auf inhaltliche oder grammatikalische Ähnlichkeiten beziehen (vgl. Meißner/Reinfried 1998b: 16f.). Jeder Erwerb einer weiteren Sprache wird beeinflusst durch die vorhandenen Sprachbestände und beeinflusst diese seinerseits. Es ist sogar festzustellen, dass gerade die Fähigkeit zum Sprachtransfer bei Mehrsprachigen höher ist (vgl. Dalgalian 1996: 22 in Meißner/Reinfried 1998b: 18). De Mattheis (1978: 48) findet in seiner Untersuchung Hinweise darauf, dass den Einzelsprachen ein Makromodell von Sprache bzw. Universalien zugrunde liegt, von denen her die Einzelsprachen, die gelernt werden, analysiert werden.

3. Grundlagen schulischer Konzepte der Mehrsprachigkeitsförderung

Die Mehrsprachigkeitsdidaktik versucht, die dargestellten Prozesse des wechselseitigen Einflusses von Sprachlernprozessen für den Fremdsprachenunterricht nutzbar zu machen, indem sie auf Sprachbewusstheit der Lernenden abzielt (vgl. Meißner/Reinfried 1998b: 16). Wie im Einzelnen diese Prozesse unterstützt werden können, soll im Zentrum des nächsten Abschnitts stehen.

Auf der Basis der Feststellung, dass das Kind im Kindergarten- und Grundschulalter durch seine psychosoziale und kognitive Disposition eine besonders ausgeprägte

Nachsprechkompetenz aufweist und, da es sich am Beginn der Sozialisation befindet, sich durch Offenheit gegenüber Neuem und Fremdem auszeichnet, bemüht sich die Fremdsprachendidaktik um die Einführung des fremdsprachlichen Frühbeginns. Hier konkurrieren verschiedene Modelle (vgl. Sauer 1993: 89ff., siehe auch Abendroth-Timmer/Breidbach 2001).

Zum einen gibt es das Modell des frühen Lehrgangbeginns in einer einzigen Sprache, meist einer Sprache mit hohem Verkehrswert (besonders Englisch) oder in Grenzregionen in einer Nachbarsprache. Ziel ist die Steigerung der fremdsprachlichen Leistungen. Dieses Modell könnte dazu dienen, eine zweite Fremdsprache bereits in Klasse 5 einsetzen zu lassen. Gegner des Modells führen als Kritikpunkt die frühe Leistungsorientierung an. Es wird eine zu frühe Einführung der Schriftlichkeit und dadurch eine Beeinträchtigung in der deutschen Schreibung befürchtet.

Dem stehen die Modelle des Integrativen Sprachunterrichts und der Interkulturellen Begegnung mit Sprachen gegenüber. Ziele dieser Modelle sind die erste Erprobung von Sprachen und Sprachenlernen zwecks Sensibilisierung für Sprache (*language awareness*), besseren Verständnisses der eigenen Sprache/n und Förderung des interkulturellen Lernens. Bei diesen Modellen wird keine systematische Progression angestrebt. Gegenstand können eine oder mehrere Sprachen, etablierte Schulfremdsprachen oder die jeweiligen Sprachen der Kinder in der Klasse sein. Ganz besonders auf den interkulturellen Kontakt ausgerichtet ist schließlich das Modell "Personale Begegnung", bei dem die Nachbarschaftssprachen über das gegenseitige Kennenlernen, also den persönlichen Kontakt, gefördert werden.

Insbesondere das zuerst genannte Modell verlangt eine genaue Abstimmung der Weiterführung in der Sekundarstufe I. Hierfür liegen bislang weder konkrete didaktische Modelle, noch spezifische Unterrichtsmaterialien vor. Ferner besteht Klärungsbedarf hinsichtlich der Sprachlernreihenfolge und entsprechender Kursmodelle (z.B. Profilkurse, die einzelne Fertigkeiten gesondert anzielen) in den weiterführenden Schulen. Es scheint auf wissenschaftlicher Ebene Einigkeit bezüglich der Notwendigkeit einer größeren Flexibilität des Angebots an möglichen Schulsprachen zu bestehen. Auf gesellschaftlicher Ebene hingegen wird eine größtmögliche Zuverlässigkeit für den Fall des Schulwechsels verlangt, so dass die Schüler/innen die angefangene Sprache auch an anderem Ort weiterlernen können.

Daher gibt es nur vereinzelte Versuche mit anderen Sprachen als Englisch in der fünften Klasse. Eine weitere Schwierigkeit scheint in der Einteilung der Fächerkategorien zu liegen (vgl. Meißner 1999). Zum einen wird das Fach Latein in die Kategorie der Fremdsprachen eingeordnet und tritt damit in Konkurrenz zu den modernen Fremdsprachen. Hingegen könnte es im Rahmen einer fächerübergreifenden Einbindung in die Kategorie der Gesellschaftswissenschaften einen authentischen Bezug erhalten, da z.B. historische Quellentexte im Original herangezogen werden könnten. Zum anderen wird für die Fächerwahl in der Sekundarstufe II die Kategorie "Sprachen" gebildet, die durch den Einbezug von Deutsch die Wahlverpflichtung von den Fremdsprachen weglenkt und die Anwahl reduziert.

Als eine geeignete Möglichkeit, die erwünschte Anwahlmotivation zu erhöhen, kann der bilinguale Sachfachunterricht eine wichtige Funktion erfüllen. Er verfolgt das Ziel, die oft beklagte kommunikative Künstlichkeit des Fremdsprachenunterrichts zu überwinden, indem die Sachfächer für Sprachen geöffnet werden. Damit wird der Sachfachunterricht um interkulturelle Sichtweisen bereichert, ersetzt er aber nicht den Sprachunterricht, da er Sachfachunterricht bleiben soll. Jedoch auch hier, ebenso wie bei den bereits genannten anderen Modellen, ist eine Tendenz zum Englischen als bevorzugte Arbeitssprache festzustellen. So sehr dies angesichts der weltweiten Bedeutung des Englischen als Verkehrs-, Handels- und Wissenschaftssprache verständlich und bis zu einem gewissen Grade unausweichlich ist, so sehr muss auch gelten, dass Mehrsprachigkeit, verstanden als das Verfügen über eine Erstsprache und Englisch sowie über mindestens eine oder mehrere weitere Sprachen (Wolff 2000: 159) der aktiven Förderung bedarf, um Wirklichkeit zu werden.

4. Mehrsprachigkeit und Handlungsorientierung in den Beiträgen des Sammelbandes

In den Abschnitten 2 und 3 wurde ein Teil der Forschungsgebiete der Mehrsprachigkeitsdidaktik aufgezeigt. Im Folgenden werden diese Aspekte in bezug auf die einzelnen Beiträge weitergeführt, vertieft und ergänzt. Der vorliegende Sammelband vereint Aufsätze, die auf der Basis von Vorträgen entstanden sind, die auf dem zweiten Fremdsprachendidaktischen Kolloquium des Instituts für Fremdsprachendidaktik und Förderung der Mehrsprachigkeit (INFORM) gehalten wurden. Darüber hinaus wurden in den Band zwei Texte aufgenommen, die der Präzisierung gemeinsamer und Bremer Forschungsinteressen dienen. Gemeinsam ist den einzelnen Beträgen die Ausrichtung auf die Erforschung mentaler Prozesse bei der Aneignung von Fremdsprachen, die zum einen für die präzisere weitere Definition der Begriffe Mehrsprachigkeit und Interkulturelles Lernen bedeutsam sein können, die zum anderen die Entwicklung innovativer Konzepte der Lehrer/innenbildung, der Schulstrukturplanung und des Fremdsprachenunterrichts unterstützen sollen.

Am Anfang des Kapitels „Kultur – Sprache – Verstehen" steht ein von Michael Wendt koordiniertes Grundsatzpapier der kooperierenden Wissenschaftler/innen. Sprachliches Handeln wird in seinen Dimensionen als mentales, soziales und kulturelles Handeln verstanden, wobei Lerner/innen empirisch nachzuweisende Strategien entwickeln. Das Grundsatzpapier stellt die sich aus dieser Ausgangslage ergebenden Forschungszweige und konkreten Forschungsthemen im Bereich mentaler Prozesse differenziert dar.

Es folgt mit zwei Beiträgen von Michael Wendt und Klaus Schüle eine kritische und in Teilen konträre Auseinandersetzung mit dem Paradigma „Konstruktivismus" als mögliche Basistheorie der Sprachlernforschung und der Fremdsprachendidaktik. Wendt plädiert für die Orientierung am sogenannten „radikalen Konstruktivismus". Daraus ergibt sich für ihn die Auffassung, nach der sprachliches Verstehen die Konstruktion von mentalen Welten aufgrund äußerer Wahrnehmungen darstellt. In einem Prozess fortlaufender Überprüfung, „Viabilisierung" genannt, erfolgt stets der Anschluss an Bekanntes und gegebenenfalls ist die Re- oder Neukonstruktion von Bedeutungen die Folge. Wendt versteht mentale Konstruktionen individueller Bedeutungen wie interindividuelle Konstruktionen von kulturellen Sinnzusammenhängen als Ergebnisse aktiven Handelns. Er betont, dass für die fremdsprachendidaktische empirische Forschung beide Aspekte, individuelle und interindividuelle Wirklichkeitskonstruktionen, von großer Bedeutung sind, zumal das am konstruktivistischen Paradigma orientierte pädagogische Ziel der Konstruktionsbewusstheit den ethischen Anforderungen an eine Zukunft in pluralistischen Gesellschaften in hohem Maße entspricht.

Klaus Schüle spricht sich für ein „Denken in Relationen" aus. Dies bedeutet für ihn den Verzicht auf absolute Wahrheiten und damit auf orthodoxe Rigorismen in der Fremdsprachendidaktik und ihren Bezugswissenschaften. Kritisch setzt er sich mit der Auffassung nach deutlichen Vereinfachungstendenzen in der fremdsprachendidaktischen Rezeption des Konstruktivismus auseinander. Anhand des Streits um „Instruktion versus Konstruktion" führt er auf den Ebenen der Lernpsychologie und Pädagogik, Argumentationslogik, des sprachlichen Bedeutungserwerbs, der Methodologie, der Unterrichtspraxis sowie auf der normativ-politischen Ebene vor, dass ein in Richtung uneingeschränkter Individualisierung verstandener Konstruktivismus keine hinreichende Antwort auf pädagogisch-ethische Fragen zu geben in der Lage ist und damit seinen anti-dogmatischen Urimpuls für die Schule verspielt.

Den Abschluss des Kapitels bildet der Beitrag von Peter Grundy, der die zuvor aufgeworfene Frage der Vermittelbarkeit und Lernbarkeit von Sprachen anhand der *Relevance Theory* behandelt. Dabei lenkt er den Blick zurück von der Lehrer-Schüler Interaktion auf den eigentlichen Gegenstand, die Sprache selbst. Grundy geht von der Überlegung aus, dass Sprache deswegen lernbar ist, weil sie von sich aus bereits Hinweise zu ihrer Interpretation transportiert. Zum Verständnis von sprachlichen Äußerungen benötigen Lerner/innen ein komplexes Gefüge von Inferierungsstrategien, um die impliziten Verstehensanweisungen einer Äußerung erkennen und bewerten zu können. Da aber sprachliches Geschehen stets in einem Handlungskontext steht, kommt es auch im Unterricht darauf an, dass Lerner/innen Sprache in einer Weise begegnen, die ihnen ermöglicht, die in der Sprache inhärenten Markierungen zur Verstehenskonstruktion heranziehen können.

Das sich anschließende Kapitel „Fremdsprachliches Lehren und Lernen" führt die Diskussion weiter und nimmt den konkreten Fremdsprachenunterricht in den Blick. Gerhard Bach beginnt mit einer kritischen Perspektivierung der Lehreraus- und -fortbildung. Er warnt vor der Gefahr, der Lehrer/innen ausgesetzt sind, ihre sprachliche und fachliche Intuition gegen ein überbordendes Theorie- und Methodenangebot auszuspielen und so mit kaum reflektierten subjektiven Theorien das eigene

Unterrichtshandeln zu bestreiten. Dagegen könne eine gründliche Klärung des Selbstbildes in eine persönliche Positionierung innerhalb des wenig homogenen Interessenkomplexes münden, in dem Unterricht stattfindet. Auf diese Weise wird auch ein positives Verständnis von Fachdidaktik als einer Wissenschaft möglich, die ihre Forschungs- und Erkenntnisinteressen im Wechselspiel mit den konkreten und individuell reflektierten Bedürfnissen von Lehrer/innen entwickelt.

Hannelore Küpers skizziert unter Bezug auf das konstruktivistische Paradigma und unter Hinzuziehung einer systemtheoretischen Sichtweise die konzeptionellen Grundlagen eines Schulversuchs im Bereich der Strukturplanung. Sie geht davon aus, dass gewohnte Handlungs- und Organisationsmuster, die kennzeichnend für Schule sind, mit dem Ziel der Motivationssteigerung durchbrochen werden können. Der Gewinn ergibt sich daraus, dass solche „Prozessmusterwechsel" aufgrund ihres Irritationspotenzials Lernen in besonderer Weise fördern können. Da „Prozessmusterwechsel" aber in hohem Maße als Managementprobleme auftauchen, stellt Küpers in einem Forderungskatalog für die Ausbildung von Lehrer/innen die Fähigkeit zu systemischem Denken in den Vordergrund.

Es folgen sodann drei Artikel zum bilingualen Sachfachunterricht. Bei dem ersten Beitrag von Dagmar Abendroth-Timmer und Michael Wendt handelt es sich um ein Grundsatzpapier zur Planung und Durchführung eines Projektes mit dem Ziel der Verstärkung des Französischen als Sprache für den bilingualen Sachfachunterricht. In diesem Beitrag erfolgt eine intensive Auseinandersetzung mit bereits bestehenden Konzepten und Organisationsformen des bilingualen Sachfachunterrichts sowie eine Skizzierung der Arbeit am Projekt mit Studierenden im Lehramtsfach Französisch an der Universität Bremen.

Konzeptuell argumentiert auch der Artikel von Andreas Bonnet. Ausgehend von Sperbers kulturanthropologischem Ansatz verknüpft Bonnet naturwissenschaftliches Lernen im bilingualen Chemieunterricht mit dem Konzept des interkulturellen Lernens, indem er Auslöser für Lernprozesse als Fremdheitserfahrungen von Schüler/innen beschreibt, die diese mit einer ihnen unvertrauten und damit kulturell entfernten, naturwissenschaftlichen Weltsicht erleben. Die doppelte Fachsprachlichkeit des bilingualen Unterrichts ermöglicht es in besonderer Weise, dass Schülerinnen und Schüler sich Begriffen und Konzepten nähern und sich diese in einem sprachlich-kognitiven Handlungsprozess erschließen.

Einen konkreten Einblick in bilingualen Sachfachunterricht liefert schließlich Stefanie Lamsfuss-Schenk, die anhand der Analyse von Unterrichtsausschnitten interkulturelle Verstehensprozesse im (bilingualen) Geschichtsunterricht sichtbar macht. Sie greift das Konzept des Fremdverstehens auf, das sie im Hinblick auf Perspektivenwechsel seitens der Schülerinnen und Schüler operationalisiert. Im Vergleich mit einer monolingual unterrichteten Kontrollgruppe erweist sich auch hier die Mehrsprachigkeit der Unterrichtskommunikation und der Unterrichtsmaterialien als ein wichtiger Faktor, um bei den Schüler/innen Sinnerschließungs- und Verstehensstrategien zu fördern, welche die Ausbildung von Fremdverstehen ermöglichen.

Damit schließt sich der Kreis und es zeigt sich der enge Wechselbezug der versammelten Artikel, deren Intention es ist, die konzeptuelle Diskussion des Begriffs "Mehrsprachigkeit" stärker in die Richtung der zu erforschenden Prozesse und einer begründeten Weiterentwicklung eines modernen Fremdsprachenunterrichts zu lenken. Über die verbindende Klammer des Handlungsbegriffs wird die gemeinsame Überzeugung deutlich, dass Sprache nicht ohne einen sinnstiftenden Kontext gedacht werden kann und dass sich dies sowohl auf die lehrende wie auch lernende Beschäftigung mit Sprache auswirken muss.

Literaturhinweise

Abendroth-Timmer, Dagmar/Breidbach, Stephan (2001): L'apprentissage plurilingue à l'école maternelle. In: Küpers, Hannelore/Souchon, Marc: Dokumentation des Kolloquiums an der Université de Franche-Comté vom 22. bis 24. Juni 2000. Frankfurt/Main: Lang. (In Vorbereitung.)

Baker, Colin (1993): *Foundations of Bilingual Education and Bilingualism.* Academic consultant: Ofelia García. Clevedon: Multilingual Matters.

Belke, Gerlind (1993): "Begegnungssprachen" – nur für deutsche Schüler? *Englisch* 28/3: 81-84.

Edwards, John (1995): *Multilingualism.* Harmondsworth: Penguin, 1st ed. 1994.

Gogolin, Ingrid (1994): *Der monolinguale Habitus der multilingualen Schule.* Münster: Waxmann.

Heintze, Andreas/Nehr, Monika/Neumann, Monika (1991): Chance oder Risiko? Welche Chance bietet zweisprachige Erziehung für türkische und deutsche Kinder? *Die Grundschulzeitschrift* 5/43: 26-29.

Housen, Alex/Baetens-Beardsmore, Hugo (1987): Curricular and extra-curricular factors in multilingual education. *SSLA* 9: 83-102.

Kielhöfer, Bernd/Jonekeit, Sylvie (1995): *Zweisprachige Kindererziehung.* Tübingen: Stauffenburg.

Mattheis, Mario de (1978): *Mehrsprachigkeit: Möglichkeiten und Grenzen.* Phonologische, morphologisch-syntaktische und semantische Studien zur Mehrsprachigkeit bei Kindern. Frankfurt/Main: Lang.

Meißner, Franz-Joseph (1999): Lernkontingente des Französischunterrichts in der Sekundarstufe II: 1989 und zehn Jahre danach. *Französisch heute* 3: 346-351.

-----/Reinfried, Marcus (Hrsg.) (1998a): *Mehrsprachigkeitsdidaktik.* Konzepte, Analysen, Lehrerfahrungen mit romanischen Fremdsprachen. Tübingen: Narr.

-----/Reinfried, Marcus (1998b): Mehrsprachigkeit als Aufgabe des Unterrichts romanischer Fremdsprachen. In: Dies. (Hrsg.) (1998a): 9-22.

Moscato, Michel/Wittwer, Jacques (1992): *La psychologie du langage.* Paris: Presses universitaires de France, 4ième éd.

Lietti, Anna (1994): *Pour une éducation bilingue.* Paris: Editions Payot & Rivages, 2ième éd.

Peltzer-Karpf, Annemarie/Zangl, Renate (1998): *Die Dynamik des frühen Fremdsprachenerwerbs.* Tübingen: Narr.

Reinfried, Marcus (1998): Transfer beim Erwerb einer weiteren romanischen Fremdsprache. Prinzipielle Relevanz und methodische Integration in den Fremdsprachenunterricht. In: Meißner/Reinfried (Hrsg.) (1998a): 23-43.

Sauer, Helmut (1993): Fremdsprachlicher Frühbeginn in der Diskussion. Skizze einer historisch-systematischen Standortbestimmung. *Neusprachliche Mitteilungen aus Wissenschaft und Praxis* 46/2: 85-94.

Weller, Franz-Rudolf (1993): Bilingual oder zweisprachig? Kritische Anmerkungen zu den Möglichkeiten und Grenzen fremdsprachigen Sachunterrichts. *Die Neueren Sprachen* 92/1.2: 8-22.

Werner, Hildegard (1997): Ist die These von der Multilingualität des Menschen ein verhängnisvoller Irrtum? Ein Beitrag zur Diskussion des Fremdsprachenunterrichts in den Grundschulen. *Sache, Wort, Zahl* 25/12: 51-53.

Wolff, Dieter (2000): Möglichkeiten zur Entwicklung von Mehrsprachigkeit in Europa. In: Bach, Gerhard/Niemeier, Susanne (Hrsg.): *Bilingualer Unterricht. Grundlagen, Methoden, Praxis, Perspektiven.* Frankfurt/Main: Lang: 159-172.

II. Kultur – Sprache – Verstehen

Sprachliches Lernen und Handeln in mehrsprachigen und interkulturellen Kontexten

Plurilinguisme en action – Appropriation de langues étrangères et secondes en contextes interculturels

Multilingualism in action – Acquiring and using languages in intercultural contexts

Gemeinsames Papier der kooperierenden Wissenschaftler/innen
Koordination: Michael Wendt

Unser Ziel ist es, durch die gemeinsame Forschungstätigkeit und besonders die Gründung eines Europäischen Forschungskollegs einen wesentlichen Beitrag zu einer theoretisch und empirisch begründeten Neuorientierung und zur Verbesserung des Fremd- und Zweitsprachenunterrichts in der mehrsprachigen und multikulturellen Gesellschaft zu leisten.

Sprachliches und nonverbales ("körpersprachliches") Handeln werden als Formen mentalen, sozialen und kulturellen Handelns verstanden, die sich im Hinblick auf ihre empirische Erforschung als Lernerstrategien modellieren lassen. In dieser Sicht ist *Lernen* Voraussetzung und gleichzeitig mögliches Ergebnis von *Handeln*, führt aber keineswegs selbstverständlich zum Handeln oder gar zu gesellschaftlich erwünschtem sprachlichen und sozialen Handeln. Es wird angenommen, dass Fähigkeiten und Einstellungen in unterschiedlicher Weise auf Lern- und Handlungsbereitschaft einwirken.

Mit diesem Problem hat es Fremdsprachenunterricht und in erweiterter Perspektive jeder Sprachunterricht zu tun. Er trifft seine Adressaten in eigen- und mehrkulturellen Kontexten an. Darauf muss er sich einstellen und gleichzeitig bemüht sein, bildungs-, europa- und wirtschaftspolitisch gewollte *Mehrsprachigkeit* zu erhalten und zu fördern sowie interkulturelle Handlungsfähigkeit zu entwickeln.

Im Mittelpunkt des Forschungsvorhabens stehen somit die beiden komplementären Fragen:

- Welche Auswirkungen hat handlungsorientierter Sprachunterricht mit dem Ziel interkulturellen Lernens auf Einstellungen und sprachliches Lernen?
- Welche Auswirkungen haben Einstellungen, Sprachlernen, Sprachbedarf, Sprachbesitz und Sprachverlust auf mentales, soziales und kulturelles Handeln?

Ihre Beantwortung erfordert zum einen die theoretische Begründung des *interkulturellen Lernens*, die sich nicht mehr umweglos aus traditionellen Kulturbegriffen herleiten lässt und die dem sich abzeichnenden Wandel von Kultur als Norm zu Kultur als Handlungsrepertoire Rechnung zu tragen hat.

Sie erfordert zum anderen interdisziplinäre Grundlagenforschung vor allem in den Bereichen Fremdsprachendidaktik, Zweitsprachendidaktik, Sprachwissenschaft, Kognitionswissenschaft, Lernpsychologie, Soziologie, Ethnologie und Kulturwissenschaft.

Sie erfordert schließlich Exploration, Fallstudien, Feldforschung und Evaluation alternativer Lernumwelten und Lehrgangstypen im internationalen Vergleich.

Mit dem langfristigen Ziel eines Europäischen Forschungskollegs wird somit auch ein erster Versuch unternommen, eine sprach- und kulturraumübergreifende *Vergleichende Fremd- und Zweitsprachendidaktik* zu etablieren.

1. Handlungs- und lerntheoretische Begründung des Vorhabens
1.1 Sprachliches Handeln
1.1.1 Handlungs- und kognitionstheoretische Grundlagen

Handlungsorientierung gilt als eines der wichtigsten Prinzipien des modernen Sprachunterrichts im Allgemeinen und des Fremdsprachenunterrichts im Besonderen (z.B. Timm 1995, Wendt/Zydatiß 1997, Schiffler 1998; s. 1.2.2), jedoch wird der Begriff zur Charakterisierung der unterschiedlichsten didaktischen-methodischen Lehrmeinungen und Konzepte verwandt (vgl. Raasch 1999). Die vielfältigen Ausformungen haben sich aus der Verbindung des Begriffs mit anderen Ansätzen (bsd. Aufgabenorientierung, Schülerorientierung, interaktives Lernen, Lernerautonomie, Projektorientierung) entwickelt. Sie sind i.d.R. nicht an theoretische Modellierungen des sprachlichen Handelns rückgebunden und haben bisher keinen Anlass zu dessen Erforschung gegeben.

Von allgemeinen (idealistischen, positivistischen, voluntaristischen) Handlungstheorien (vgl. Münch 1988) wird *Handeln* als zielgerichtet, aktiv, erfahrungsbasiert, auf Verwendung von Mitteln angewiesen und strukturiert bzw. organisiert beschrieben.

Auch *sprachliches Handeln* weist diese Merkmale auf (vgl. Wendt 1993b: 41). In ihm werden außer sprachlichen insbesondere motivationale, funktionale, fertigkeitsspezifische, ethische, soziale, situative, interaktive, kulturelle, wissensbasierte und strategische Faktoren der Sprachproduktion, Sprachrezeption und Interaktion wirksam.

Eine Mehrzahl von *Theorien des sprachlichen* oder *kommunikativen Handelns* scheinen sehr geeignet, der Erforschung der Zusammenhänge zwischen sprachlichem Handeln und Sprachlernen ein weites Feld zu öffnen. Linguistische Pragmatik (vgl. Austin 1972, Searle 1971, Maas 1972, Wunderlich 1979), pragmatisch-funktionale Diskursanalyse (Bange 1992), Semiotik (Posner 1985) und Interaktionsanalyse (Henrici 1990) interpretieren sprachliches Handeln und seine Wirkungen als gesellschaftliche und kulturelle Praxis. Sprachphilosophie (Wittgenstein 1971) und konstruktivistische Erkenntnistheorie (Hejl 1992: 317, Maturana 1992: 113) beschreiben Sprache als Einheit von Sprechen und Handeln. Soziologen (Habermas 1971, Bourdieu 1998) untersuchen (kommunikatives, interaktives) Handeln im Netzwerk gesellschaftlicher Bedingungen und sozialer Beziehungen und Normen. Interaktion als *Inter-Aktion* erfährt in diesen Zusammenhängen eine erweiterte Bedeutung, die die Auswirkungen sprachlichen (kommunikativen, medialen) Handelns auf andere (einschl. Manipulation, Diskriminierung) einschließt.

Von besonderer Bedeutung im Hinblick auf die Untersuchung sprachlichen Handelns im Rahmen des gewählten Themas scheint die Aufarbeitung der sowjetischen Sprachhandlungstheorie (Wygotski 1972, Leont'ev 1971, Galperin 1972, Lompscher 1972, Knobloch 1994: 73-75). Mit der von ihr getroffenen Unterscheidung in *äußeres (materielles)* und *inneres (geistiges) Handeln* überschreitet sie einerseits das Verhaltensparadigma, indem sie erlaubt, Wahrnehmung, Verstehen und Kognition und insbesondere die prozedurale Wissensdimension in das Handeln einzubeschreiben, bleibt sie andererseits offen für die physische Dimension sprachlichen Handelns.

Auf der Grundlage dieses Ansatzes stellt sich die Frage nach dem Zusammenhang zwischen *mentalen Prozessen* und *sprachlichem Handeln* neu. Im Hinblick auf sprachliches Handeln kann behauptet werden, dass in vielen Fällen geistiges Handeln dem materiellen vorausgeht (z.B. Planen einer Äußerung) bzw. aus Anlass materiellen Handelns erfolgt (Rezeption). Andererseits kann weder theoretisch noch forschungsmethodisch davon ausgegangen werden, dass bestimmte mentale Prozesse oder Konstrukte zwangsläufig bestimmte äußere Handlungen bewirken. Dennoch können gewisse allgemeine Übereinstimmungen zwischen beiden Handlungsebenen vermutet werden.

Bereits aus dem allgemeinen Handlungsbegriff folgt, dass geistiges und materielles Handeln motiviert und zielgerichtet erfolgen. Ein Handlungsmotiv oder -ziel kann in einem Funktionselement der Interaktion liegen, das in diesem Fall als *Zeichen* oder *Signal* interpretiert wird und Handeln auslöst. Handeln kann jedoch auch aufgrund innerer Motive erfolgen; in den seltensten Fällen dürfte es eine einzige, eindeutig benennbare Ursache haben.

Handlungsmotive (in der Sprechakttheorie *Intentionen* oder *Absichten* genannt) sind daher im weitesten Sinne (z.B. Nenniger 1978) *kognitiv* dimensioniert; d.h. dass in sie eingehende Faktoren der kognitiven Dimension im engeren Sinne und/oder dem *affektiven* bzw. *emotionalen* oder *sozial-affektiven* Bereich zuzuordnen sind. Attituden, Einstellungen bzw. persönlich akzeptierte Normen dürften i.d.R. beide Bereiche umspannen. Die Emotionalität der Motive menschlichen Handelns (und Lernens), die sog. Emotionale Intelligenz (Goleman 1997) und die Affektlogik (Ciompi 1985/93) sind auch heute noch unzureichend erforscht. Die Notwendigkeit ergibt sich jedoch u.a. aus den folgenden Überlegungen.

Geistige und materielle Handlungen sind erfahrungsbasiert (s.o.). Da *Erfahrungen* aber den kognitiven (im engeren Sinne), den affektiven und den physischen (sensorischen und motorischen) Bereich umschließen, ist es notwendig, das *Lernersprachenmodell* (vgl. u.a. Vogel 1990/95) – will man es weiterhin zur Beschreibung sprachlichen Lernens und Handelns nutzen – dementsprechend zu dimensionieren. Es umfasst dann das (deklarative und prozedurale, implizite und explizite) Wissen, das Wollen und das Können in Bezug auf die Ausgangs- und Zielsprache sowie die Ausgangs- und Zielkultur (*Interkultur*) unter Einschluss der Sprachbewusstheit und subjektiver Theorien (1.2.3), der Bedeutungskonstruktion (z.B. Aitchison 1997: 87f. zur Prototypensemantik) sowie aller Formen non-verbalen Kommunizierens (Körpersprache, Piktogramme etc.).

Hieraus folgt bereits, dass die genannten Bereiche, Dimensionen oder Persönlichkeitsfaktoren (vgl. Riemer 1997) als miteinander interagierend verstanden werden sollten. Unter diesem Aspekt sind sprachliches Lernen und Handeln als *ganzheitlich* zu modellieren. Die Verwendung dieses Begriffs in der Fremdsprachendidaktik (vgl. Timm 1995) ist nicht so sehr gestalttheoretisch begründet; namentlich die Diskussion über sog. alternative Methoden und über Projektmethoden benutzt ihn zur Kennzeichnung der mehrkanaligen (Sinne) oder mehrere Persönlichkeitsbereiche umspannenden Erfahrung.

Die Frage nach dem Handlungsziel führt zur Frage nach den *Auswirkungen* und somit letztlich nach den *Bedeutungen von Handlungen*, hier: des sprachlichen Handelns (in der Sprechakttheorie: Perlokution). Hiermit ist die rezeptive Dimension sprachlichen Handelns angesprochen. Dazu heißt es bei Varela (1990: 107): „Wahrnehmen und Erkennen sind untrennbar mit Handeln verbunden." Wie jede Wahrnehmung so ist auch die Wahrnehmung eigener und fremder Handlungen in erster Linie Interpretation. Interpretation von (sprachlichen) Handlungen wiederum ist ein geistiges Handeln, durch das (sprachlichen) Handlungen *Bedeutung* zugemessen wird. Die handlungstheoretische Semantik beruht auf der Annahme, dass Bedeutung sich im sprachlichen Handeln konstituiert (vgl. Gloning 1996). Es wird hier vorgeschlagen, konnotative Bedeutungen, die aus der Rückbindung an eigene kognitive, affektive und physische Erfahrungen und somit aus dem eigenen Individuations- und Sozialisationsprozess gewonnen werden und denotative Bedeutungen, die am (meist vorläufigen) Ende sozialer und kultureller Aushandlungsprozesse stehen, zu unterscheiden.

Auf eine Skizzierung kognitionstheoretischer Sichtweisen (Informationsverarbeitungs modelle, konstruktivistische Ansätze, neurobiologische Kognitionstheorien, Inneismus-Hypothesen u.a.m.) wird hier verzichtet, um deren zu berücksichtigende Vielfalt nicht schon an dieser Stelle einzuengen.

1.1.2 Das Strategienmodell als Forschungsansatz

Von geistigem und materiellem Handeln im Bedingungsgefüge der in 1.1.1 genannten Faktoren des sprachlichen Handelns kann schließlich angenommen werden, dass es in vielen Fällen planvoll erfolgt. Handlungspläne sind häufig (z.B. Faerch/Kasper 1983) als *Strategien* bezeichnet worden. Innerhalb der *Lernerstrategien* werden *Lernstrategien* oder *-techniken, Kommunikationsstrategien* und *kognitive* oder *metakognitive Strategien* unterschieden, wobei bisher das Forschungsinteresse stark überwiegend den beiden erstgenannten Formen der Lernerstrategien galt (vgl. Rampillon/Zimmermann 1997).

Diese Einschränkung erklärt sich weitgehend aus der *Geschichte des Strategiebegriffs*, die im "Problemlösen" als Fanal der sog. kognitiven Wende ihren Ursprung hatte und ihren Weg über die kognitive Psycholinguistik (Miller/Galanter/Pribram 1960, Kielhöfer/Börner 1979), über die Fehleranalyse (Slama-Cazaku 1970), die Interlanguage-Hypothese (Selinker 1972) und darauf aufbauende Stufen der Lernersprachenforschung (z.B. Faerch/Kasper 1983) genommen hat. Die eigentlich naheliegende Anbindung des Strategienmodells an Konzeptionen des sprachlichen Handelns, die selbstverständlich auch mentales Handeln (u.a. Sprechaktplanung, kognitive Strategien, Lernorganisationsplanung, Einstellungen) einschließt, ist erst vor wenigen Jahren (Bange 1992, Friedrich/Mandl 1992, Wendt 1993b, 1996) gesehen worden. Diese Anbindung bildet eine tragfähige, jedoch bislang ungenutzte Grundlage zur Erforschung sprachlichen Handelns. Mögliche *Ergebnisse* dieser Forschung könnten u.a. in der Identifizierung von Handlungsmustern (allgemeinen kognitiven Handlungsstrukturen), in der Benennbarkeit unterscheidbarer kognitiver Handlungs- oder Strategieebenen, in der Überwindung der Fixierung der Strategienforschung auf das Problemlösen jeweils im Hinblick auf sprachliches Handeln und schließlich in einem neuen Verständnis produktiver, rezeptiver und interaktiver Sprachhandlungen sowie der Handlungsorientierung im Sprachunterricht bestehen.

1.1.3 Interdisziplinäre Bezüge

Linguistik: Soziolinguistik, Psycholinguistik, kognitive Linguistik, kognitive Semantik, Prototypensemantik, linguistische Pragmatik, Diskursanalyse

Kognitionswissenschaft: Neurobiologie der Kognition, Verstehenstheorien

Philosophie: Sprachphilosophie, Handlungstheorien, Erkenntnistheorie

Psychologie: Handlungstheorien, Lernpsychologie, Wahrnehmungspsychologie, Gedächtnistheorien, Motivationspsychologie, Einstellungsforschung

Soziologie: Handeln im Netzwerk sozialer Beziehungen und Normen, Sozialisation und Individuation

Erziehungswissenschaft: Handlungsorientierung, Ganzheitlichkeit

1.1.4 Forschungsthemen

◇ Schulische, curriculare und außerschulische Einflüsse auf Einstellungen, Interaktionsprozesse, Lernersprachen und Strategien
◇ Personale, ethische, situative, massenmediale und soziale (ideologische, statusbezogene) Faktoren fremd-, zweit- und mehrsprachigen Handelns
◇ Sprachliches und non-verbales Handeln als gesellschaftliche und kulturelle Praxis
◇ Auswirkungen sprachlichen und non-verbalen Handelns in unterschiedlichen Kontexten
◇ Die vier sprachlichen Grundfertigkeiten als Formen sprachlichen Handelns
◇ Formen und Ebenen sprachlichen Handelns ("Strategieebenen")
◇ Auslösung, Motive und Ziele sprachlichen Handelns
◇ Bedeutung als mentales Konstrukt ("konnotativ") und als Ergebnis sozialer Aushandlungsprozesse ("denotativ") bei der Begriffsbildung und im Verstehensprozess

- Zusammenhänge zwischen innerem (mentalem) und äußerem (sprachlichem) Handeln
- Kognitive Strukturmuster und Ebenen ("Modellierung") fremd-, zweit- und mehrsprachlichen Lernens und Handelns
- Explizites, implizites, deklaratives und prozedurales Wissen und Erfahrung
- Nicht-erstsprachiges Wahrnehmen und Verstehen als *bottom-up* und *top-down*-Prozesse
- Lernersprachliche Hypothesenbildung und Lernersprache als Konstrukt
- Kognitive, sozial-affektive, motorische und sensorische Lernerstrategien
- Lern- und Kommunikationsstrategien

1.2 Sprachlernen und Handeln

1.2.1 Sprachbegriffe

Der Lerngegenstand Sprache lässt sich mit einer Vielzahl von Sprachbegriffen (vgl. auch Bausch/Christ/Hüllen/Krumm 1987) in Verbindung bringen. Diese variieren im Kontext unterschiedlicher Bezugsdisziplinen, vgl. z.B. linguistische Teilbereiche (u.a. Kognitive Linguistik, Psycholinguistik, Soziolinguistik, Neurolinguistik, Textlinguistik, Aphasieforschung und Patholinguistik, Forschung zu sprachlichen Universalien versus linguistische Relativitätshypothese nach Whorf, Kontrastive Linguistik), Sprachphilosophie, Sprachpsychologie, Fachsprachenforschung und Terminologieforschung und selbst innerhalb der Fremdsprachendidaktik: Mündlichkeit/Schriftlichkeit, Lernersprache/Lehrersprache/Erwerbssprache, sprachliche Minima, Sprachenpolitikforschung, Semasiologie/Onomasiologie, authentische Sprache. Schließlich ist die spätestens seit Herder (1770/72, Teil 2) intensiv geführte Diskussion über Sprache und Denken (vgl. Schwarz 1996: 52-55, Sucharowski 1996, Davidson in Preston 1998) zu berücksichtigen. Auch Whorfs *Relativity Hypothesis* hat in jüngster Zeit wieder verstärkte Beachtung gefunden, da es mittlerweile genügend empirische Belege gibt, die sie untermauern und die zeigen, dass Sprache das Denken kanalisieren kann (Gumperz/Levinson 1996, Lee 1996, Bowermann im Druck, Dirven/Niemeier im Druck).

Aus semiotischer Perspektive ist gesprochene Sprache ein lautliches Zeichensystem, das in der Regel von parasprachlichen und non-verbalen Äußerungsformen begleitet, teilweise auch ersetzt wird. Die Saussure'sche Dichotomie ist schon von Ogden/Richards (1923) und besonders von Peirce (1968) durch die Ebene der Zeichenbenutzer, die die jeweilige "Bedeutung" konzeptualisieren, ergänzt worden.

1.2.2 Handlungsorientiertes Sprachlernen

Sprachlernen ist eine Form der Aneignung einer Sprache, die nicht die Erstsprache ist. Nach Krashen (1981) wird *Lernen* unter Anleitung als Gegenbegriff zum *Erwerb* in natürlichen Kontexten verstanden; generalisierend werden häufig sowohl Lernen als auch Erwerb als generische Begriffe für beide Aneignungsformen verwandt. Beide erscheinen als Voraussetzungen, als Begleiterscheinungen und zugleich als mögliche Ergebnisse von sprachlichem Handeln. Sprachlernen durch Handeln führt zur Annäherung des Lernens an den Erwerb und zur Ergänzung des expliziten Sprachwissens durch implizites.

Ein Sprachunterricht, der dieser Sichtweise Rechnung trägt, versteht sich i.d.R. als *ganzheitlich* (s. 1.1.1). Wenn Lernen ganzheitlich erfolgt, kann es nicht losgelöst von den neurobiologischen Bedingungen der kognitiven (erste Hinweise bei Piaget 1969), affektiven und physischen Entwicklung gesehen werden.

Handlungsorientiertes Sprachlernen wird häufig durch Schlagwörter wie sprachliches Probehandeln, Hypothesentesten, Aushandeln kommunikativer Zusammenhänge oder Aushandeln von Bedeutung gekennzeichnet. In unterschiedlichem Ausmaß verweisen aber bereits länger bekannte Konzepte des Lernens auf die notwendige *Selbsttätigkeit der Lernenden*: Lernen durch Versuch und Irrtum, Lernen durch Einsicht, entdeckendes Lernen, erlebnishaftes Lernen, *total physical response*, projektorientierter Unterricht, kreativer Unterricht, Freinet-Pädagogik, Lernen durch Lehren, autonomes Lernen. Jedoch sind auch imitatives Lernen oder Paradigmen-Lernen nicht ohne die eigene Tätigkeit der Lernenden denkbar.

Nach heutigem Stand der Forschung kann keinesfalls als gesichert gelten, dass sprachliches Lernen im Wesentlichen durch Sprachaufnahme und -verarbeitung geschieht. Inwiefern Lernersprache (vgl. 1.1.1) als mentales Konstrukt und als selbstreferenzielles System (Zangl 1997) anzusehen ist, das lediglich auf seine Tauglichkeit zum sprachlichen Handeln überprüft wird und inwieweit Konzepte der Erst- und Fremdsprache interagieren bzw. als autonome Systeme bestehen bleiben, bedarf weiterer Untersuchungen.

Hiermit stellt sich die bisher auch nicht annähernd gelöste Frage nach den *Zusammenhängen zwischen Lehr- und Lernhandlungen* (bzw. *input/intake*, "Verarbeitung" und *output*). Legenhausen (1994: 468) äußert hierzu, „daß man von einer eingeschränkten Lehrbarkeit von Sprache auszugehen hat." Als gesichert kann damit nur festgehalten werden, dass Lernen unter Anleitung in Institutionen bis zu einem gewissen Grad stattfindet.

Zwar sind *Lernzuwächse* feststellbar, es ist aber weder theoretisch noch empirisch abgesichert, ob sie sich linear oder nicht-linear (also trotz Lehrplanvorgaben und Progressionen) ereignen. Was Instruktion bewirkt und ob die Bewertung des Lernerfolgs durch Auszählen von Fehlern ein geeignetes Korrektiv der Lernprozesse darstellt, ist ebenso ungeklärt. Hier spielt auch Krashens (1982) affektiver Filter als Metapher für eine positive, angstfreie Lernatmosphäre eine in der Größe noch nicht abzuschätzende Bedeutung.

Relativ sicher scheint hingegen, dass Lernen und insbesondere sprachliches Lernen Ähnlichkeiten mit anderen persönlichkeitsbildenden *Individuations-* und *Sozialisationsprozessen* aufweisen. In der Tradition der deutschen Schulen ist das Lernen der neueren Fremdsprachen auf europäische und insbesondere westeuropäische Enkulturation ausgerichtet. Folgerungen und Alternativen werden in Teil 2 diskutiert.

1.2.3 Sprachlehr- und Sprachlernbewusstheit

Das zunehmende Interesse auch der Fremdsprachenforschung für bei Lehrenden zu beobachtende „Lernmythen" (Hermes 1996) und für die *subjektiven Theorien* der Lernenden (Kallenbach 1996, De Florio-Hansen 1998) und Lehrenden (Caspari 1999, Mayer [Manuskript vorgelegt]) lässt sich als Reaktion auf die genannten Unsicherheiten verstehen. Wenn auch noch nicht geklärt ist, inwieweit subjektive Theorien bestimmte Handlungsweisen voraussagbar machen, kann durch introspektive Verfahren herausgefunden werden, welche das Lehren und Lernen mehr oder weniger beeinflussende Faktoren den Befragten und den Befragern/innen bewusst sind bzw. durch Reflexion bewusst gemacht werden können.

Die in jüngerer Zeit für den Fremdsprachenunterricht weiterentwickelte Konzeption von *Sprachbewusstheit* hilft möglicherweise, eine solche Neuorientierung des Sprachlernens und -handelns zu unterstützen. Eine Definition geben James/Garrett (1992: 4): „Language Awareness is a person's sensitivity to and conscious awareness of the nature of language and its role in human life". Diese Konzeption ist von Edmondson (1997: 93) im Hinblick auf das Lernen präzisiert worden:

> Unter ‚Sprachlernbewusstheit' verstehe ich Kenntnisse über das Fremdsprachenlernen allgemein und/oder über das eigene Fremdsprachenlernen, die u.a. aus Erfahrungen und Introspektion gewonnen werden, die nach Auffassung des Subjekts Einfluss auf das Fremdsprachenlernen hatten, haben oder haben können. Nach diesem Konzept gilt Wissen über das Fremdsprachenlernen nur dann als Sprachlernbewusstheit, wenn eine Relevanz für das Verhalten des Subjekts eintritt, d.h. Einsichten in sich selbst als Lerner können zur Sprachlernbewusstheit beitragen.

Untersuchungen zu spezifischen und generellen *Lernstrategien* (z.B. Rampillon 1996) helfen, den Verlauf von Lernprozessen von einer Meta-Ebene aus zu verstehen und ggfs. zu beeinflussen.

1.2.4 Interdisziplinäre Bezüge

Linguistik: Sprachbegriffe, sprachliche Universalien, Psycholinguistik der sprachlichen Grundfertigkeiten, Lernersprachen, Konzeptualisierung, linguistische Relativitätshypothese

Semiotik: Zeichenbegriffe, non-verbale Kommunikation ("Körpersprache"), Paralinguistik, Semiosefähigkeit, Kultursemiotik

Psychologie:	Lernpsychologie, Gedächtnispsychologie, subjektive Theorien, Kognitionspsychologie, Einstellungen, Lernstrategien
Kognitionswissenschaft:	Neurobiologie der Sprachfähigkeit und Fremdsprachenfähigkeit sowie ihrer Entwicklung über mehrere Altersstufen, Kognition und Emotion, Sensumotorik
Soziologie:	Empirie, Individuations- und Sozialisationsprozesse
Kulturwissenschaft:	Enkulturation

1.2.5 Forschungsthemen

- ✧ Formen des handlungsorientierten/ganzheitlichen Fremdsprachenunterrichts und ihre Wirkungen auf Lernende
- ✧ Änderungen im Selbstverständnis Lernender und Lehrender durch handlungsorientierten Fremdsprachenunterricht
- ✧ Fremdsprachenlernen als Individuations- und Sozialisationsprozess
- ✧ Zielsprachige Kommunikation und Sozialisation
- ✧ Zusammenhänge zwischen Lernen und Lehren im Fremdsprachenunterricht (Lehrbarkeit von Sprache; Instruktionsunterricht)
- ✧ Subjektive Theorien Lernender/Lehrender/Lehrwerkautoren/Schülereltern/Bildungspolitikern/Lehrplanautoren/Schulverwaltung
- ✧ Subjektive Theorien und Lernersprachen (Wie schätzen Lernende ihre Kommunikationsfähigkeit und -bereitschaft in der Fremdsprache ein?)
- ✧ Zusammenhänge zwischen kognitiven, affektiven, motorischen und sensorischen Lernprozessen und Gedächtnisleistungen
- ✧ Kognition, Imitation und Automatisierung in Sprachlernprozessen
- ✧ Parasprachliche und non-verbale Ausdrucksformen der Zielsprachenkultur
- ✧ Zusammenhänge zwischen Sprachlernen und Kulturbewusstheit
- ✧ Interaktion der konzeptuellen Welten von Mutter- und Fremdsprache
- ✧ Interferenzen zwischen verschiedenen konzeptuellen Systemen
- ✧ *Natural semantic metalanguage* (Wierzbicka) als „kulturfreie" Übertragungssprache
- ✧ Sprachlernbewusstheit und Strategien/Lerntechniken
- ✧ Sprachlernbiografien; insbsd. Zusammenhänge zwischen institutionellem Fremdsprachenlernen und ungesteuertem Fremdsprachenerwerb
- ✧ Validierung des sprach- und kulturbezogenen Lernens als autonom-selbstreferenzieller, konstruktiver und ganzheitlicher Makroprozess
- ✧ Sprachlernen als konstruktiver Prozess
- ✧ Sprachlernen als kreative Hypothesenbildung
- ✧ Linearität und A-Linearität des Sprachlernens

✧ Implizites und explizites Sprachwissen im handlungsorientierten Fremdsprachenunterricht

2. Fremdsprachenunterricht und Mehrsprachigkeit
2.1 Fremdsprachenunterricht und Handlungsorientierung
2.1.1 Definitionen und Perspektiven

Fremdsprachenunterricht ist eine institutionell oder in anderer Weise veranstaltete Form der Aneignung einer nicht-ersten Sprache ("Zielsprache"). Grob unterschieden werden: Ort, Zeitpunkt und Lebensphase ("vom Kindergarten bis zum Seniorenkurs") des Lernens einer zweiten/weiteren Sprache unter Anleitung ("Lehren"). Zweite und weitere Kultur-, Verkehrs- und Kontakt-Sprachen sind die als erste, zweite und weitere Sprachen etablierten Schulfremdsprachen, die Sprachen in der Erwachsenenbildung, Nachbarschaftssprachen und Immigrationssprachen (Herkunftssprachen). Unterricht in den letztgenannten Sprachen wird jedoch nur an wenigen Orten i.d.R. in der Erwachsenenbildung angeboten.

Künftige Anforderung an den Fremdsprachenunterricht sind u.a. in der Empfehlung Nr. R (98) 6 mit Anhang der Ministerrunde des Europarats vom 17.3.1998 beschrieben (Council of Europe 1998). Dementsprechend werden Fremdsprachen *früher* gelernt werden müssen. Außerdem müssen sie *intensiver* gelernt werden, was eine Änderung der Rahmenbedingungen (Stundentafeln, Lehrgangslängen, Weiterführung begonnener Fremdsprachen) und der Lehrpläne (vgl. Wunsch 1999) sowie den Einbezug neuer Lernformen (computergestützt, kreativ-konstruktiv, handlungsorientiert, autonom) erfordert. Schließlich werden sie *diversifizierter* gelernt werden müssen (Parliament Assembly vom 23.9.1998); vgl. Mehrsprachigkeit, schulische und individuelle Sprachenprofile.

Die am häufigsten beschriebenen *Lernbereiche* im Fremdsprachenunterricht sind Grammatik, Wortschatzerwerb, die sprachlichen Fertigkeiten, Kontextwissen ("Landeskunde") und ihre Interrelationen. Sie können jedoch lediglich als Teilbereiche des sprachlichen Handels gelten.

Das Thema des gemeinsamen Forschungsvorhabens impliziert die zentrale Hypothese der *Komplementarität von Lernen und Erwerben* (s. 1.2.2), wobei davon ausgegangen wird, dass sprachliches Handeln im Unterricht auf sprachliches Handeln in Erwerbskontexten vorbereitet. Da die traditionelle Trennung von Lernen und Erwerben die Aneignung einer Fremdsprache eher behindert, sind die vorrangigen Aufgaben des Fremdsprachenunterrichts zukünftig in der Vorbereitung, Simulierung und Flankierung von Erwerbsprozessen zu sehen. Daher wird sprachliches Handeln nicht mehr als nachschulische Zukunftsperspektive, sondern als Teil und notwendige Ergänzung von schulischem Sprachlernen gesehen. In dieser Hinsicht können sowohl die Reformpädagogik (vgl. Winter 1999) als auch die kommunikative Didaktik als Wegbereiter des handlungsorientierten Fremdsprachenunterrichts gelten.

Handlungsorientierung und Lernerautonomie als aktuelle Soll-Werte (vgl. Edelhoff/Westkamp 1999, Reinfried 1999) verändern die Sozialformen des Unterrichts, den Lernort "Klassenzimmer", Lern- und Arbeitstechniken sowie die Beschaffenheit von Lernanlässen. Lernumwelten, Lernstationen, Simulationen und andere Lehr-Lern-Szenarien treten neben medien-/computer-/multimedia-gestützte Lernformen und beeinflussen das Selbstverständnis von Lernenden und Lehrenden.

Während Lehrende nunmehr ihre Hauptaufgabe darin sehen können, für Lernanlässe zu sorgen (Monitor, *care-taker*), die die vorhandenen Erfahrungen, Wissensbestände und Einstellungen der Lernenden in Frage stellen (Perturbation), sind diese aufgerufen, das eigene Lernen zunehmend selbstständig und selbstverantwortlich zu organisieren. Damit öffnet Handlungsorientierung den Blick auf die pädagogische, soziale und ethische Dimension von Fremdsprachenunterricht.

Während die *Auffassungen von handlungsorientiertem Fremdsprachenunterricht* in der Fremdsprachendidaktik, wie erwähnt, stark divergieren, stehen auch aus der Sicht heutiger Schulpädagogen das selbstständige Arbeiten, die Eigenverantwortung der Lernenden für ihr Lernen und das gemeinsam vereinbarte Handlungsprodukt im Vordergrund des im Übrigen als ganzheitlich gesehenen handlungsorientierten Unterrichts (vgl. Meyer 1989, Gudjons 1994, Jank/Meyer 1994).

Die Kritik an handlungsorientierten Unterrichtskonzepten richtet sich in erster Linie gegen die Produktorientierung, gegen ein „bloßes Tätigsein", das das Denken verdränge, gegen eine Reduktion der Lehrerrolle und der eigentlichen sprachlichen Lernziele sowie gegen die Problematik der Bewertung von Handlungsprodukten (Winter 1999: 178f.). Sie sieht damit Handlungsorientierung einseitig als Produktorientierung, die nach unserem Verständnis eher den Projektunterricht kennzeichnet und übersieht die vorstehend beschriebene, äußerst wichtige Unterscheidung von materiellem und geistigem Handeln.

Lernende handeln unserem handlungstheoretischen Ansatz zufolge auch dann ziel- und/oder ausgangssprachig, wenn sie gelenkt, angeleitet oder frei sprechen oder schreiben, wenn sie sich um das Verstehen oder die Analyse zielsprachiger Strukturen oder Texte bemühen, wenn sie singen, zeichnen, auswendig lernen oder para- und körpersprachliche Ausdrucksmittel verwenden sowie bei der „produktiven Rezeption" (vgl. Haav 1997: 31f.) literarischer Texte. Unser Forschungsinteresse ist daher auf die genauere Kenntnis des Zusammenspiels von kognitiven Prozessen im weiteren Sinne (geistiges Handeln) und beobachtbaren Handlungen (materielles Handeln) gerichtet. Dies dürfte durch die vorgeschlagenen Forschungsthemen nochmals besonders deutlich werden.

2.1.2 Forschung

Die *Erforschung* der Zusammenhänge zwischen dem *Lehren und Lernen fremder Sprachen* wird seit den sechziger Jahren (USA: Methodenvergleiche) bzw. seit den

70er Jahren (Bundesrepublik: Motivationsuntersuchungen, Sprachlehrforschung) mit dem Ziel theoretischer Modellbildung (umfassende „Theorie des Lehrens und Lernens fremder Sprachen") *empirisch* betrieben. Sie wird durch die *Komplexion spezifischer Faktoren* (Fremdsprachenunterricht als „eigener Wirklichkeitsbereich"; vgl. Bausch 1987: 27) und durch ein sich wandelndes Verhältnis der Fremdsprachendidaktik zu ihren philologischen und nicht-philologischen Bezugswissenschaften erschwert.

Im *Mittelpunkt des Forschungsinteresses* steht seit den Anfängen der empirischen Forschung die Frage nach der Effizienz unterschiedlicher Formen des Lernens und Lehrens (z.B. Chastain/Woerdehoff 1968). Diese Frage kann jedoch nur im Hinblick auf definierte Rahmenbedingungen und Lernziele gestellt werden; Ergebnisse sind somit in der Regel nur in Grenzen generalisierbar.

Die derzeitige Aufmerksamkeit gilt in erster Linie dem/der individuellen Lerner/in (z.B. Riemer 1997), Lernstilen und Lehrtraditionen (Hu 1996), subjektiven Theorien zum Lernen (Kallenbach 1996) und Lehren (Caspari 1999 u. in Arb.) fremder Sprachen, den Spezifika des Sprachlernens unter verschiedenen Strukturvorgaben (Selbstlernen: Lahaie 1995; Intensivkurse: Hansen 1996; Tandemlernen: Bechtl) sowie auf verschiedenen Altersstufen, den Neuen Medien, der Schulsprachenpolitik (s. 2.2.4) und kognitiven Prozessen (z.B. beim Lesen, Übersetzen, interkulturellen Lernen). Weniger Beachtung findet gegenwärtig die pädagogische/andragogische Dimension des Fremdsprachenunterrichts als Ort der Individuation und Sozialisation.

Im hier dargestellten Projekt wird die Frage nach *Zusammenhängen zwischen geistigem und materiellem Handeln* im Hinblick auf sprachliches und soziales Lernen und Handeln im Vordergrund stehen; denn, wie bereits angedeutet, bedingen beide einander, folgt das eine jedoch keineswegs selbstverständlich aus dem anderen. Diese Zusammenhänge genauer zu kennen, ist im Hinblick auf die persönlichkeitsbildenden Ziele von Sprachunterricht und in diesem Rahmen auch für die Förderung interkultureller Kompetenz von außerordentlicher Bedeutung.

In der *Forschungsmethodologie* sind neben die unterrichtliche Erprobung von Konzepten (praktische Evaluation; Begleitforschung: vgl. Koordinierungsgremium 1983: 34f.), die Fehleranalyse, die Unterrichtsbeobachtung (z.B. pragmatische Diskursanalyse), neben Contentanalysen (z.B. Lehrwerke, Lehrpläne) und "quantitativ" empirische Designs seit den 80er Jahren Methoden der empirischen Sozialforschung (Leitfaden-Interviews u.a.m.) und im engeren Sinn "qualitative" (intro-/retrospektive) Forschungsmethoden getreten, die der Einzelfalldarstellung jeder Generalisierbarkeit gegenüber den Vorzug geben. Hierdurch versucht fremdsprachendidaktische Forschung, einer konsequenten Auffassung von Lernerorientierung (der/die Lernende als Subjekt des Lernprozesses) gerecht zu werden. Methodentriangulation, Langzeitstudien und die Einbeschreibung der Beobachterperspektive (Versuchsperson und Versuchsleiter als Subjekte des Forschungsprozesses) gehören zu den künftigen Anforderungen an empirische Forschung in der Fremdsprachendidaktik (vgl. auch Kasper 1998 und Vollmer 1999).

2.1.3 Vergleichende Fremd- und Zweitsprachendidaktik

Eine Erforschung des Fremdsprachenlernens, die sich zum größten Teil an nationalen und allenfalls noch an nordamerikanischen Parametern, Sichtweisen, Fragestellungen und Befunden orientiert, ist in Zukunft nicht mehr haltbar. Dem Vorbild der Vergleichenden Schulpädagogik (*éducation comparée/comparative education*), vor allem in Frankreich (vgl. Groux 1997, Groux/Porcher 1997, Goldstein 1998) und im angloamerikanischen Bereich (Theisen 1997) folgend, wird daher mit der angestrebten europäischen Kooperation der unseres Wissens erste Versuch unternommen, eine Vergleichende Fremd- und Zweitsprachendidaktik zu begründen und in ersten Ansätzen zu verwirklichen.

2.1.4 Interdisziplinäre Bezüge

Erziehungswissenschaft: Schulpädagogik (u.a. Reformpädagogik, Freinet-Pädagogik, Handlungsorientierung, vergleichende Schulpädagogik), Bildungstheorie (Normen und Werte), Lehrplantheorie, Unterrichtsforschung

Psychologie: Lernpsychologie, Handlungstheorie, Persönlichkeitspsychologie, Entwicklungspsychologie des Spracherwerbs, Sprachpsychologie, Kognitionstheorie

Soziologie: Sozialisationsforschung, Kommunikation

Philosophie: Erkenntnistheorie, Ethik, Persönlichkeitstheorie

Angewandte Sprachwissenschaft: Kognitive Linguistik, Psycholinguistik, Soziolinguistik

Neurobiologie: Kognitionstheorie

2.1.5 Forschungsthemen

◇ Komplementarität von Lernen und Erwerben
◇ Zusammenhänge zwischen mentalen Prozessen und sprachlichem Handeln
◇ Persönlichkeitsvariablen im handlungsorientierten Fremdsprachenunterricht
◇ Sprachliches und non-verbales Handeln innerhalb und außerhalb des Sprachenunterrichts
◇ Gelenktes, angeleitetes, freies sprachliches Handeln
◇ Formen der Entwicklung sprachlicher Handlungsfähigkeit durch Koordination von Lern- und Erwerbsprozessen (z.B. Schule und Schüleraustausch)
◇ Entwicklung sprachlicher Handlungsfähigkeit im Studium: Sprachpraktische Veranstaltungen, zielsprachige Lehrveranstaltungen, Auslandsstudium, Schulpraktikum, zielsprachige Texte (Bücher, Filme, Neue Medien)
◇ Profile des Fremdsprachenunterrichts für verschiedene Altersstufen
◇ Spezifika des Lernens und Handelns auf verschiedenen Altersstufen

- Pädagogik/Andragogik des Fremdsprachenunterrichts
- Ganzheitlicher Fremdsprachenunterricht
- Werte, Normen und Persönlichkeitsbildung im Fremdsprachenunterricht
- Sprachliches und soziales Handeln im Fremdsprachenunterricht und in ungeschützter Kommunikation
- Formen der Entwicklung von Lernerautonomie
- Ziele und Inhalte des Fremdsprachenlernens (geforderte/erstrebte sprachliche Handlungsfähigkeit, Sprachausschnitte vs. *near-nativeness*)
- Mediale und inhaltliche Optimierung von Lernanlässen und Lernszenarien
- Visuelle Kontexte sprachlichen Handelns
- Handlungsorientiertes Fremdsprachenlernen mit Neuen Medien (Multimedia, Internet)
- Formen der Interaktion im Unterricht und ihre Auswirkungen auf die Beteiligten
- Unterrichtsgespräch und zielsprachige Dialogfähigkeit
- Sprachhandlungsbezogene Beurteilung von Lernerfolgen im Fremdsprachenunterricht
- Profile des Fremdsprachenunterrichts im internationalen Vergleich
- Internationale Wirkungen der Fremdsprachenlernforschung und didaktisch-methodischer Konzeptionen in Vergangenheit und Gegenwart
- Ziele, Inhalte, Methoden und Evaluationsformen im internationalen Vergleich

2.2 Mehrsprachigkeit

2.2.1 Grundlagen

Der Begriff *Mehrsprachigkeit* bezeichnet zunächst sowohl das Verfügen über sprachliche Handlungsfähigkeit in mehr als einer Sprache als auch ein bildungspolitisches Ziel.

Mehrsprachige Handlungsfähigkeit in ihrer im weiteren Sinne kognitiven und physischen Prozessualität prägt Formen des sprachlichen Handelns wie Wahrnehmen, Verstehen, Sprachproduktion oder Übersetzen in spezifischer Weise. Ihre Erforschung unter den dargestellten Aspekten (1.1.2-1.1.4, 1.2.1) bildet einen wichtigen Teilbereich der Kognitiven Linguistik (vgl. u.a. Krings 1986, Beiträge in Börner/Vogel 1994, Pischwa 1998, Redder/Rehbein 1999).

Mehrsprachigkeit bezeichnet weiterhin einen linguistisch beschreibaren *Sprachbestand* und die mit diesem korrespondierende Ausdrucksfähigkeit. Grundsätzlich lassen sich vorwiegend eine elementare im Hinblick auf Alltagssituationen gerichtete *sprachliche Handlungsfähigkeit* (*basic interpersonal communicative skills*) und eine in erster Linie in Bildungseinrichtungen vermittelte differenzierte Sprachhandlungsfähigkeit (*cognitive academic language proficiency*) unterscheiden. Rezeptive Sprachkompetenz kann ausgeprägter entwickelt sein als produktive rezeptive Mehrsprachigkeit. Zwischen der Handlungsfähigkeit in der Erstsprache und der Fähigkeit, differenzierte Ausdrucksformen in weiteren Sprachen zu entwickeln, scheint ein Zusammenhang zu bestehen. Daraus ergibt sich die gemeinsame Verantwortung des Unterrichts in der Muttersprache, in einer Zweitsprache und in den Fremdsprachen für die Entwicklung der sprachlichen Handlungsfähigkeit in Bildungseinrichtungen.

Diese Mehrsprachigkeit bzw. *vorhandene Mehrsprachigkeit* kann sehr unterschiedlich entwickelt oder gefährdet sein. Traditionell orientieren sich Bildungseinrichtungen eher an einer politisch geforderten, ökonomisch begründeten oder im Sinne des Erhalts der sprachlichen Vielfalt in Europa kulturell bedeutsamen Mehrsprachigkeit. Auch diese *geforderte Mehrsprachigkeit* führt in der Entwicklung differenzierten Ausdrucksvermögens zu sehr unterschiedlichen Ergebnissen.

2.2.2 Vorhandene Mehrsprachigkeit

In der Bundesrepublik Deutschland gehört angetroffene oder vorhandene Mehrsprachigkeit zum gesellschaftlichen und schulischen Alltag. Die bilingualen und bikulturellen Angehörigen von Migrantenfamilien entwickeln ihre sprachliche Handlungsfähigkeit jedoch in der Regel ohne eine gezielte Förderung durch die Bildungseinrichtungen (vgl. Daller 1995). Zukünftige Fremdsprachenlehrer/innen werden auf die Arbeit mit Migrantenkindern nicht ausreichend vorbereitet (Hu 1998). Die Prozesse des Lernens von zwei oder mehreren Sprachen bei Migrantenfamilien sind weitgehend unbekannt; eine Zweitsprachendidaktik ist kaum entwickelt, nicht zuletzt, weil das Schulwesen keine geeigneten Infrastrukturen bereitstellt. Hier wird versäumt, den meist weniger privilegierten Minderheitsangehörigen eine zur Wahrnehmung besserer Bildungschancen ausreichend differenzierte Sprachhandlungsfähigkeit zu vermitteln und gleichzeitig ihre Herkunftssprachen für die nächsten Generationen zu erhalten und auszubauen. Die zahlenmäßige Mehrheit innerhalb der Migrantengesellschaft in Deutschland bilden die Sprecher/innen des Türkischen. Diese Zielgruppe bietet sich für die Erforschung bilingualen Lernens in bikulturellen Situationen (vgl. Schwenk 1988) außerdem besonders an, weil sie über die längsten Integrationserfahrungen verfügt sowie in der gegenwärtigen Migrationsphase ein besonderes Interesse für ihre Herkunft und Sprache entwickelt und weil trotz gewisser Anzeichen für eine Annäherung seitens der Mehrheitsgesellschaft Gefahren deutlicher hervortreten, die aus der Zurückweisung des Türkischen entstehen.

2.2.3 Geforderte Mehrsprachigkeit

Paradoxerweise lässt sich im Zeitalter der sich öffnenden Grenzen und der sich (auch über elektronische Medien) erweiternden Kontaktmöglichkeiten ein *Zurückgehen der Sprachlernmotivation* in den deutschen Schulen auf vermutete berufspraktische Bedürfnisse (im Sinne der Globalisierung) konstatieren. Die schon in den „Homburger Empfehlungen" (Christ/Schröder/Weinrich/Zapp 1980) nahegelegten Wege zu einer sprachenteiligen, mehrsprachigen Gesellschaft werden nicht beschritten (Baur/Chlosta 1999: 25).

Dass trotz der Förderung durch LINGUA-Programme und einer Mehrsprachigkeitssektion des Bundeswettbewerbs Fremdsprachen zwar 96% aller deutschen Schüler Englisch lernen, jedoch nur knapp 24% Französisch (Freudenstein 1999: 151), 10% Latein, 5,6% Russisch und 1,5% Spanisch veranlasst Bliesener (1999: 149) zur Frage nach den Überlebenschancen der nicht-englischen Schulsprachen. Die Hegemonie des Englischen (Phillipson 1992) als Leitkultur oder als weitgehend kulturentbundenes Leitidiom der internationalen Kommunikation (*lingua franca*) steht einer Diversifizierung des Fremdsprachenangebots im Wege (vgl. Decke-Cornill 1999) und lässt das für die Persönlichkeitsbildung förderliche kulturelle Erfahrungs- und Erlebnispotenzial der Begegnung mit Fremdkulturen ungenutzt.

In den Einrichtungen der *Erwachsenenbildung* hat sich ein breiteres Sprachangebot gehalten, das in den stärker nachgefragten Sprachen auch einen touristisch orientierten Anfangsunterricht überschreitet. Die beobachtbare Auslagerung schulischer Fremdsprachen in den Erwachsenenbereich veranlasst jedoch, das immer wieder relativierte Problem des kritischen Sprachenlernalters (vgl. Vogel 1990: 122-132) erneut zu untersuchen und mit allem Nachdruck die Frage zu stellen, ob die in der Schule vermittelte Englischkompetenz eine geeignete Grundlage für das Lernen anderer Sprachen im Erwachsenenalter darstellt.

Alle diese Fragen nähren die Sorge um die Erhaltung der sprachlichen und kulturellen Vielfalt Europas, unterstreichen die Forderungen des Europarats und des Weimarer Gipfels nach einer „europäischen Dreisprachigkeit", nötigen zum Überdenken des schulischen Angebots an Verkehrs-, Kontakt- und Lehrgangsstrukturen (Spätbeginn, Langzeitprogramme) und begründen die Dringlichkeit behördlicher Maßnahmen und didaktischer Forschung.

2.2.4 Perspektiven und Forschung

Geistiges und materielles Handeln geschehen in *Kontexten*, die als Handlungs- und/oder Lernanlässe gesehen werden können. Die Erforschung sprachlichen Handelns und Lernens richtet daher ein besonderes Augenmerk auf die sprachlichen (einschließlich Register, Sprachmischung, *code switching*) und außersprachlichen (nonverbalen, visuellen, individuellen, sozialen, institutionellen) Kontexte sowie auf die Prozessualität zwei-, fremd- und mehrsprachigen Handelns.

In gesellschaftlichen, institutionellen und besonders schulischen Zusammenhängen bedeutet Mehrsprachigkeit die Förderung der Ausbildung schulischer und individueller Sprachenprofile. Die Profilierung der Grund- und Sekundarschulen durch spezielle Ausrichtungen im Sprachenangebot begünstigen eine Diversifizierung des Sprachenmarktes. Individuelle Sprachenprofile werden bereits heute mancherorts durch Sprachenportfolios bewerbungswirksam nachgewiesen. Die Erforschung der Sprachenwahl dient der Sprachenberatung.

Fremdsprachenunterricht (einschließlich des Multimedia- und EDV-Einsatzes) und Zweitsprachenunterricht (gegebene Erwerbsnähe) divergieren hinsichtlich der Kontextualisierung sprachlichen Handelns erheblich. Für das Angebot von Migrantensprachen als Fremdsprachen im Rahmen schulischer Sprachenprofile sprechen die Nähe zu Muttersprachlern/innen im schulischen und außerschulischen Alltag sowie das gesamtgesellschaftliche Interesse an der Förderung von Mehrsprachigkeit und Mehrkulturalität.

Solche in letzter Konsequenz bildungspolitischen und curricularen Fragestellungen sind Gegenstände der Erziehungswissenschaft sowie der *Sprachenpolitik- und Sprachbedarfsforschung* (vgl. Christ 1990, Meißner 1993, Baeyen/Bergentoft 1996, Braselmann 1999). Eine noch nicht entwickelte *Sprachbestandsforschung* (vgl. Daller 1995) würde erlauben, die Ausbreitung doppelter Halbsprachigkeit und fehlender Fremdsprachigkeit zu beziffern.

Im deutschen Sprachraum sind in den letzten Jahren einige Lösungsansätze vorgeschlagen worden (vgl. auch Landesinstitut 1997). Soweit diese erprobt werden, steht eine überzeugende Evaluation noch aus.

In der gegenwärtigen fremdsprachendidaktischen Diskussion wird der Begriff *Mehrsprachigkeit* auch für unterrichtlich vermittelte sprachliche Handlungskompetenzen in Teilbereichen verwandt. So gelten neuere Überlegungen beispielsweise der Entwicklung vorwiegend rezeptiver Kompetenzen in mehreren Sprachen einer Sprachgruppe (vgl. Meißner/Reinfried 1998); ein mögliches Ergebnis solcher Bemühungen ist rezeptive romanische Mehrsprachigkeit. Schulpraktische Umsetzungen solcher Konzepte sind jedoch noch Ausnahmeerscheinungen.

Die in einigen Bundesländern auf breiter Basis, jedoch mit unterschiedlichen Zielsetzungen vorangetriebene *Vorverlagerung des Beginns einer Fremdsprache* (i.d.R. des Englischen) in die Grundschule, die sich bisher als einsprachig verstand, hat mit Problemen zu kämpfen, die mit der fehlenden sprachlichen und didaktisch-methodischen Vorbereitung der Lehrenden (vgl. Seebauer 1996), mit ungenügenden Lehr- und Lernmaterialien sowie mit der Weiterführung im Sekundarschulbereich zu tun haben. Neben geeigneten behördlichen Maßnahmen ist an fremdsprachendidaktischer Grundlagenforschung orientierte Kursentwicklung („Schulbegleitforschung": vgl. Koordinierungsgremium 1983: 34f.) und Sprachberatung (vgl. Meißner/Kraus 1998) unverzichtbar.

Im Sinne der oben herausgestellten Komplementarität von Lernen und Erwerben ist die traditionelle Beschränkung des fremd- und zweitsprachlichen Lernens und Handelns auf den eigentlichen Sprachunterricht zu überwinden. Diesem Prinzip scheinen beide Formen des *bilingualen Lernens* (Immersion und Sachfachunterricht) Rechnung zu tragen (vgl. Guimbretière 1999).

Trotz der zu befürwortenden Erwerbsnähe und des erheblichen Potenzials des *bilingualen Sachfachunterrichts* für die Förderung der Mehrsprachigkeit sowie des interkulturellen Lernens ist nicht daran zu zweifeln, dass er in der gegenwärtig in Deutschland proklamierten und mancherorts praktizierten Form neueren Trends in der Fremdsprachendidaktik (von der Inhalts- zur Lernerorientierung) zuwiderläuft und überdies eine weitere Gefährdung des Bestands an nicht-englischen Schulsprachen darstellt (Decke-Cornill 1999). Es ist daher festzuhalten, dass Fremdsprachenunterricht nicht in bilingualem Sachfachunterricht aufgehen darf, dass es sich bei dessen Etablierung vielmehr auch um ein genuines Interesse der Sachfächer handelt.

In der Tat müssen sich auch die nicht-sprachlichen Schulfächer (sog. *Sachfächer*) der Forderung nach Mehrsprachigkeit und Interkulturalität als Leitprinzipien der gesamten schulischen Bildung und Ausbildung stellen und sich anderssprachigen und anderskulturellen Perspektiven und Zugriffen auf ihre Inhalte öffnen. So verstanden findet bilingualer *Sachfachunterricht* in Minimalform bereits statt, wenn beispielsweise im Geschichtsunterricht französische Texte zur französischen Revolution oder im Biologieunterricht englische Texte zur Evolutionstheorie (ggf. arbeitsteilig) als Quellen bearbeitet werden.

Darüber hinaus ist bilingualer Sachfachunterricht bemüht, eine *konzeptuelle Eigenständigkeit* zu entwickeln, die sich daraus ergeben kann, dass der vorherrschenden Globalisierung des Wissens eine vielfach begründete Pluralität des Wissens gegenübergestellt wird. Im Vordergrund entsprechender Curricula stehen dann Gegenstände, die im Medium wenigstens zweier Sprachen erzeugt und je spezifisch strukturiert worden sind. Die methodischen Fragen, die besondere Beachtung verdienen, beziehen sich auf die Vermittlung einer doppelten Fachsprachigkeit, auf den Erwerb von Lernstrategien für den Umgang mit didaktisch nicht aufbereiteten Materialien, auf die Entwicklung geeigneter Evaluationsformen und auf die mehrfach eingeforderte (I. Christ 1996, Weller 1996: 78f., Vollmer 1998) Verstärkung der Handlungsorientierung im bilingualen Sachfachunterricht. Insbesondere im Hinblick auf das sprachliche Handeln in diesen Zusammenhängen und auf die Feststellung der Erträge für die Mehrsprachigkeit und das interkulturelle Lernen ist sprachdidaktische Forschung notwendig.

Auch der *Unterricht in der majoritären Muttersprache* ist dazu aufgerufen, sich der Mehrsprachigkeit und der Interkulturalität zu öffnen. Er kann dies in vielfacher Form, insbesondere durch Einbeziehung der Migrantensprachen und -kulturen. Zu seinen genuinen Aufgaben gehört die Anbahnung von Kontakten mit Deutschlehrenden und -lernenden in Ländern, deren Sprachen in Deutschland nicht Schulsprachen sind (vgl. Baur/Chlosta ebd.: 16f.).

Schließlich müssen auch das *Berufsschulwesen* und die *Hochschulen* als Orte des interkulturellen Lernens und der Ausbildung von sprachlicher Handlungskompetenz in Teilbereichen mehrerer Kulturen konzipiert werden.

2.2.5 Interdisziplinäre Bezüge

Im Zusammenhang mit dem bilingualen Sachfachunterricht ist die Notwendigkeit von interdisziplinärer Forschung besonders offensichtlich. Da hierfür jedoch die große Mehrzahl aller in den Grund-, Sekundar- und Berufsschulen unterrichteten Fächer prinzipiell in Frage kommen, erübrigt sich deren Aufzählung an dieser Stelle, zumal viel davon abhängen wird, welche Arbeitsbeziehungen zustande kommen werden.

Sprachhandlungsforschung und Mehrsprachigkeitsdidaktik können in mehrerlei Hinsicht an die *Sprachwissenschaft* anknüpfen. Die Linguistik der Mündlichkeit geht davon aus, dass mündliche Kommunikation an der Konstruktion von Alltagskultur entscheidend beteiligt ist und interessiert sich für die Sprachhandlungen, die zur Ausbildung von Individual- und Gruppenidentitäten sowie von Gesinnungsgemeinschaften beitragen. Kontrastive Linguistik beschreibt Interkulturelle Kommunikation, in der die Handelnden erprobte Praktiken und Interpretationen nicht teilen, in der jedoch durchaus auch Reparaturen greifen können. Im Sinne der kognitiven Linguistik liegt ein Sprachvergleich, der u.a. hinter Metaphern, Metonymien, Zeitensystemen (Gumperz/Levinson 1996, Lucy 1992) und Textsorten kulturspezifische Weltsichten bzw. Kultureme sichtbar macht.

Im Einzelnen wird die Kooperation mit folgenden Disziplinen als sinnvoll angesehen:

Sprachwissenschaft:	Mehrsprachigkeit, Kontaktlinguistik, Varietätenlinguistik, Konstrastive Linguistik und Psycholinguistik, kognitive Linguistik, Internationale Kommunikation, Translations wissenschaft, Sprachbedarfsforschung
Soziologie, Ethnologie:	Minderheiten, Interaktion sozialer Systeme
Erziehungswissenschaft:	Schulpädagogik, Lehrplanforschung, allgemeine Didaktik
Politikwissenschaft:	Sprachenpolitik
Neurobiologie/Kognitionswissenschaft	Entwicklung der Fremdsprachenfähigkeit, Verstehensforschung
Didaktik:	Allgemeine Didaktik, Grundschuldidaktik, Didaktiken der nicht-sprachlichen Fächer

2.2.2 Forschungsthemen

✧ Subjektive Theorien zur Mehrsprachigkeit
✧ Sprachenpolitik, Sprachenwahl und Sprachenberatung
✧ Sprachbedarf und Sprachbedürfnisse
✧ Individuelle Sprachbestände
✧ Sprachbiografien (bsd. im Hinblick auf Sprachenfolgen)
✧ Altersabhängigkeit der Lernformen, Lernerfolge und Einstellungen zum Sprachlernen (vgl. kritisches Sprachlernalter)

- Einfluss der partnerabhängigen Themenwahl und Redeabsichten auf die Entwicklung der sprachlichen Handlungskompetenz in der Erst- und Zweitsprache
- Zweisprachige Begriffsentwicklung und -vernetzung bei Kindern und Jugendlichen aus Migrantenfamilien
- Entwicklung von Sprache und Denken im Spannungsfeld zwischen Ausgrenzungswahrnehmungen und Vermeidungsstrategien bei zweisprachig aufwachsenden Kindern und Jugendlichen
- Selbstdarstellungen in Kanakspraak
- Sprachliche Einflüsse der Mehrheit auf eine Minderheit
- Interessenbündlung im gemeinsamen Unterricht von "monolingualen Eingeborenen" und "bi- oder multilingualen Einwanderern"
- Grade individueller Mehrsprachigkeit bei Lernenden mit unterschiedlichen Fremdsprachen
- Mehrsprachigkeit als Handlungskompetenz in Teilbereichen mehrerer verwandter Sprachen
- Elementare Verständigungskompetenzen in europäischen Nachbarschafts-, Minderheits- und "kleinen" Sprachen
- Didaktische und methodische Konzeptbildung zur Entwicklung einer Europakompetenz
- *Linguistic human rights*: Sprachenfolge, Sprachendominanz, *lingua franca*/Kultursprachen
- Empfehlenswerte Sprachabfolgen und -profile
- Sprachenbiografien und persönliche Sprachenprofile
- Kritisches Sprachenalter und Sprachlernen im Erwachsenenunterricht
- Mehrsprachigkeit und Sprachbewussheit
- Sprachen und Weltsichten
- Sprachlernmotive: Gründe für Sprachenwahl und -abwahl oder Kursabbruch
- Verweigerung nicht-erstsprachlichen Lernens und Handelns
- Zusammenhänge zwischen erst-, zweit- und fremdsprachlicher Handlungsfähigkeit
- Frühe Mehrsprachigkeit
- Fremdsprachen-Frühbeginn vs. Begegnungssprachenkonzept (Evaluation)
- Fremdsprachenangebote für lernschwache Schüler/innen
- Migrantensprachen als alternativ wählbare Schulsprachen
- Entwicklung des deklarativen/prozeduralen, impliziten/expliziten Sach- und Sprachwissens im bilingualen Sachfachunterricht
- Sprachliche Anteile im bilingualen Sachfachunterricht
- Verstehen im bilingualen Sachfachunterricht

✧ Handlungsorientierung im bilingualen Sachfachunterricht
✧ Lernstrategien im bilingualen Sachfachunterricht
✧ Einsatz Neuer Medien und des Internet im bilingualen Sachfachunterricht
✧ Evaluation von bilingualen Schulversuchen
✧ Berufs- und bedarfsorientierter Fremdsprachenunterricht im berufsbildenden Schulwesen und in den Hochschulen

3. Interkulturalität
3.1 Kultur als Handlungskontext

Der Begriff *Kultur* hat sich während der letzten Jahre auch in den Erziehungswissenschaften zu einem Zentralbegriff entwickelt (u.a. Einhoff 1993: 6f., Lüsenbrink 1995: 25f.). Er ist gleichwohl ein schillernder Begriff geblieben und ein intensiver Diskurs zur Begriffsbildung hat bislang nicht stattgefunden. Die Verwendung dieses Begriffes lässt folglich Transparenz weitgehend vermissen. Eine epistemologische Aufklärung der Rede von Kultur ist jedoch angesichts neuerer oder neu rezipierter erkenntnistheoretischer Einsichten dringend notwendig. Erst hierdurch dürften eine aussichtsreichere inhaltliche Bestimmung und pädagogische Beurteilung von kulturvermittelnden oder kulturübergreifenden Handlungs- und Erziehungskonzepten als bisher zu leisten sein.

Der gängige Begriff von Kultur(en) wird vor dem Hintergrund kritisiert, dass ihm ein Abgrenzungsdenken unterliegt, das zwischen einem wie auch immer strukturierten kollektiven Eigenen und einem, zu diesem Eigenen in Opposition stehenden, verallgemeinerten Fremden trennt. Hinzu tritt die fragwürdige Vorstellung, sinnfällige Kriterien für eine *Grenzziehung zwischen Kulturen* angeben zu können. Die Kritik geht gemeinsam von der These aus, dass Kultur und Bildung (i.w.S. damit auch Erziehung zur Kommunikation) als wirklichkeitsstrukturierende Begriffe Produkte der Moderne sind. Aus erkenntnistheoretischer Perspektive stellt Welsch (1994) fest, dass ein monadisch verfasster Kulturbegriff notwendigerweise zur Ergebnislosigkeit bei der Frage führt, wie Kommunikation zwischen Kulturen denkbar und möglich sein soll. Peukert (1994) weist darauf hin, dass Kultur im Bildungsdenken der Moderne als *generelle Kulturfähigkeit des Menschen* aufgefasst wurde, die dessen „Bildsamkeit und Bildungsbedürftigkeit" begründete, also ursprünglich nicht als nationale Vergesellschaftungsform verstanden wurde. Die Soziogenese des Gesellschaftsbegriffs von Kultur (in spezifischer Abgrenzung zu Zivilisation) hat zudem bereits Elias (1936/1976) beschrieben.

Zwei Strömungen in der Philosophie und Soziologie dürften für ein zeitgemäßes Verständnis von Kultur(en) von großer Bedeutung sein.

Toulmins (1990) historische Rekonstruktion des Erkenntnisinteresses der Philosophie der Moderne als systematische Verneinung von Ambivalenz in der Folge der religiösen Teilung Europas lässt starke Zweifel an der Rationalität des philosophischen Gesamtprojektes von der eindeutigen Erfassung der Welt aufkommen. Insbesondere das postmoderne Denken in Differenzen (*différance* bei Derrida), das den Wahrheitsanspruch jeglichen Wissens grundsätzlich unter Vorbehalt stellt, drängt dazu, die gewohnte scharfe Grenzziehung zwischen Kulturen zu überprüfen. Welsch (1995) gibt in diesem Zusammenhang zu bedenken, dass das klassische, homogenisierende Kulturkonzept den gegenwärtigen Überschneidungen und Übergängen in der Gestaltung individueller Lebensformen nicht mehr gerecht werden kann und damit auch jede Politik von Interkulturalität zum Scheitern verurteilt ist, wenn sie nicht sogar geradewegs reaktionär wird. Ähnlich sieht dies Grosser (1996): „Mit dem Ausdruck 'Interkulturell' läuft man Gefahr, nationale Differenzen zu glorifizieren, die es als solche nicht gibt." Im Rekurs auf Wittgenstein schlägt Welsch einen pragmatischen Kulturbegriff vor, der sich an der Existenz von Bedeutung innerhalb von Sprachspielen orientiert, deren Ränder stets unscharf und nicht exklusiv sind und Übergänge erlauben.

Aus soziologischer Perspektive eröffnet Bourdieu (1994/1998) mit dem Konzept des Sozialen Raumes die Möglichkeit, Kultur als Nahbeziehung von Menschen zu begreifen, deren Kohärenzwahrscheinlichkeit von einem ähnlichen Verteilungsverhältnis an gesellschaftlich relevanten Kapitalien abhängt. Nimmt man beide Strömungen zusammen, dürfte deutlich werden, dass es sich bei der "Rede von Kulturen" um historisch bedingte, "operative Begriffe" handelt (Welsch 1995): „In diesem Sinne ist die 'Realität' von Kultur immer auch eine Frage unserer Konzepte von Kultur."

Für die *Erziehungswissenschaft* bedeutet dies die Aufforderung, eine dem pädagogischen Erkenntnis- und Handlungsinteresse angemessene Operationalisierung des Kulturbegriffs zu erarbeiten. Ein pädagogisch sinnhafter Kulturbegriff orientiert sich an der Bildbarkeit des Menschen, die unter den Bedingungen der historischen Kontingenz der gegenwärtigen Lebenspraxis stattfindet. Zudem muss ein solcher Kulturbegriff die ihm zugrunde liegenden anthropologischen und ethischen Grundentscheidungen vor dem Hintergrund postmodernen Erkennens und Wissens reflektieren und verantworten. Es dürfte somit fragwürdig werden, eigenes Handeln und dasjenige Anderer ausschließlich kulturellen Differenzen zuzuschreiben und damit aus dem Horizont gegenseitiger Verständigungs- und Verhandlungsmöglichkeit herauszunehmen. Für pädagogisches Handeln unter kultureller Perspektive bedeutet dies die Notwendigkeit, sich von einem ontologischen, quasi-naturalistischen Kulturdenken zu lösen, ohne zu übersehen, dass ein Kulturdenken in Abgrenzungskategorien keinesfalls wirkungslos geworden ist.

In der Auffassung von Kultur als einer Menge von Glaubensinhalten, denen nach Miguel/Sans (1992: 16) reale Wirkungskräfte zuzuschreiben sind, finden sich beide Aspekte wieder: der Konstruktcharakter differenzierender Kulturbegriffe (vgl. Leggewie 1993: 50) und die tatsächliche Wahrnehmungs- und Handlungsorientierung durch im Sozialisationsumfeld herausgebildete Wahrnehmungsmuster, Vorstellungen und Überzeugungen sowie durch Normen und Werte (vgl. Evans u.a. 1996), die für eigenkulturell gehalten und von der Mehrheit nicht hinterfragt werden und als autopoietische Systeme (Einhoff 1993: 8f.) beschrieben werden können. Dabei bleibt zum gegenwärtigen Zeitpunkt offen, inwiefern auto- und heterostereotype Interpretationen von Handlungskontexten onto- bzw. phylogenetische Bedingungen (vgl. Flohr 1994) für gelingende Individuations- und Sozialisationsprozesse darstellen.

3.2 Interkulturalität und Kommunikation

Der "interkulturelle" Diskurs im pädagogischen Umfeld wird – ebenso wie im erkenntnistheoretischen Kontext – derzeit stärker im Hinblick auf kulturell determiniert wahrgenommene Differenzen geführt als auf differenziert wahrgenommene Gemeinsamkeiten. Einer Zusammenführung der diversen Konzeptionen von Interkulturalität steht ebenso die Vielzahl von *Kultur*-Begriffen entgegen wie die oben bereits dargestellten erkenntnistheoretischen Abgrenzungen und Profilbildungen. Klärung wird sowohl von der Kulturwissenschaft/Ethnologie erwartet wie von der handlungsorientierten und konstruktivistischen Fremdsprachendidaktik. Dabei stehen zwei Bezugskontexte im Vordergrund.

(a) *Multikulturelle Gesellschaft (die Perspektivierung des Fremden im Eigenen)*:

Hier bezeichnet der Begriff *Interkulturalität* die als gleichberechtigt postulierte Begegnung von Menschen in einer ethnisch bzw. kulturell heterogenen und durch zunehmende Migrationsbewegungen sich ständig wandelnden Gesellschaft. Vor diesem Hintergrund wird Interkulturalität als eine *culture skill* zur Herausforderung an normierte Kulturtraditionen gesehen. Die Begegnung von Kulturen ist geprägt von Polarität und Konkurrenz. Die Herkunftskultur von Migranten wird in der Aufnahmegesellschaft oft als das urtypisch Fremde wahrgenommen und von der dominanten Kultur der Mehrheitsgesellschaft auch so dargestellt. Tatsächliche Kulturdistanz wird häufig durch die Infragestellung des "Integrationswillens" und der "Integrationsfähigkeit" der betroffenen Gruppen stärker ins Wahrnehmungsfeld der Öffentlichkeit gerückt als vollzogene Integrationsleistungen im Sinne eines auf eine multikulturelle Verzahnung ausgerichteten Perspektivenwechsels.

Gerade das schulische Umfeld ist von dieser Divergenz zwischen kulturübergreifender Kommunikation einerseits und der Abwehr des Fremden andererseits geprägt. Die Ausgrenzung des Anderen aufgrund seiner normativ kulturellen Andersartigkeit führt häufig zur *Kommunikation des Unausgesprochenen* (Kassem 1994), das heißt zum Zurückhalten von Gedachtem, zur Akzeptanz des Schweigens als Form der Nichteinmischung und zu anderen Formen des außersprachlichen Umgangs mit (realen ebenso wie vermuteten) Konflikten. Ebenso widersinnig scheint jedoch die Tendenz zur multikulturellen Homogenisierung durch eine plakative Aufhebung von Differenzen.

(b) *Europäisierung und Globalisierung (die Perspektivierung des Eigenen im Fremden)*:

Interkulturalität wird hier ebenfalls in einer Doppelperspektive wahrgenommen. Zum einen wird das Pluralitätsprinzip einer Nationengemeinschaft herausgehoben, in der Kulturen gleichwertig miteinander am *common good* partizipieren und in der Arbeitswelt und Warenmarkt einer kulturüberspannenden Mobilität Entwicklungsspielräume verschaffen. Die Fähigkeit, kulturadäquat zu kommunizieren, wird mit dem heute als Schlüsselqualifikation apostrophierten Begriff "Europakompetenz" gleichgesetzt und durch entsprechende internationale Programme gefördert (vgl. Eichinger 1999: 43f.). In erweiterter Form ist diese Kulturfähigkeit auch im Kontext von Globalisierung zu begreifen. Beides bezeichnet die – sowohl individuelle als auch korporative – Fähigkeit, als "*global player*" *außer*kulturell kommunizieren und *ziel*kulturell kompatible Verhaltensweisen auf Anforderung produzieren zu können.

Der Begriff der *Kommunikation* ist in den Sozialwissenschaften in den letzten Jahrzehnten ausführlich diskutiert worden und hat seinen Niederschlag in vielen Gesellschaftstheorien gefunden: von der kybernetischen Systemtheorie (Parsons 1976, Luhmann 1984), die Kommunikation als Konstituens von Gesellschaft definiert, bis hin zur sozialen Handlungstheorie (Rawls 1973, Habermas 1981), in der Kommunikation als Machtausübung unter gerechten oder ungerechten Bedingungen die Vergesellschaftung von Individuen in entscheidendem Maße beeinflusst.

Durch Massenmedien, Nachrichtensatelliten und Datenfernübertragung ist Kommunikation heute sozialen Handlungskontexten über weite Strecken entrückt. Aber auch in dieser globalisierenden Form ist ihr Potenzial an Vermittlung von Fremdverstehen gering (Wendt 1997), wird Interkulturalität nicht hergestellt. Es ist vielmehr festzuhalten, dass die Vorstellung, man könne der etablierten *lingua franca* eine *cultura franca* beiordnen und damit kulturspezifische Unterschiede immanent aufheben (*macdonaldization*, "Bennetonisierung"), nicht gegriffen hat.

3.3 Interkulturelles Lernen
3.3.1 Schulischer Lernkontext

Interkulturelles Lernen im schulischen Unterricht allgemein weist auf spezifische Lernkontexte hin. Der Begriff *interkulturelles Lernen* kommt in den siebziger Jahren auf; er bezeichnete eine pädagogische Zielsetzung im Zusammenhang mit der Einrichtung sogenannter multikultureller Klassen vornehmlich in innerstädtischen Schulen der damaligen Bundesrepublik. Interkulturalität bezieht sich hier auf das Aushandeln von ethnischen, sozialen und sprachlichen Unterschieden mit dem Ziel der Integration des Fremdkulturellen in das Eigenkulturelle.

Multikulturelle Konzepte heutiger Pädagogik zielen ab auf die Koexistenz der Differenz, das heißt die Akzeptanz des Nebeneinander im Miteinander. Das Ziel, im Fremden das Eigene erkennen zu können, bleibt allerdings weitgehend Projektion. Das/den/die "Fremde" unterrichtlich zu behandeln, bleibt oft ein Paradox: entweder wird eine Homogenisierung durch Aufhebung von Differenzen angestrebt (sog. "ignorierende Toleranz"), oder Differenzen werden als normatives kulturelles Spezifikum hervorgehoben und unterrichtlich kontextualisiert (sog. "positive Diskriminierung") (vgl. Zentrum für Türkeistudien 1997).

3.3.2 Fremdsprachliche Lernkontexte

Verwendungsbelege und Definitionen zum *Interkulturellen Lernen* vor allem im Fremdsprachenunterricht finden sich u.a. bei Röttger (1996) und Edmonson/House (1998). Es zeigt sich schnell, dass beide vorstehend genannten Positionen auch in der Fremdsprachendidaktik nachzuweisen sind und hier weitere Problematisierungen erfahren.

Folgt man der klassischen Definition, die sich an Kompetenz als Ausbildung von Verhaltensstrategien ausrichtet, so bezeichnet *Interkulturelles Lernen* im fremdsprachlichen Unterricht zugleich das Ergebnis eines Lernprozesses und den Prozess selbst. Positiv gewendet bedeutet dies: Der Fremdsprachenunterricht entnormativiert den Kulturbegriff (Systemtheorie), erkennt also in Kultur eine verhaltensbezogene Kategorie, und zwar im Sinne einer individuell auszubildenden Kompetenz (vgl. Rampillon 1989 „interkulturelle *Gesprächs*kompetenz", Bach 1998 „Interkulturelles Lernen"), die auf der Grundlage einer interkulturellen Pragmatik (Kasper 1995, Streubel 1997) zu entfalten wäre.

Nach Ansicht von Edmonson/House (1998: 185) dient der Begriff „lediglich als Akzentuierung der bekannten Tatsache, dass Sprachen kulturelle Ereignisse und Kulturträger sind." Diese Vorstellung, die eine gewisse Nähe zum Konzept der integrativen Landeskunde in den siebziger Jahren aufweist (z.B. Erdmenger/Istel 1973), greift vor allem deshalb zu kurz, weil davon auszugehen ist, dass sprachliches Handeln in interkulturellen Kontexten spezifische Interaktionsformen erfordern kann. Deshalb kann und soll Fremdsprachenunterricht sich als interkultureller Lernkontext verstehen. Damit generiert der Fremdsprachenunterricht jedoch gleichzeitig eine Reihe idiosynkratischer Probleme, die deutlich machen, dass interkulturelles Lernen konzeptionell, begrifflich und instrumental einen noch weiträumigen Klärungsbedarf hat.

Bisher zur Diskussion gestellte begriffliche Klassifikationssysteme werden keinesfalls von allgemeinem Konsens getragen. Das gilt etwa für die von Raasch (1999) vorgeschlagene Konzepttaxonomie, in der *interkulturelle Kompetenz* oberhalb von *Landeskunde* und *Empathiefähigkeit* angesiedelt ist, die selbst allerdings nur weitere Vorstufen zur *intrakulturellen Kompetenz* bilden, welche als eine die Herkunftskultur nicht verleugnende Synthese zweier Kultursysteme umschrieben wird. Ebensowenig abgesichert ist die Domänentaxonomie von Kramsch (1995), bei der interkulturelle Kompetenz als *the third domain* kuluradäquaten (sprachlichen) Verhaltens gedacht wird.

Die hier aufgezeigten Perspektiven einer *lerner*bezogenen "Zwischenkultur" weisen Analogien zum Konzept einer Zwischensprache (Lernersprache; s.o.) auf, die als zielgerichtetes dynamisches Wissens- und Strategiensystem beschrieben wird. Solche Sichtweisen stehen in offenkundigem Widerspruch zur Unaufhebbarkeit des Fremd- und Andersseins in poststrukturalistischen und dekonstruktivistischen Ansätzen, die Hunfeld (1998) zur Grundlage seiner Fremdheitsdidaktik gemacht hat und zum "Perspektivenwechsel", den die Gießener Didaktik des Fremdverstehens im bewussten Gegensatz zu Hunfeld für möglich hält (vgl. Bredella 1993: 21-23, Christ 1996: 89, 105, Abendroth-Timmer et al.1997: 378f.).

Eine gewisse Annäherung zwischen dem Zwischenkulturmodell und Hunfelds Sicht leistet die erkenntnistheoretisch argumentierende konstruktivistische Fremdsprachendidaktik. Die von ihr vertretene Konzeption autonom (im Sinne von "selbstreferenziell") konstruierter mentaler Welten und konnotativer Bedeutungen begründet originäre Fremdheit und zugleich die Möglichkeit ihrer wenigstens partiellen Überwindung durch Anreize, die eigenkulturelle Sozialisation in Richtung auf eine interkulturelle zu überschreiten und nationale Narzissmen zu überwinden (vgl. Wendt 1993a).

Generell hat sich der Diskurs über "Interkulturelles Lernen" zunächst mit dem tradierten Vorverständnis von *Kultur* als einem nationalstaatlich geprägten Kulturgut auseinander zu setzen. Ferner hat er den Wandel von *Kultur* als Norm zu *Kultur* als Lebensform sowie als Handlungs- und Verhaltensrepertoire zu beschreiben und sich mit den Tendenzen der (positiv gemeinten) „Auflösung der Kulturen" (Welsch 1994) auseinander zu setzen. Nur vor diesem Hintergrund erscheint eine Ausdifferenzierung von "interkultureller Kompetenz" als Lernziel des sowohl einsprachigen als auch mehrsprachigfremdsprachlichen Unterrichts denkbar.

Eine solche Ausdifferenzierung hat sich vorrangig auch mit folgenden *Problemen* zu befassen: interkulturelles Lernen und Handeln in ethnisch und sprachlich heterogenen Klassen; die Bewertung (Stigmatisierung) der/einer jeweils "anderen" Kultur; die Globalisierung von Kultur und die Enkulturation durch Medieneinflüsse; die aus postmoderner Perspektive unaufhebbare Differenz zwischen Eigenem und Fremdem und das damit verbundene Recht auf Anderssein.

3.4 Forschung

Empirische Forschung zum Interkulturellen Lernen ist in Europa noch wesentlich weniger vertreten als in Nordamerika, wo allerdings andere Verhältnisse anzutreffen sind. Hinweise finden sich bei Edmonson/House (1998); zur Stereotypenforschung vgl. bsd. Lüsenbrink (1995: 31-36), Wolff (1995), Brüttings-Trautmann (1997) und Heinemann (1998).

Die Gießener Didaktik des Fremdverstehens (s. Bredella et al., Hrsg., 5 Bände) hat sich vorzugsweise hermeneutischer Verfahren bedient, jedoch auch einige richtungweisende empirische Arbeiten (bsd. Hu 1998, Kallenbach 1996) hervorgebracht. Überdies wurden Untersuchungen zur Imagologie (Vorurteilsforschung), zur konstrastiv-pragmatischen Diskursanalyse (Litters 1995), zum interkulturellen Potenzial von Lehrwerken (Abendroth-Timmer 1998) und zu politisch-kulturellen Symbolen (Schinschke 1995) vorgelegt.

Nach Edmonson/House (1998) bleibt fragwürdig, ob es interkulturelle Lernprozesse oder Lernstrategien gibt, wie sie sich empirisch erfassen lassen und „ob die Verbindungen zwischen interkulturellem Lernen und Fremdsprachenlernen arbiträr oder inhärent sind". Einen möglichen Forschungsansatz könnte die interkulturelle Pragmatik eröffnen (Kasper 1995).

Weiterhin fehlt es an empirischen Untersuchungen von mit Fremdheit begründeten Ablehnungs- und Annäherungsprozessen. Immerhin gilt es als unstrittig, dass Fremdheit nicht nur auf Anderssprachigkeit, sondern auch auf durchaus subjektiven, sozialaffektiven und physischen Differenzerfahrungen beruht (Robinson 1988). Die komplementäre Frage nach der Veränderung des Verhältnisses zur eigenen Kultur durch die Begegnung mit Angehörigen anderer Kulturen (vgl. Rieger u.a. 1999) eröffnet ein weiteres umfangreiches Forschungsfeld von unmittelbar einsehbarer Relevanz für Zweit- und Fremdsprachenunterricht.

In diesem Zusammenhang wird zu oft übersehen, dass Interkulturelles Lernen, wie oben angedeutet, gewisse Parallelen zu Sozialisationsprozessen aufweist (vgl. Doyé 1992, Byram 1994) und wie diese nicht ausschließlich kognitiv im engeren Sinn, sondern auch stark emotional dimensioniert ist, dass in mehreren handlungstheoretischen Ansätzen Handeln als konstitutiv für die Entwicklung von Identität beschrieben wird (u.a. Hubig 1985, Schoenke 1991) und dass schließlich Einstellungen und deren Beeinflussbarkeit etwa über Bewusstmachung ihres Konstruktcharakters eine bedeutsame Rolle spielen. Im Rahmen des vorliegenden Projekts wird von der Arbeitshypothese ausgegangen, dass interkulturelles Lernen eher handlungsorientiert als auf der Grundlage einer konsumorientierten Grundhaltung stattfindet.

Bildungspolitische Konzepte, z.B. die Versuche, interkulturelle Handlungskompetenz durch frühe Mehrsprachigkeitsförderung zu entwickeln, (etwa durch eine Vorverlagerung des Fremdsprachenlernens in den Primarstufenbereich und durch eine Diversifizierung individueller Sprachprofile) sind hinter den Erfordernissen zurückgeblieben. Diese Tatsache unterstreicht die Notwendigkeit schulnaher Forschung in diesem Bereich.

3.5 Interdisziplinäre Bezüge

Soziologie, Ethnologie, Kulturwissenschaft:	Kulturbegriffe, Fremdheit, Ethnomethodologie, Gruppenidentität, Multikulturalität, Imagologie, Migration
Erziehungswissenschaft:	Interkulturelle Pädagogik, Schulpädagogik, Allgemeine Didaktik, Medienpädagogik
Philosophie:	Kulturphilosophie, Erkenntnistheorie, gesellschaftliche Normen, Handlungstheorien, Hermeneutik
Sprachwissenschaft:	Soziolinguistik, Kommunikation
Politikwissenschaft:	Ausländerpolitik und -recht, Staatsangehörigkeit
Psychologie:	Sozialpsychologie
Literaturwissenschaft:	Fremdverstehen, Hermeneutik, Rezeptionspragmatik

3.6 Forschungsthemen

- Bestimmung eines pädagogischen Kulturbegriffs auf der Grundlage einer Begriffsgeschichte von Kultur als operativer Begriff in pädagogischen und außerpädagogischen Kontexten
- Interkulturelle Kommunikation als Kommunikation, in der die Handelnden erprobte Praktiken und Interpretationen nicht teilen
- Sprachliches Handeln in unscharfen kulturellen Kontexten
- Sprache und kulturelle Konzepte
- Sprachliche und nicht-sprachliche interkulturelle Ablehnungs- und Annäherungsprozesse
- Veränderungen des Verhältnisses zur eigenen Kultur durch die Begegnungen mit anderen Kulturen
- Bedeutungserwerb als Grundlage interkultureller Handlungsfähigkeit
- Interkulturalität im Urteil Lernender: Subjektive Theorien
- Interkulturalität der eigenen Identitätskonstruktion
- Interkulturalität als Identitätsverlust oder doppelte Authentizitätserfahrung
- Interkulturelle Identität und Ganzheitlichkeit
- Sprachliche, sozial-affektive und physische Differenzerfahrungen und ihre Bewertung
- Kognitive Strukturen interkulturellen Bewusstseins und Handelns
- Verlaufsformen gelingender und nicht gelingender interkultureller Kommunikation
- Angebrachtheit und Nichtangebrachtheit von Formen verbalen Handelns und nonverbaler/extraverbaler Begleit- und Ersatzhandlungen
- Reparaturen und Kompensationen in interkultureller Kommunikation
- Migration und interkulturelle Begegnung
- Kontexte der Zurückhaltung im Umgang mit sprachlicher und ethno-kultureller Differenz
- "Kommunikation des Unausgesprochenen"
- Kulturelle Marginalisierung aufgrund individueller Mehrsprachigkeit
- Xenophobie und Formen ihrer Überwindung
- Konstruktion von Alltagskultur, von Individual- und Gruppenidentitäten, von Werten, Normen, Gesinnungsgemeinschaften und sozialen Milieus
- Darstellungen von Fremdheit durch die Mehrheitsgesellschaft und Konstruktionsformen des Eigenen
- Bewertung von Kulturen
- Erfahrungen im Umgang mit Fremdkulturen
- Erfahrungs- und Erlebnispotenziale von Begegnungen mit Fremdkulturen
- Subjektive Theorien zur Handlungsorientierung durch die Eigenkultur
- Leben/Lernen mit Fremdheit durch kommunikatives Handeln

- ❖ Theoretische Modellierungen von Interkultur und ihre Konsequenzen für den Sprachunterricht
- ❖ Theoretische Modellierungen von Interkultur und ihre Konsequenzen für sprachliches Handeln in nicht-sprachlichen Fächern
- ❖ Imagologie und Fremdsprachenunterricht: Wirkweisen von Auto- und Heterostereotypen
- ❖ Interkulturelles Lernen durch Umgang mit Medien
- ❖ Interkulturelle Erziehung im Berufsschulwesen

Literaturhinweise

Abendroth-Timmer, Dagmar/Bechtel, Mark/Becker, Monika/Caspari, Daniela/Müller-Hartmann, Andreas/Pörings, Ralf (1997): Wenn Forscher über Forscher forschen ...: Gestaltung und Evaluation eines Methodenseminars im Rahmen des Graduiertenkollegs „Didaktik des Fremdverstehens". In: Bredella, Lothar/Christ, Herbert/Legutke, Michael (Hrsg.): 378-399.

----- (1998): *Der Blick auf das andere Land.* Ein Vergleich der Perspektiven in Deutsch-, Französisch- und Russischlehrwerken. Tübingen: Narr.

Aitchinson, Jean (1997): *Wörter im Kopf.* Eine Einführung in das mentale Lexikon. Tübingen: Niemeyer.

Austin, John L. (1972): *Zur Theorie der Sprechakte.* Dt. v. Savigny. Stuttgart: Reclam.

Bach, Gerhard (1998): Interkulturelles Lernen. In: Timm, Johannes-Peter (Hrsg.): *Englisch lernen und lehren: Didaktik des Englischunterrichts.* Berlin: Cornelsen: 192-200.

Baeyen, André/Bergentoft, Rune (1996*): Guide à l'usage des décideurs institutionnels de la politique éducative.* Projet 1. Strasbourg: Conseil de la Coopération Culturelle/Comité de l'Éducation.

Bange, Pierre (1992): *Analyse conversationnelle et théorie de l'action.* Paris: Didier.

Baur, Rupprecht S./Chlosta, Christoph (1999): Internationalisierung der Lehrerausbildung. In: Landesinstitut für Schule und Weiterbildung (Hrsg.): *Wege zur Mehrsprachigkeit.* Heft 4. Soest: Landesinstitut: 14-24.

-----/Chlosta, Christoph (1999): Begegnungen mit Sprachen-Reform oder Konkurs. In: Landesinstitut für Schule und Weiterbildung (Hrsg.): *Wege zur Mehrsprachigkeit.* Heft 4: 25-40.

Bausch, Karl-Richard/Christ, Herbert/Hüllen, Werner/Krumm, Hans-Jürgen (Hrsg.) (1987): *Sprachbegriffe im Fremdsprachenunterricht.* Tübingen: Narr.

----- (1987): Vom Sprach- zum Sprachlernbegriff. In: Bausch, Karl Richard/Christ, Herbert/Hüllen, Werner/Krumm, Hans-Jürgen (Hrsg.): 27-32.

Bechtl, Mark (in Arbeit): Tandemlernen (Arbeitstitel Diss.).

Bliesener, Ulrich (1999): Die eigentlichen Fachfragen des Fremdsprachenunterrichts. *Neusprachliche Mitteilungen* 52: 146-150.

Börner, Wolfgang/Vogel, Klaus (Hrsg.) (1994): *Kognitive Linguistik und Fremdsprachenerwerb. Das mentale Lexikon.* Tübingen: Narr.

-----/Vogel, Klaus (Hrsg.) (1997): *Kulturkontraste im universitären Fremdsprachenunterricht.* Bochum: AKS-Verlag.

Bourdieu, Pierre (1994): *Raisons Pratiques.* Sur la théorie de l'action. Paris: Seuil.

----- (1998): *Praktische Vernunft*: Zur Theorie des Handelns. Dt. v. Hella Beister. Frz. zuerst 1994. Frankfurt/Main: Suhrkamp.

Bowermann, Melissa/Levinson, Stephen (in press): *Language Acquisition and conceptual development*. Cambridge: CUP.

Boyer, Henri (1995): De la compétence ethnosocioculturelle. *Le Français dans le Monde* 272: 41-44.

Braselmann, Petra (1999): *Sprachpolitik und Sprachbewußtsein in Frankreich heute*. Tübingen: Niemeyer.

Bredella, Lothar (1993): Ist das Verstehen fremder Kulturen wünschenswert? In: Bredella, Lothar/Christ, Herbert (Hrsg.): 11-36.

-----/Christ, Herbert (1995): *Didaktik des Fremdverstehens*. Tübingen: Narr.

-----/Christ, Herbert (Hrsg.) (1993): *Zugänge zum Fremden*. Gießen: Ferber'sche Buchhandlung.

-----/Christ Herbert (Hrsg.) (1996): *Begegnungen mit dem Fremden*. Gießen: Ferber'sche Buchhandlung.

-----/Christ, Herbert/Legutke, Michael (Hrsg.) (1997): *Thema Fremdverstehen*. Arbeiten aus dem Graduiertenkolleg „Didaktik des Fremdverstehens". Tübingen: Narr.

-----/Meißner, Franz-Joseph/Nünning, Ansgar/Rösler, Dietmar (Hrsg.) (2000): *Wie ist Fremdverstehen lehr- und lernbar*? Tübingen: Narr.

Brütting, Richard/Trautmann, Günter (Hrsg.) (1997): *Dialog und Divergenz*. Interkulturelle Studien zu Selbst- und Fremdbildern in Europa. Frankfurt/Main: Lang.

Byram, Michael (1994): Cultural Learning and Mobility: the educational challenge for foreign language teaching (1). *Fremdsprachen und Hochschule* 41: 5-22.

Caspari, Daniela (2000): Das berufliche Selbstverständnis von Fremdsprachenlehrer/innen aus konstruktivistischer Sicht. In: Wendt, Michael (Hrsg.): *Konstruktion statt Instruktion*. Neue Zugänge zu Sprache und Kultur im Fremdsprachenunterricht. Frankfurt/Main u.a: Lang (Kolloquium Fremdsprachenunterricht 6): 187-202.

----- (in Arbeit): *Zum beruflichen Selbstverständnis von Fremdsprachenlehrern/innen* (Arbeitstitel, Habil.).

Chastain, Kenneth D./Woerdehoff F.J. (1968): A Methodological Study Comparing the Audio-Lingual Habit Theory and the Cognitive Code Learning Theory. *Modern Language Journal* 52: 268-279.

Christ, Herbert (1990): *Fremdsprachenunterricht für das Jahr 2000*. Sprachenpolitische Betrachtungen zum Lehren und Lernen fremder Sprachen. Tübingen: Narr.

----- (1996): Das nahe Fremde und das ferne Fremde im fremdsprachlichen Unterricht. In: Bredella, Lothar/Christ, Herbert (Hrsg.): 89-107.

-----/Schröder, Konrad/Weinrich, Harald/Zapp, Franz-Joseph (Hrsg.) (1980): *Fremdsprachenpolitik in Europa*. Homburger Empfehlungen für eine sprachenteilige Gesellschaft. Augsburg: Universität Augsburg. (Augsburger I&I-Schriften 11.)

Christ, Ingeborg (1996): Ein Vierteljahrhundert bilinguale Bildungsgänge. *Neusprachliche Mitteilungen* 49/4: 216-220.

Ciompi, Luc (1985): Zur Interpretation von Fühlen und Denken im Licht der „Affektlogik". Die Psyche als Teil eines autopoietischen Systems. In: *Psychiatrie der Gegenwart*. Band 1. Berlin u.a.: Springer, 3. Aufl.

----- (1993): Die Hypothese der Affektlogik. *Spectrum der Wissenschaft* 2: 76-87.

Council of Europe/Committee of Ministers (1998): *Recommendation No. R (98) 6 of the Committee of Ministers to Member States Concerning Modern Languages.* Adopted on 17 March 1998.

Cyr, Paul (1998): *Les stratégies d'apprentissage.* Paris: Clé International.

Daller, Helmut (1995): Der Sprachstand türkischer Rückkehrer aus Deutschland. Übersicht über ein Forschungsprojekt. *Zeitschrift für Fremdsprachenforschung* 6/2: 61-69.

De Florio-Hansen, Inez (Koord.) (1998): *Subjektive Theorien von Fremdsprachenlehrern.* Tübingen: Narr. (Fremdsprachen Lehren und Lernen 27.)

Decke-Cornill, Helene (1999): Einige Bedenken angesichts eines möglichen Aufbruchs des Fremdsprachenunterrichts in eine bilinguale Zukunft. *Neusprachliche Mitteilungen* 52: 164-170.

Donnerstag, Jürgen (1997): Landeskunde vs. Interkulturalität: Zu den Grundlagen interkulturellen Lernens im Fach Englisch. In: Börner, Wolfgang/Vogel, Klaus (Hrsg.): 21-36.

Doyé, Peter (1992): Fremdsprachenunterricht als Beitrag zu tertiärer Sozialisation. In: Buttjes, Dieter et al. (Hrsg.): *Neue Brennpunkte des Englischunterrichts.* Frankfurt/Main u.a.: Lang.

Edelhoff, Christoph/Weskamp, Ralf (1999): *Autonomes Fremdsprachenlernen.* München: Hueber.

Edmondson, Willis/House, Juliane (1998): Interkulturelles Lernen: ein überflüssiger Begriff. *Zeitschrift für Fremdsprachenforschung* 9/2: 161-188.

----- (1997): Sprachbewußtheit und Motivation beim Fremdsprachenlernen. *Fremdsprachen Lehren und Lernen* 26: 88-110.

Eichinger, Ludwig M. (1999): Mehrsprachigkeit im Zwielicht. Kontexte individualisierter Sprachenwahl. *Zeitschrift für Angewandte Linguistik* 30: 41-52.

Einhoff, Jürgen (1993): Interkulturelles Lernen und Systemtheorie – eine Standortbestimmung. *Neusprachliche Mitteilungen* 46/1: 6-13.

Elias, Norbert (1976): *Über den Prozeß der Zivilisation: Soziogenetische und psychogenetische Untersuchungen.* 2 Bde. Zuerst 1936. Frankfurt/Main: Suhrkamp.

Erdmenger, Manfred/Istel, Hans-Wolf (1973): *Didaktik der Landeskunde.* München: Hueber.

Evans, Dave/Grässler, Harald/Pouwells, Jan G. (Hrsg.) (1996): *Human Rights and Values Education in Europe.* Research in educational law, curricula and textbooks. Freiburg: Fillibach.

Faerch, Claus/Kasper, Gabriele (Hrsg.) (1983): *Strategies in Interlanguage Communication.* Harlow: Longman.

Flohr, Ann-Katrin (1994): *Fremdenfeindlichkeit.* Biosoziale Grundlagen von Ethnozentrismus. Opladen: Westdeutscher Verlag.

Freudenstein, Reinhold (1999): Der Französischunterricht muss (immer noch) umkehren! *Neusprachliche Mitteilungen* 52: 151-156.

Friedrich, Helmut F./Mandl, Heinz (1992): Lern- und Denkstrategien – ein Problemaufriß. In: Mandl, Heinz/Friedrich, Helmut F. (Hrsg.): *Lern- und Denkstrategien.* Analyse und Intervention. Göttingen: Hogefe/Verlag für Psychologie: 3-52.

Galperin, Petr J. (1972): Die geistige Handlung als Grundlage für die Bildung von Gedanken und Vorstellungen. In: Lompscher, Joachim (Hrsg.): 33-49.

Gloning, Thomas (1996): *Bedeutung, Gebrauch* und *sprachliche Handlung*. Ansätze und Probleme einer handlungstheoretischen Semantik aus linguistischer Sicht. Tübingen: Niemeyer.

Gnutzmann, Klaus (1997): Language Awareness. Geschichte, Grundlagen, Anwendungen. *Praxis des neusprachlichen Unterrichts* 44/3: 227-236.

Goldstein, Reine (1998): *Analyser le Fait Éducatif.* L'Ethno-éducation comparée, une démarche, un outil. Lyon: Chronique sociale.

Goleman, Daniel (1997): *Emotionale Intelligenz.* Dt. v. F. Griese. München: dtv.

Grosser, Alfred (1996): Identität, Kultur und Grundwerte. In: Ambos, Erwin/Werner, Irene (Hrsg.): *Interkulturelle Dimensionen der Fremdsprachenkompetenz.* Dokumentation der 18. Arbeitstagung 1994. Bochum: AKS-Verlag: 19-32.

Grotjahn, Rüdiger (1999): Thesen zur empirischen Forschungsmethodologie. *Zeitschrift für Fremdsprachenforschung* 10/1: 133-158.

Groux, Dominique (Hrsg.) (1997): L'Education comparée. *La Revue Française de Pédagogie* 121 (Themenheft).

-----/Porcher, Louis (Hrsg.) (1997): *L'Education comparée.* Paris: Nathan.

Gudjons, Herbert (1994): Handlungsorientierter Unterricht. In: Keck, Rudolf W./Sandfuchs, Uwe (Hrsg.): *Wörterbuch Schulpädagogik.* Bad Heilbrunn: Klinkhardt.

Gumbretière, Elisabeth (Hrsg.) (1999): *Enseignement précoce des langues, enseignement bilingue.* Paris: ASDIFLE. Les cahiers de l'asdifle no. 10.

Gumperz, John J./Levinson, Stephen (Eds.) (1996): *Rethinking linguistic relativity.* Cambridge: Cambridge University Press.

Haas, Gerhard (1997): *Handlungs- und produktionsorientierter Literaturunterricht.* Theorie und Praxis eines „anderen" Literaturunterrichts für die Primar- und Sekundarstufe. Seelze: Kallmeyer.

Habermas, Jürgen (1971*):* Vorbereitende Bemerkung zu einer Theorie der kommunikativen Kompetenz. In: Habermas, Jürgen/Luhmann, Niklas (Hrsg.): 101-141.

-----/Luhmann, Niklas (1971): *Theorie der Gesellschaft oder Sozialtechnologie.* Was leistet die Systemforschung? Frankfurt/Main: Suhrkamp.

----- (1981): *Theorie des kommunikativen Handelns.* Band 1. *Handlungsrationalität und gesellschaftliche Rationalisierung.* Band 2. *Zur Kritik der funktionalistischen Vernunft.* Frankfurt/Main: Suhrkamp.

Hansen, Maike (1996): *Intensivkurse in der Erwachsenenbildung.* Eine empirische Untersuchung am Beispiel des Französischen. Tübingen: Narr.

Heinemann, Margot (Hrsg.) (1998): *Sprachliche und soziale Stereotype.* Frankfurt/Main: Lang. (Forum Angewandte Linguistik 33.)

Hejl, Peter M. (1992): Konstruktion der sozialen Konstruktion. Grundlinien einer konstruktivistischen Sozialtheorie. In: Schmidt, Siegfried J. (Hrsg.): 303-339.

Henrici, Gert (1990): L2 Classroom Research. Die Erforschung des gesteuerten Fremdsprachenerwerbs. *Zeitschrift für Fremdsprachenforschung*: 21-61.

Herder, Johann Gottfried (1770/1772): *Abhandlung über den Ursprung der Sprache.* Berlin: Voss.

Hermes, Liesel (1996): Förderung der Methodenkompetenz im Englischunterricht durch Selbstbeobachtung. *Neusprachliche Mitteilungen* 49/3: 167-175.

-----/Schmid-Schönbein, Gisela (Hrsg.) (1998): *Fremdsprachen lehren lernen*. Lehrerausbildung in der Diskussion. Dokumentation des 17. Kongresses für Fremdsprachendidaktik. Berlin: Pädagogischer Zeitschriftenverlag.

Holec, Henri/Little, David/Richterich, René (1996): *Stratégies de l'apprentissage et l'usage des langues*. Vers un Cadre Européen Commun de référence pour l'enseignement et l'apprentissage des langues vivantes: études préparatoires. Strasbourg: Editions du Conseil de l'Europe.

Hu, Adelheid (1996): *„Lernen" als „kulturelles Symbol"*. Eine empirisch-qualitative Studie zu subjektiven Lernkonzepten im Fremdsprachenunterricht bei Oberstufenschülerinnen und –schülern aus Taiwan und der Bundesrepubik Deutschland. Bochum: Brockmeyer.

----- (1998): Wie werden zukünftige FremdsprachenlehrerInnen auf den Unterricht in multilingualen und multikulturellen Klassen vorbereitet? In: Hermes, Liesel/Schmid-Schönbein, Gisela (Hrsg.): 135-144.

Hubig, Christoph (1985): *Handlung, Identität, Verstehen*. Von der Handlungstheorie zur Geisteswissenschaft. Weinheim: Beltz.

Hunfeld, Hans (1998): *Die Normalität des Fremden*. Vierundzwanzig Briefe an eine Sprachlehrerin. Waldsteinberg: Heidrun Popp.

James, Carl/Garrett, Peter (eds.) (1991): *Language Awareness in the Classroom*. London u.a.: Longman.

Jank, Werner/Meyer, Hilbert (1994): *Didaktische Modelle*. Frankfurt/Main: Cornelsen Scriptor.

Kallenbach, Christiane (1996): *Subjektive Theorien*. Was Schüler und Schülerinnen über Fremdsprachenlernen denken. Tübingen: Narr.

Kasper, Gabriele (1995): Wessen Pragmatik? Für eine Neubestimmung fremdsprachlicher Handlungskompetenz. *Zeitschrift für Fremdsprachenforschung* 6/1: 69-94.

----- (1998): Datenerhebungsverfahren in der Lernersprachenpragmatik. *Zeitschrift für Fremdsprachenforschung* 9/1: 85-118.

Kassem, Nabil (1994): *Die Ambiguität des Schweigens als Kommunikationsproblem zwischen Angehörigen unterschiedlicher Kulturen und Implikationen für den Lehr-Lern-Prozeß des Deutschen als Fremdsprache*. Universität Hamburg – Germanisches Seminar – Deutsch als Fremdsprache: Hamburger Zentrum für Mehrsprachigkeit und Sprachkontakte. (Hazems) (Arbeiten zur Mehrsprachigkeit 52.)

Kielhöfer, Bernd/Börner, Wolfgang (1979): *Lernersprache Französisch*. Psycholinguistische Analyse der Fremdsprachenerwerbs. Tübingen: Niemeyer.

Kleiber, Georges/Kochendörfer, Günter/Riegel, Martin/Schecker, Michael (Hrsg.) (1999): *Kognitive Linguistik und Neurowissenschaften*. Tübingen: Narr. (Cognition 7.)

Knobloch, Clemens (1994): *Sprache und Sprechtätigkeit*. Sprachpsychologische Konzepte. Tübingen: Niemeyer.

Kochendörfer, Günter (1999): *Gedächtnisformen in neuronalen Modellen der Sprachverarbeitung*. Tübingen: Narr. (Cognition 8.)

Koordinierungsgremium Sprachlehrforschung (Hrsg.) (1983): *Sprachlehr- und -lernforschung*. Begründung einer Disziplin. Tübingen: Narr.

Kramsch, Claire (1995): „Andere Worte – andere Werte": Zum Verhältnis von Sprache und Kultur im Fremdsprachenunterricht. In: Bredella, Lothar (Hrsg.): *Verstehen und Verständigung durch Sprachenlernen?* Dokumentation des 15. Kongresses für Fremdsprachendidaktik. Bochum: Brockmeyer.

Krashen, Stephen D. (1981): *Second Language Acquisition and Second Language Learning.* Oxford u.a.: Pergamon.

----- (1982): *Principles and Practice in Second Language Acquisition.* Oxford u.a.: Pergamon.

Krings, Hans P. (1986): *Was in den Köpfen von Übersetzern vor sich geht.* Eine empirische Untersuchung zur Struktur des Übersetzungsprozesses an fortgeschrittenen Französisch-Lernern. Tübingen: Narr.

Lahaie, Ute S. (1995): *Selbstlernkurse für den Fremdsprachenunterricht.* Eine kritische Analyse mit besonderer Berücksichtigung von Selbstlernkursen für das Französische. Tübingen: Narr.

Landesinstitut für Schule und Weiterbildung (Hrsg.) (1997): *Wege zur Mehrsprachigkeit.* Informationen zu Projekten des sprachlichen und interkulturellen Lernens. Heft 1. Soest: Landesinstitut für Schule und Weiterbildung.

Lee, Penny (1996): *The Whorf Theory Complex: a critical reconstruction.* Amsterdam: Benjamins.

Legenhausen, Lienhard (1994): Vokabelerwerb im autonomen Lernkontext. *Die Neueren Sprachen* 93/5: 467-483.

Leggewie, Claus (1993): Vom deutschen Reich zur Bundesrepublik und nicht zurück. Zur politischen Gestalt einer multikulturellen Gesellschaft. In: Bredella, Lothar/Christ, Herbert (Hrsg.): 37-55.

Leont'ev, Alexander A. (1971): *Sprache – Sprechen – Sprechtätigkeit.* Dt. v. C. Heeschen u. W. Stölting. Stuttgart u.a.: Kohlhammer.

Litters, Ulrike (1995): *Interkulturelle Kommunikation aus fremdsprachendidaktischer Perspektive.* Konzeption eines zielgruppenspezifischen Kommunikationstrainings für deutsche und französische Manager. Tübingen: Narr.

Lompscher, Joachim (Hrsg.) (1972): *Probleme der Ausbildung geistiger Handlungen.* Neuere Untersuchungen zur Anwendung der Lerntheorie Galperins. Berlin: Volk und Wissen.

Lucy, John (1992): *Language Diversity and Thought.* Cambridge: Cambridge University Press.

Lüsebrink, Hans-Jürgen (1995): Französische Kulturwissenschaft und Interkulturelle Kommunikation. Theorieansätze, Gegenstandsbereiche, Forschungsperspektiven. In: Lüsebrink, Hans-Jürgen/Rosebery, Dorothea (Hrsg.): *Landeskunde und Kulturwissenschaft in der Romanistik.* Tübingen: Narr: 23-39.

Luhmann, Niklas (1984): *Soziale Systeme:* Grundriß einer allgemeinen Theorie. Frankfurt/Main: Suhrkamp.

Maas, Utz (1972): Sprechen und Handeln. Zum Stand der gegenwärtigen Sprachtheorie. *Sprache im technischen Zeitalter* 41: 1-21.

Maturana, Humberto R. (1992): Kognition. In: Schmidt, Siegfried J. (Hrsg.): 89-118.

Mayer, Nicola (vorgelegt): *Ganzheitlichkeit und Sprache.* Theorie des Begriffs und empirische Zugangswege im Gespräch mit Fremdsprachenlehrerinnen und -lehren. (Diss.).

Meißner, Franz-Joseph/Reinfried, Marcus (in Vorb.): *Bausteine für einen neokommunikativen Französischunterricht.* Tübingen: Narr.

----- (1993): *Schulsprachenpolitik zwischen Politik und Markt.* Sprachenprofile, Meinungen, Tendenzen, Analysen. Frankfurt/Main: Diesterweg.

-----/Kraus, Annette (1998): Ist und Soll in der Sprachenberatung. In: Landesinstitut für Schule und Weiterbildung (Hrsg.): *Wege zur Mehrsprachigkeit.* Heft 2. Soest: 83-93.

-----/Reinfried, Marcus (Hrsg.) (1998): *Mehrsprachigkeitsdidaktik.* Konzepte, Analysen, Lehrerfahrungen mit romanischen Fremdsprachen. Tübingen: Narr.

Meyer, Hilbert (1989): *Unterrichtsmethoden.* Band 2. Frankfurt/Main: Scriptor, 2. Aufl.

Miller, Georg A./Galanter, Eugene/Pribram, Karl H. (1960): *Plans and the Structure of Behavior.* New York: Holt, Rinehart & Winston.

-----/Galanter, Eugene/Pribram, Karl H. (1973): *Strategien des Handelns.* Pläne und Stukturen des Verhaltens. Stuttgart: Klett. (Orig. 1960).

Moser, Heinz (1974): *Handlungsorientierte Curriculumforschung.* Überlegungen vom gegenwärtigen Stand der Curriculumdiskussion. Weinheim u.a.: Beltz.

Münch, Richard (1988): *Theorie des Handelns.* Zur Rekonstruktion der Beiträge von Talcott Parsons, Emile Durkheim und Max Weber. Frankfurt/Main: Suhrkamp.

Nenninger, Peter (1978): Erfassung des Leistungsmotivs – theoretische und methodologische Probleme bei der Entwicklung einer dimensionalen Skala. *Unterrichtswissenschaft* 6/4: 307-320.

Niemeier, Susanne/Dirven, René (Hrsg.) (2000): *Evidence for linguistic relativity.* Amsterdam: Benjamins.

Ogden, Charles K./Richards, Ivor A. (1923): *The meaning of meaning.* London: Paul.

Parliamentary Assembly of the Council of Europe (1998): *Recommendation 1383 (1998): Linguistic diversification.* Adopted on 23 September 1998.

Parsons, Talcott (1976): *Zur Theorie Sozialer Systeme.* Hrsg. und eingel. von Stefan Jensen. Opladen: Westdeutscher Verlag.

Peukert, Helmut (1994): Bildung als Wahrnehmung des Anderen: Der Dialog im Bildungsdenken der Moderne. In: Lohmann, Ingrid/Weisse, Wolfram (Hrsg.): *Dialog zwischen den Kulturen erziehungshistorische und religionspädagogische Geischtspunkte interkultureller Bildung.* Münster: Waxmann: 1-14.

Philipson, Robert (1992): *Linguistic Imperialism.* Oxford: Oxford University Press.

Piaget, Jean (1969): *Das Erwachen der Intelligenz beim Kinde.* Stuttgart: Klett.

Pierce, Charles S. (1968): *Über die Klarheit unserer Gedanken.* Hrsg. v. Oehler, Klaus. Frankfurt/Main: Kostermann.

Pishwa, Hanna (1998): *Kognitive Ökonomie im Zweitsprachenerwerb.* Tübingen: Narr.

Posner, Roland (Hrsg.) (1985): Nonverbale Zeichen in öffentlicher Kommunikation. *Zeitschrift für Semiotik* 7/3 – Themenheft.

Preston, John (Hrsg.) (1998): *Thought and Language.* Cambridge: Cambridge University Press.

Raasch, Albert (1999): „Handlungsorientierung" weist in viele Richtungen. *Zielsprache Französisch* 31/1: 40-41.

----- (1997): Der Fremdsprachenunterricht hat sich verändert – auch im Fach Französisch? *Neusprachliche Mitteilungen* 50/2: 69-74.

Rampillon, Ute (1989): *Lerntechniken im Fremdsprachenunterricht.* Ismaning: Hueber, 2. Aufl.

----- (1996): *Lerntechniken im Fremdsprachenunterricht.* Handbuch. Ismaning: Hueber, 3. überarb. Aufl.

-----/Günther Zimmermann (1997): *Strategien und Techniken beim Erwerb fremder Sprachen.* Ismaning: Hueber.

Rawls, John (1973): *A Theory of Justice.* Oxford u.a.: Oxford University Press.

Redder, Angelika/Rehbein, Jochen (Hrsg.) (1999): *Grammatik und mentale Prozesse.* Tübingen: Stauffenburg.

Reinfried, Marcus (1999): Handlungsorientierung, Lernerzentrierung, Ganzheitlichkeit. Neuere Tendenzen in der Französischmethodik. *Französisch heute* 30/3: 328-345.

Rieger, Stefan/Schahadat, Schamma/Weinberg, Manfred (Hrsg.) (1999): *Interkulturalität. Zwischen Inszenierung und Archiv.* Tübingen: Narr.

Riemer, Claudia (1997): *Individuelle Unterschiede im Fremdsprachenerwerb.* Eine Longitudinalstudie über die Wechselwirksamkeit ausgewählter Einflußfaktoren. Baltmannsweiler: Schneider Hohengehren.

Robinson, Gail (1988): *Crosscultural Understanding.* London: Prentice Hall.

Röttger, Evelyn (1996): Überlegungen zum Begriff des interkulturellen Lernens in der Fremdsprachendidaktik. *Zeitschrift für Fremdsprachenforschung* 7/2: 155-170.

Schiffler, Ludger (1998): *Learning by doing.* Handlungs- und partnerorientierter Fremdsprachenunterricht mit und ohne Lehrbuch. Ismaning: Hueber.

Schinschke, Andrea (1995): *Literarische Texte im interkulturellen Lernprozeß.* Zur Verbindung von Literatur und Landeskunde im Fremdsprachenunterricht Französisch. Tübingen: Narr.

Schmidt, Siegfried J. (1992): *Der Diskurs des Radikalen Konstruktivismus.* Frankfurt/Main: Suhrkamp, 5. Aufl.

----- (1992): Der Radikale Konstruktivismus: Ein neues Paradigma im interdisziplinären Diskurs. In: Schmidt, Siegfried J. (Hrsg.): 11-88.

Schoenke, Eva (1991): *Didaktik sprachlichen Handelns.* Überlegungen zum Sprachunterricht der Sekundarstufe 1. Tübingen: Niemeyer.

Schüle, Klaus (1976): Sprachtätigkeit und Sprechfertigkeit. Zur Kritik der heutigen Lehrwerk- und Mediendidaktik. *Französisch heute* 7/1: 1-15.

Schwarz, Monika (1996): *Einführung in die kognitive Linguistik.* Tübingen: Francke, 2. überarb. Aufl.

Schwenk, Helga (1988): *Das Sprachvermögen zweisprachiger türkischer Schüler.* Tübingen: Narr.

Searle, John R. (1971/76): *A Taxonomy of Illocutionary Acts.* Reprint Trier: L.A.U.T.

Seebauer, Renate (1996): Fremdsprachliche Kompetenzen und Handlungskompetenzen von Grundschullehrern. Empirische Evidenz und Neuorientierung. *Praxis* 43/1: 81-89.

Selinker, Larry (1972): Interlanguage. *International Review of Applied Linguistics* 10: 209-231.

Slama-Cazaku, Tatiana (1970): A Contribution to Constrastive Linguistics. A Psycholinguistic Approach: Contact Analysis. *Revue Roumaine de Linguistique* 15: 105-128.

Streubel, Wolfgang (1997): Beyond Britain: Interdisciplinary Analysis of Nation, Culture and Language. *Journal of Area Studies* 10: 14-23.

Sucharowski, Wolfgang (1996): *Sprache und Kognition*. Neue Perspektiven in der Sprachwissenschaft. Opladen: Westdeutscher Verlag.

Theisen, Garry (1997): The new ABC of comparative and international education. *Comparative Education Review* 4.

Timm, Johannes-Peter (1991): Handlungsorientierte Lehrerbildung für einen handlungsorientierten Fremdsprachenunterricht. *Praxis* 38/2: 123-128.

----- (Hrsg.) (1995): *Ganzheitlicher Fremdsprachenunterricht*. Weinheim: Deutscher Studien Verlag.

Toulmin, Stephen E. (1990): *Cosmopolis: the hidden agenda of modernity*. Originally published: New York: Free Press. Rpt. Chicago: Chicago University Press 1992.

Varella, Francisco J. (1990): *Kognitionswissenschaft-Kognitionstechnik*. Frankfurt/Main: Suhrkamp.

Vogel, Klaus (1990): *Lernersprache*. Linguistische und psycholinguistische Grundfragen zu ihrer Erforschung. Tübingen: Narr.

----- (1995): *L'Interlangue*. La langue de l'apprenant. Trad. J.-M. Brohée/J.-P. Confais. Toulouse: PU Mirail.

Vollmer, Helmut J. (1998): Lerner- und Handlungsorientierung im bilingualen Sachfachunterricht. In: Hermes, Liesel/Schmid-Schönbein, Gisela (Hrsg.): 291-304.

Weller, Franz-Rudolf (1996): Fremdsprachiger Sachfachunterricht in bilingualen Bildungsgängen. *Praxis* 43/1: 73-80.

Welsch, Wolfgang (1994): Transkulturalität. Lebensformen nach der Auflösung der Kulturen. In: Luger, Kurt/Renger, Rudi (Hrsg.): *Dialog der Kulturen*: Die multikulturelle Gesellschaft und die Medien. Wien: Österreichischer Kunst- und Kulturverlag: 147-169.

----- (1995): Transkulturalität: Zur Verfaßtheit heutiger Kulturen. *ZfK* 1: 39-44.

Wendt, Michael (1993a): Fremdsprache und Fremdheit. Zu den Aufgaben des Fremdsprachenunterrichts aus der Sicht einer konstruktivistisch orientierten Fremdheitswissenschaft. *Der fremdsprachliche Unterricht (Französisch)* 27/10: 46 – 47.

----- (1993b): *Strategien des fremdsprachlichen Handelns*. Lerntheoretische Studien zur begrifflichen Systematik. Band I: Die drei Dimensionen der Lernersprache. Tübingen: Narr.

----- (1996): *Konstruktivistische Fremdsprachendidaktik*. Lerner- und handlungsorientierter Fremdsprachenunterricht aus neuer Sicht. Tübingen: Narr.

----- (1997): Machen Medien Fremdes weniger fremd? Aspekte der Interaktion zwischen Massenmedien und ihren Benutzern. In: Meißner, Franz-Joseph (Hrsg.): *Interaktivität und Fremdsprachenunterricht*. Wege zu authentischer Kommunikation. Festschrift für Ludger Schiffler. Tübingen: Narr: 181-200. Leicht gekürzte Fassung in *Medien-Impulse. Beiträge zur Medienpädagogik* 5/20: 11-19.

-----/Zydatiß, Wolfgang (Hrsg.) (1997): *Fremdsprachliches Handeln im Spannungsfeld von Prozeß und Inhalt*. Dokumentation des 16. Kongresses für Fremdsprachendidaktik, Halle, 4-6 Oktober 1995, veranstaltet von der Deutschen Gesellschaft für Fremdsprachenforschung (DGFF). Bochum: Brockmeyer.

Winter, Heinrich (1999): Text- oder Handlungsorientierung? Zur integrativen Kraft einer Prozeßorientierung im fremdsprachlichen Literaturunterricht (Beispiel: Englisch). *Neusprachliche Mitteilungen* 52: 177-183.

Wittgenstein, Ludwig (1971): *Philosophische Untersuchungen*. Frankfurt/Main: Suhrkamp.

Wolff, Andrea (1995): *Fremdbildentwicklung als kommunikativer Prozeß*. Hamburg: Kovac.

Wunderlich, Dieter (1979): Was ist das für ein Sprechakt? In: Grewendorf, Günther (Hrsg.): *Sprechakttheorie und Semantik*. Frankfurt/Main: Suhrkamp.

Wunsch, Christian (1999): Lehrplaninnovation – planerisches Handeln zwischen erhoffter Akzeptanz und möglicher Ablehnung. *Neusprachliche Mitteilungen* 52: 170-177.

Wygotski, Lew S. (1972): *Denken und Sprechen*. Dt. v. G. Sewekow. Stuttgart: Fischer, 4. Aufl.

Zangl, Renate (1997): *Dynamische Muster der sprachlichen Ontogenese. Bilingualismus, Erst- und Fremdsprachenerwerb*. Tübingen: Narr.

Zentrum für Türkeistudien (1994): Endbericht zur „Aktion gegen Rassismus in Schulen: Entwicklung eines Sensibilisierungskonzeptes nach Bestandsaufnahmen der Situation an zwei Schulen (Phase I)". Essen.

Erkenntnis- und handlungstheoretische Grundlagen des Fremdsprachenunterrichts

Michael Wendt

Der vorliegende Beitrag[1] verfolgt das doppelte Ziel, zentrale Aspekte des Themas dieses Bandes aus konstruktivistischer Perspektive zu beleuchten und die Leser/innen zur Konstruktion eines eigenen konstruktivistischen Ansatzes anzuregen. Zur Verortung der hier vorgeschlagenen Sichtweise im Kontext des konstruktivistischen Diskurses wird zunächst versucht, unterschiedliche Strömungen innerhalb desselben zu skizzieren. Im zweiten Teil wird es um Sprache, Bedeutung, Handeln und Lernen gehen. Der dritte Teil enthält einige Gedanken zum interkulturellen Lernen und zur Konstruktionsbewusstheit, bevor im vierten und letzten Teil einige zentrale Aspekte fremdsprachendidaktischer Forschung angesprochen werden.

1. Einleitung

Unterrichtsplanung und Forschungspraxis lassen uns manchmal übersehen, dass sie auf Vorannahmen über erfolgreiches Fremdsprachenlernen beruhen, die wir von Zeit zu Zeit kritisch und konstruktiv überprüfen sollten. Diesen Vorgang bezeichnen Konstruktivisten als *Viabilisierung*. Der schwierigen Aufgabe zu untersuchen, inwiefern Konstruktivismus selbst *viabel* ist, hat sich Klaus Schüle in diesem Band gestellt.

Mir selbst wäre schon die Auswahl eines zu kritisierenden Konstruktivismus schwer gefallen; denn nach konstruktivistischer Lehrmeinung verfügt jeder Konstruktivist über seinen eigenen Konstruktivismus. Das klingt ziemlich relativistisch, eröffnet aber gleichzeitig die Möglichkeit, es selbst einmal mit der Entwicklung einer ganz persönlichen Sichtweise zu versuchen. Außerdem lassen sich glücklicherweise zwischen den bekannten Ansätzen ein paar Gemeinsamkeiten und Unterschiede benennen, die vielleicht einen gewissen Orientierungswert besitzen.

2. Konstruktivismus ≠ Konstruktivismus

Informationstheoretischer Konstruktivismus, auch als ontologischer, pragmatischer, psychologischer oder schlicht als "gemäßigter" Konstruktivismus bezeichnet (vgl. Stangl 1989: 147f., Little 1997: 37; die Variante "Konstruktivismus *light*" ist vielleicht weniger schmeichelhaft), analysiert Wahrnehmungs- und Verstehensprozesse, indem er an eine von Platon über Descartes und die Gestalttheoretiker bis zu den psycholinguistischen Verstehensmodellen der siebziger Jahre reichende abendländische Denktradition anschließt. Hiernach ist Realität prinzipiell erkennbar, bedarf unsere Wahrnehmung derselben jedoch aufgrund der Insuffizienz der menschlichen Sinnesorgane, aufgrund situativer Beeinträchtigungen der Rezeption und der prinzipiellen Offenheit von Texten (z.B. Eco 1990) der Ergänzung aus dem eigenen Wissens- und Erfahrungsvorrat.

In der Fremdsprachendidaktik werden Grundsätze des gemäßigten Konstruktivismus unter dem Einfluss der Hermeneutik Gadamers und der Rezeptionspragmatik (z.B. Köpf 1981) bis in die beginnenden neunziger Jahre hinein meist implizit mitreflektiert. Die Verbindung zu gemäßigt-konstruktivistischen Ansätzen aufgezeigt zu haben ist der Verdienst des vielbeachteten Aufsatzes von Dieter Wolff (1994), der eine immer deutlicher werdende Tendenz beobachtet, „Wissensbeständen einen höheren Stellenwert als den eingehenden Stimuli einzuräumen". Daneben findet eine neue "konstruktivistische" oder "konstruktionistische" Konzeption von Lernumwelten, die in den Vereinigten Staaten seit Anfang der neunziger Jahre im Zusammenhang mit der Theorie des Lernens durch Handeln bei John Dewey diskutiert und erprobt wird (vgl. Duffy et al. 1993), auch diesseits des Atlantiks prominente Fürsprecher (z.B. Wolff 1994: 418f., Little 1997, Legutke 1998: 105f.). Sie verbindet sich mit bereits bekannten Forderungen wie Handlungs- und Lernerorientierung, Lernerautonomie, Lernen lernen und computergestütztes Sprachenlernen.

Die genannten Ansätze vertreten eine korrespondenztheoretische Position auf dem Hintergrund des ontologischen Realismus. Interessierte Leser/innen werden in der Regel keine Schwierigkeiten haben, ähnlich gemäßigte Sichtweisen mitzuvollziehen oder sich sogar auf sie einzulassen.

Nur Kenner haben den wissenschaftstheoretischen Konstruktivismus der Konstanzer und der Erlanger Schule (Janich 1992) rezipiert, der die skizzierten Konzeptionen durch die Ansicht deutlich überschreitet, dass es den Wissenschaften bereits aus erkenntnistheoretischen Gründen unmöglich sei, methodologische und teleologische Entscheidungen zu trennen. Dies impliziert den Verzicht auf objektive Wahrheiten.

Erkenntnistheoretischer, kognitionstheoretischer oder "radikaler" Konstruktivismus[2], der im Mittelpunkt meiner weiteren Betrachtungen steht, beruft sich auf erkenntniskritische Schriften von Vico, Berkeley und Kant (vgl. von Glasersfeld 1992a: 415, 1992b: 20-33 und Stangl 1989: 146) sowie auf das Spätwerk von Piaget (1973), lässt sich aber ansatzweise bereits beim Apostel Paulus (1. Cor. 8,2) aufzeigen und mit einem Vers des Talmud resümieren: „Wir sehen die Dinge nicht wie *sie* sind, sondern wie *wir* sind." Das besagt im Grunde dasselbe wie die von von Glasersfeld (1992a: 422) rund 2400 Jahre später gegebene Auskunft, „daß der Konstruktivismus nie die Wirklichkeit – die ontische Wirklichkeit – verneint oder verleugnet, daß er nur sagt, daß alle meine Aussagen über diese Wirklichkeit zu hundert Prozent *mein* Erleben sind." Damit sei eine ganze Reihe von Kognitionstheorien knapp gekennzeichnet, die menschliche Erkenntnis, Wissenskonstruktion und Interaktion als Prozesse in selbstreferenziellen kognitiven Systemen und daher unter ausdrücklichem Verzicht auf ontologische Aussagen beschreiben. Sie ziehen eine logische Folgerung aus der Annahme, dass Realität und Wissen über Realität von grundsätzlich unterschiedlicher Beschaffenheit sind.

Bei dem Versuch, unterschiedliche Richtungen innerhalb des erkenntnistheoretischen Konstruktivismus (im Folgenden kurz: Konstruktivismus) aufzuzeigen, entgeht man nur mit Mühe der Versuchung, eine m.W. bisher noch ausstehende Patrologie desselben zu schreiben. Ich will mich jedoch darauf beschränken, einige Anhaltspunkte herauszuarbeiten.

Dem Kybernetiker Heinz von Foerster gelang es Anfang der sechziger Jahre, das *Biological Computer Laboratory* an der *University of Urbana* (Illinois) zu gründen und dort eine international und interdisziplinär zusammengesetzte Gruppe von Forschern zu versammeln (vgl. Krohn/Küppers/Paslack 1992: 446f.). Der von ihm 1960 auf der Grundlage des Prinzips der Selbstorganisation formulierte neue Systembegriff begründete zum einen eine konstruktivistisch orientierte Systemtheorie (z.B. Le Moigne 1994) und bereitete zum anderen die biologische Kognitionstheorie von Maturana (1970) und Varela (1979) vor.

Eine der großen Fragen unserer Zeit, inwieweit Kognition biologisch definiert sei, schien bereits im Titel des Buches von Maturana (*Biology of Cognition* 1970) eine Antwort gefunden zu haben, die der ganzheitlichen Sichtweise des 20. Jahrhunderts entsprach und wohl eben dadurch die oft konstatierte Faszination dieses Ansatzes (u.a. Roth 1992b: 256) begründete. Ihm zufolge sind alle lebenden Systeme dem Prinzip der Autopoiese (der ständigen Rekonstruktion ihrer eigenen Komponenten) unterworfen, thermodynamisch offen (Maturana 1992b: 289f.), strukturell plastisch und operational (funktional) geschlossen (1992a: 105, 117). Interaktionen zwischen zwei oder mehreren Systemen führen zu einer plastischen (strukturellen) Angleichung, die von jedem System aus sich selbst heraus ("autonom") geleistet wird und sein weiteres Funktionieren gewährleistet und zur Ausbildung *konsensueller Bereiche* mit den angegliederten Systemen. Vor allem die funktionale Geschlossenheit kognitiver Systeme und die Ausbildung konsensueller Bereiche sind in oft leicht variierter Form in der stark überwiegenden Mehrzahl aller späteren konstruktivistischen Ansätze wiederzufinden.

Aus dem Prinzip der funktionalen Geschlossenheit haben von Foerster und von Glasersfeld die Theorie der Wissenskonstruktion entwickelt. Deren zentrale Aussage, dass Wissen nicht von außen in das kognitive System eindringen kann, sondern von diesem selbst aus Anlass äußerer Veränderungen konstruiert wird, stellt alle bisherigen Ansichten über Wissenserwerb und natürlich auch über Spracherwerb auf den Kopf. Von Glasersfeld (1992a: 414), der sich gleichzeitig auf Piaget bezieht, übernimmt von Maturana den Begriff der *Perturbation* für von außen kommende Störungen des Systems und erweitert (: 439) den ursprünglich auf das biologische Überleben bezogenen Begriff der *Viabilität*. Dieser lässt sich nunmehr einfach als Funktionstüchtigkeit in der umgebenden Realität verstehen und sowohl auf die Ausbildung subjektiver Erlebniswelten als auch auf wissenschaftliche Theorien und die autonome Sprachentwicklung beziehen. Erkenntnistheoretischer Konstruktivismus, als Funktionalismus gesehen, entzieht sich dem Relativismusvorwurf (: 409f.).

Nach Bremen, das einen hervorragenden Platz in der noch zu schreibenden Patrologie einnehmen würde, ist der Funke des Konstruktivismus schon im ersten Jahrzehnt der Gründung seiner Universität übergesprungen. Anders als der Siegener Konstruktivismus, der Text- und Medientheorie sowie soziale Interaktion in den Vordergrund stellt, steht der Bremer Konstruktivismus durch seine Interdisziplinarität, seine naturwissenschaftliche Akzentsetzung und sein starkes Interesse für neurobiologische Forschung den Gründungsvätern in Illinois nahe. Eine *Arbeitsgruppe empirische Kognitionstheorie*, die sich, soweit ich herausfinden konnte, aus den Kollegen An der Heiden, Köck, Roth und Schwegler sowie dem Siegener Soziologen Hejl zusammensetzte, beschäftigte sich vornehmlich mit von Foerster, Maturana und Varela, wollte jedoch das Prinzip der Autopoiese nicht auf Kognition übertragen wissen. Sie initiierte schon 1977 und 1979 Konstruktivismus-Tagungen (Hejl 1992: 334). Andere Bremer Kolleginnen und Kollegen wie von Aufschnaiter, Kruse, Manteuffel, Sandkühler, Schwedes und Stadler haben zum Konstruktivismus publiziert oder doch von diesem wesentliche Impulse erhalten.

Die Arbeit von damals hat sicherlich andere Schwerpunktsetzungen erfahren, hat aber in der Gründung eines Graduiertenkollegs, eines Sonderforschungsbereichs und eines Zentrums mit kognitionswissenschaftlicher Thematik Früchte getragen. Die Publikationen Gerhard Roths haben eine weit über die Neurobiologie hinausgehende Außenwirkung erfahren.

Zwar verwahrt sich Roth (1997: 284) gegen die Unterstellung eines „mit dem heutigen Weltbild unvereinbar(en) Dualismus". Seine klare Unterscheidung zwischen dem autopoietisch funktionierenden Organismus und den für Wahrnehmungs-, Empfindungs- und Denkprozesse freigesetzten, vollkommen flexiblen Nervenzellen des Gehirns (1992b: 256f., 262, 271-276) sind jedoch mit der monistischen Weltsicht Maturanas nicht mehr in Übereinstimmung zu bringen, auch wenn er das *sum* im cartesianischen *cogito ergo sum* zur biologischen Voraussetzung von Kognition erklärt. Dem Prinzip der unspezifischen Reize bei von Foerster und Maturana stellt er die Fähigkeit des kognitiven Systems gegenüber, eintreffende Reize nach Sinnesmodalitäten zu lokalisieren und zu interpretieren. Damit behalten Wahrnehmen und Erkennen vollkommen ihren selbstreferenziellen und interpretativ-konstruktiven Charakter und wird um den Preis der Aufgabe einer ganzheitlichen Sichtweise eine höhere experimentelle Praktikabilität erreicht.

Im Bemühen um das Gewinnen einer eigenen konstruktivistischen Position sind wir damit zum zweiten Mal vor die Wahl zwischen einer radikaleren und einer gemäßigteren Variante gestellt.

Die Fremdsprachendidaktik hat ihre Abseitsposition gegenüber dem Erkenntnistheoretischen Konstruktivismus erst verhältnismäßig spät aufgegeben. Nach ersten Versuchen in den USA, radikal-konstruktivistische Sichtweisen in die Literaturdidaktik einzuführen (Fish 1976), einem ersten Kurzhinweis bei Bleyhl (1989: 86f.) und einigen verstreuten Aufsätzen ab 1992 (Wendt 1992, 1993b, 1993c, 1994, Wolff 1994) hat es immerhin in der zweiten Hälfte der neunziger Jahre drei Bücher (Müller 1996, Wendt 1996a, Meixner 1997), ein Themenheft von *Der Fremdsprachliche Unterricht* (Wendt 1998) und ein Internet-Forum (vgl. Anm. 1) gegeben.

3. Interaktion, Sprache und Bedeutung

Die bisher eher verhaltene Reaktion der Fremdsprachendidaktik hat möglicherweise damit zu tun, dass radikale Konstruktivisten sich nur sehr zögerlich auf das Phänomen *Sprache* eingelassen haben. Maturana (1992a: 112) beschreibt Sprache lediglich im Zusammenhang mit Interaktion in konsensuellen Bereichen. Nach seiner Auffassung (1982: 57) besteht die Funktion von Sprache darin, den Rezipienten innerhalb seines eigenen kognitiven Systems zu orientieren, eine Vorstellung, die Rusch (1992: 393f.) übernimmt. Siegfried J. Schmidt (1992c: 30) bezeichnet diesen reduzierten Sprachbegriff als "kontra-intuitiv". Lediglich von Glasersfeld (z.B. 1992a: 405f.) hat sich vertieft mit der Frage auseinander gesetzt, wie sprachliches Verstehen zu erklären sein könnte.

Vergegenwärtigen wir uns daher noch einmal, dass unser kognitives System über keine direkte operative Verbindung zur Außenwelt verfügt, das Wissen über diese also selbst erzeugen muss. Oder, wie es bei Sandkühler (1999: 202) heißt: „Wir leben in Wirklichkeiten des Wissens." Dort (: 201) erfahren wir auch, dass unsere mentalen Welten andere sind als die reale Welt, dass sie jedoch i.d.R. wie mögliche Welten funktionieren. Wie interagiert aber unser kognitives System mit der physischen Realität einerseits und mit anderen kognitiven Systemen andererseits?

Wahrnehmung hat zweifellos eine physische Komponente (vgl. Richards/von Glasersfeld 1992: 210-212, von Glasersfeld 1992a: 405), die wir als sensorisch bezeichnen und die heute in vielen Fällen von Automaten nachgeahmt wird. Sensorische Sinnesreize werden jedoch erst durch "Verortung" in unseren mentalen Wirklichkeitskonstruktionen bewusst wahrgenommen: Der Säugling erkennt die Fliege an der Wand nicht als solche, weil es eine Fliege in seiner mentalen Wirklichkeit nicht gibt. Die von unseren Augen registrierte Zweidimensionalität wird erst in unserer mentalen Erfahrungswirklichkeit zur Dreidimensionalität. Diese Konstruktion hat sich im Verlauf unserer Individuations- und Sozialisationsgeschichte als vollkommen *viabel* erwiesen, nur der Astrophysiker benötigt inzwischen acht weitere Dimensionen.

Dementsprechend heißt es bei Schmidt (1992c: 15) in Anlehnung an Roth: „Weil aber im Gehirn der signalverarbeitende und der bedeutungserzeugende Teil eins sind, können die Signale nur das bedeuten, was entsprechende Gehirnteile ihnen an Bedeutung zuteilen." Somit erhalten alle Dinge erst durch den Vergleich mit unseren mentalen Konstruktionen ihre Identität, ihre Bedeutung, Bewertung, Raum-Zeitlichkeit und Kausalität. Jede Wahrnehmung ist Interpretation.

Das Gehirn ist folglich ein selbstexplikatives System, es „weist seinen eigenen Zuständen Bedeutungen zu, die nur aus ihm genommen sind" (Roth 1992a: 241). Wir bezeichnen dieses Prinzip auch als *semantische Geschlossenheit* des Gehirns, das in diesem Bereich nur mit seinen eigenen Zuständen interagiert.

Die Interaktion zwischen verschiedenen kognitiven Systemen wird von Köck (1992: 367) und Hejl (1992: 317) noch im Zusammenhang mit Maturanas Modell der konsensuellen Bereiche gesehen. Immerhin führt aber Köck (ebd.: 359f.) die Begriffe *Zeichen* und *Kode* in die konstruktivistische Modellierung von Interaktion ein und diskutiert Hejl (ebd.: 317) die Voraussetzungen für "soziale Konstruktion von Wirklichkeit".

Für die Beschreibung von interindividueller und sozialer Wirklichkeitskonstruktion des Menschen ist das Modell der konsensuellen Bereiche m.E. vollkommen entbehrlich. Es genügt anzunehmen, dass auch interindividuelle Wirklichkeiten mental konstruiert, in sozialer Interaktion viabilisiert und, falls notwendig, revidiert werden. Beispiele wie unsere Gesetzgebung, religiöse Bekenntnisse und wissenschaftliche Paradigmen belegen, dass sozial konstruierte Wirklichkeiten zur Ausbildung von Institutionen neigen, die wiederum neue Wirklichkeiten konstruieren. So haben die angeblich krebserregenden Östrogenbeigaben zu Handelsbeschränkungen bei amerikanischem "Hormonfleisch" geführt, obwohl ein europäisches Hühnerei fünfmal soviel Östrogen enthält wie ein großes US-Steak. Die Beispiele ließen sich beliebig vermehren.

Es kann angenommen werden, dass alles, was wir eben über individuelle und interindividuelle Wissens- oder Wirklichkeitskonstruktion gesagt haben, analog für das Zeichensystem *Sprache* gilt. Schließlich hat schon Wittgenstein (1960: 300f.) die Annahme einer festen Zuordnung von Ausdruck und Bedeutung als "grammatische Täuschung" zurückgewiesen und erklärt Maturana (1992a: 113) Sprache für inhaltsleer. Wir sollten also davon ausgehen, dass Bedeutungen nicht in der Sprache, sondern allein in unseren Wirklichkeitskonstruktionen beheimatet sind (vgl. auch Köck 1992: 366f., 369, von Glasersfeld 1992a: 421). Dafür sprechen mindestens zwei starke Indikatoren:

1) Unbestreitbar besitzen wir kein Sinnesorgan für Bedeutung.
2) Wir verfügen jedoch über die sogenannte *natürliche Semantisierungstendenz* (Haseloff/Jorswick 1971: 24, 157, Ruch/Zimbardo 1974: 203), die sich z.B. dann deutlich zeigt, wenn Versuchspersonen gebeten werden, sich Kunstwörter zu merken, und sie diesen hilfsweise Bedeutungen unterlegen.

Aus diesen Gründen beruht konstruktivistische Semantik auf der wohl recht plausiblen Annahme, dass Bedeutung im Individuum vom Kleinkindalter an vorhanden ist, im Laufe seiner Sozialisationsbiografie durch Viabilisierung konstruktiv entfaltet wird und sich auf die "Suche" nach einer Sprache macht. Dass mentale Wirklichkeiten für uns Bedeutung haben und als erfahrungswirkliche Semantik von Welt nach Ausdruck (und damit nach Viabilisierung) drängen, zeigen sowohl die Schaffung relativ neuer Zeichensysteme wie Taubstummen-, Symbol-, Fach- und Programmsprachen als auch Varietäten und Weiterentwicklungen historisch gewachsener Sprachen.

Damit wird Sprache aber zum Hilfsmittel für die Viabilisierung subjektiver Bedeutungen, Kommunikate (Schmidt 1992c: 65) oder "Konnotate" in einem gegebenen gesellschaftlichen Kontext. Ergebnisse solcher Aushandlungsprozesse nennen wir "Denotate" und finden wir in jedem Wörterbuch. Große einsprachige Wörterbücher, in denen z.B. zu englisch *house* zehn Quasisynonyme angegeben sind, belegen, wie unbefriedigend solche Aushandlungsprozesse i.d.R. verlaufen. Wir sagen dann, über die "richtige" Bedeutung entscheide der Kontext, was nicht stimmt, weil dieser keine Entscheidungskompetenz besitzt: Die anstehende Entscheidung fällt allein der Rezipient, der, vor die Wahl zwischen möglichen denotativen Bedeutungen gestellt, wieder auf seine erlebnisweltlichen Konnotate zurückgreift. Daraus lässt sich klar ableiten, dass die Leserinnen und Leser dieses Beitrags diesem die selbsterzeugte Bedeutung zuordnen.

Die Psycholinguistik kennt dieses Phänomen als *inferencing* (Debyser 1970). Aber auch andere Teilbereiche der Sprachwissenschaft stehen dieser Sichtweise nicht fern und erhalten durch diese eine erkenntnistheoretische Grundlage. Kognitive Semantik als Teilgebiet der Kognitiven Linguistik bemüht sich um die Einordnung semantischer Phänomene in einen universellen kognitiven Hintergrund (Schwarz 1994, Allwood/Gardenfors 1999). Eine ihrer Töchter, die Prototypensemantik, die zunächst vorwiegend quantitativ im denotativen Bereich arbeitete (Kleiber 1993), versteht heute semantische Prototypen zunehmend als Repräsentationen mental konstruierter Modelle und Theorien, die die Annahmen einer Person über die Welt verkörpern (Aitchison 1997: 87). Semantische Makrostrukturen, die einst von Roland Barthes (1964) als "Mythen" und von Greimas (1966: 183, vgl. Eco 1990: 117) mit ausdrücklichem Rückbezug auf Barthes als generelle Isotopien bezeichnet wurden, finden in der *gender*-orientierten Semantik als ideologische Konstruktionen erneut die für die Deutung von Verstehens- und Analyseprozessen notwendige Beachtung (vgl. Decke-Cornill/Gdaniec 1992: 165).

Während die Fremdsprachenforschung sich noch in einem Zustand der Aushandlung ihrer Begrifflichkeit befindet, der die Vergleich- und Replizierbarkeit ihrer empirischen Forschung z.B. zu Lernerstrategien, Attituden, Kognition, Verstehen u.v.a. gefährdet, fühlt sich die Fremdsprachendidaktik schon seit der kommunikativen Wende in den siebziger Jahren zur onomasiologischen Sprachwissenschaft hingezogen, in deren Bereich sie der linguistischen Pragmatik und dem Funktionalismus besondere Beachtung schenkt. Sie sollte sich unter konstruktivistischem Vorzeichen noch viel stärker semantisch ausrichten, als das informationstheoretische Paradigma dies erlaubte.

Schließlich erfordert Verstehen zu allererst die Fähigkeit, aus mehr oder weniger zufällig Wiedererkanntem auf eigenem erlebniswirklichen Hintergrund Bedeutungshypothesen zu konstruieren und am Erkenntnisgegenstand zu viabilisieren. Solche Bedeutungen sind nicht "richtig" – auch weil es "richtige" Bedeutungen nicht gibt – aber wenigstens im Moment funktionstüchtig.

Die folgende Skizze beschreibt die bekannten Prozessrichtungen *bottom up* und *top down* einem konstruktivistischen Verstehensmodell ein:

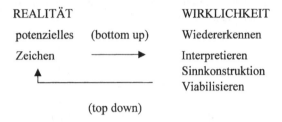

Verstehen kann nunmehr kaum anders aufgefasst werden als die mentale Konstruktion sinnhaltiger Verbindungen zwischen Wiedererkanntem einerseits und Wiedererkanntem und der persönlichen Erfahrungswirklichkeit des Rezipienten andererseits. Diese Sinnkonstruktion lässt sich in vielen Fällen durch Rückgriffe auf das Zeichen und seine denotative Bedeutung viabilisieren. Kommunikation definiert sich dann als Viabilisierung der jeweils eigenen Bedeutungswirklichkeiten nach erlernten Regeln verbaler und nonverbaler Kodes an den Wirklichkeiten einer Gruppe oder Gesellschaft. Auf eben diese Weise können sich Bedeutungswirklichkeiten verschiedener Individuen einander annähern, der Eindruck gegenseitigen Verstehens entstehen und Wirklichkeit, wie oben gezeigt, sozial konstruiert werden.

4. Handeln und Lernen

Von der Reformpädagogik der zwanziger Jahre proklamiert und danach hierzulande lange vergessen, gilt Handlungsorientierung heute als eine der wichtigsten Anforderungen an einen modernen Unterricht im allgemeinen und an den Fremdsprachenunterricht im Besonderen.

Die theoretische Brücke von der Erkenntnistheorie zur Handlungstheorie schlägt das folgende Varela-Zitat (1990: 107): „Wahrnehmen und Erkennen sind untrennbar mit Handeln verbunden." Schon im philosophischen Hauptwerk von John Dewey, *The Quest for Certainty* (1929, dt. 1998) war zu erfahren, dass sich Wirklichkeit nicht durch die Rezeption der Sinne, sondern auf konstruktive Weise im kontrollierten Erfolg von Handeln erschließt.

Dass dies auch für sprachliches Handeln gilt, behauptet die handlungstheoretische Semantik (vgl. Gloning 1996): Die Bedeutung sprachlicher Ausdrücke besteht in ihrem normalen Gebrauch in einer Sprachgemeinschaft. Allerdings fehlt m.W. der Hinweis, dass Handeln auch die Viabilisierung mentaler Konzepte leistet, womit wir in die Nähe des Wittgensteinschen *Sprachspiels* gelangen. Schließlich überprüfen sogar Zebra-Finken laufend das mentale Konzept ihres Gesanges. Setzt man sie längere Zeit einem konfusen Gemisch der von ihnen produzierten Töne aus, beginnen sie zu "stottern" oder sogar einen anderen Gesang zu erfinden (dpa–Wissenschaftsdienst 7.6.1999).

Von allen bekannteren Handlungstheorien (vgl. Wendt 1993a: 52f.) erscheint mir in unserem Zusammenhang und im Hinblick auf Lernen die auf Wygotski (1972) aufbauende sowjetische Sprachhandlungstheorie als die wichtigste, weil sie neben dem äußeren (materiellen) ein inneres (geistiges) Handeln kennt, wodurch sie die Einbeschreibung der Prozessualität von Wahrnehmung, Verstehen und Kognition in die Handlungstheorie vollzieht. Das macht diese Prozesse als aktiv, zielgerichtet, erfahrungsbasiert, mittelgebunden und strukturiert beschreibbar und liefert damit die bisher fehlende Theorie der Lernerstrategienforschung. Sie bietet überdies eine tragfähige Grundlage für die Erforschung der noch weitgehend unbekannten Zusammenhänge zwischen subjektiven Theorien und tatsächlich aus ihnen folgenden Handlungen.[3]

Damit ist die Frage nach einer konstruktivistischen Ethik gestellt. Liebe, von Maturana (1992b: 297f.) in der Nähe der konsensuellen Bereiche angesiedelt, und Toleranz, von Schmidt (1992c: 46f.) aus dem Fehlen einer allgemein gültigen Wahrheit deduziert, können durch Werte wie die der Selbstreferenz entsprechende Bereitschaft ergänzt werden, Verantwortung für das eigene Handeln zu übernehmen und eigene Ansichten immer wieder zu hinterfragen.[4] Natürlich hängen entsprechende Denk- und Handlungsweisen von vielen anderen kognitiven und affektiven Faktoren ab und ist es möglich, durch sprachliches Handeln im Referenzbereich weitgehend anerkannter oder medial suggestivierter Normen Macht auszuüben. Von verbaler Machtausübungen wird jedoch nur betroffen, wer diese Normen als "wahr" anerkennt und nicht sieht, dass sie intersubjektive Konstrukte darstellen. Die Entwicklung einer *construction awareness*, *conscience constructive* oder Konstruktionsbewusstheit ist daher eine ernst zu nehmende pädagogische Aufgabe in einer pluralistischen Gesellschaft.

Es gibt eine über zweitausend Jahre alte Pädagogik, deren in dem gesamten Zeitraum konstruierten Hypothesen und Maximen auf der recht viablen Annahme beruhen, dass es nicht egal sein könne, wie man Kinder behandelt. Gesicherte Kenntnisse von systematischen Beziehungen zwischen Umweltbedingungen und Persönlichkeitsentwicklungen ist sie uns aber weitgehend schuldig geblieben. Die klassische Sprachlehrforschung macht hierfür die Unüberschaubarkeit der Faktoren verantwortlich, billigt diesen Faktoren jedoch weiterhin jedes Einwirkungspotenzial zu.

In einem Schulpraktikumsbericht heißt es hingegen etwas unbeholfen: „Immer wieder mußte ich mir vergegenwärtigen, daß ein Lehrer nur jemand ist, der Schülern beim Lernen hilft und nicht 'Lernen machen' kann. Lernen können nur die Schüler selbst." Aber auch von Fachleuten wird längst bestätigt, „daß man von einer eingeschränkten Lehrbarkeit von Sprachen auszugehen hat" (Legenhausen 1994: 468, vgl. auch: 245f.).

Angesichts dieser Beobachtungen scheint die konstruktivistische Lehrmeinung, das Milieu löse nur strukturelle Veränderungen in den Einheiten des selbstreferenziellen kognitiven Systems aus, determiniere oder instruiere dieses aber nicht

(Maturana/Varela 1987: 85, Roth 1992b: 271-274) wesentlich plausibler als das *input*-lastige Argument der "Faktorenkomplexion".

Eine umfassende konstruktivistische Lerntheorie gibt es nicht, und das ist vielleicht angesichts des Schicksals der großen Theorien der Vergangenheit auch gut so. Aber auf dem Weg zu vertiefter Einsicht in Lernprozesse hält der Konstruktivismus doch eine Reihe nützlicher Hinweise bereit.

Zunächst gilt es, sich von jeder *Input*- oder *Intake*-Hypothese zu verabschieden, womit die Frage nach der Optimierung des Lernens durch das Lehren als falsch gestelltes Problem erscheinen muss. Der "Nürnberger Trichter" ist eine dicke Stahlplatte mit sechs haarfeinen Löchern[5], hinter der unser Gehirn Wissen über Realität konstruiert und glücklicherweise lernt ja der Säugling das Lallen und das Wiedererkennen seiner Rassel, ohne dass ihn dies jemand lehren muss. Er lernt, indem er handelt und durch das Handeln seine Wirklichkeitskonstruktionen viabilisiert. Insofern ist Lernen (auch sprachliches Lernen) als Voraussetzung, als Begleiterscheinung und zugleich als mögliches Ergebnis von Handeln anzusehen und hat Lernen auch nach konstruktivistischen Vorstellungen durch materielles und geistiges Handeln der Lernenden zu erfolgen.

Konstruktives Lernen erfolgt vor allem auf der Grundlage der Erfahrung von Differenzen zwischen mentalen Konstrukten und Umwelt. Wir sprechen dann von *Perturbation* und denken dabei an die irritierten Zebra-Finken. Soweit die Überwindung dieser Differenzen von der betroffenen Person als wünschenswert empfunden wird, können Selbstorganisationsprozesse des Gehirns in Gang gesetzt werden und Handlungen bewirkt werden. Insofern ist konstruktives Lernen auch als autonomes Lernen interpretierbar.

Konstruktives und autonomes Lernen erfolgt vorzugsweise tentativ, d.h. durch Konstruktion und Prüfung von "versuchsweisen Annahmen" (von Glasersfeld 1992a: 410f.) bzw. Hypothesen, die das zu Lernende mit Bedeutung für den Lernenden ausstatten. Daher ist Lernen ein Konnotierungs- und Subjektivierungsprozess.

Das hier beschriebene Lernen umfasst nicht die auch für das Sprachenlernen offensichtlich so wichtige Ausbildung von Automatismen. Das sich hinter den verschiedenen Lernformen verbergende Problem unterschiedlicher Verarbeitungstiefen (Craik/Lockhart 1972), das neuerdings wieder Beachtung findet (Wolff 1997: 53), könnte eine Lösung in der Analyse von Strategien des sprachlichen Handelns finden.

Fremdsprachenlehrer/innen können diese Überlegungen als Ermutigung verstehen, in ihrem Unterricht Lernformen im Spektrum zwischen *Versuch und Irrtum* und dem sogenannten *entdeckenden Lernen* mehr Raum zu geben und hierfür im Sinne der Perturbation attraktive "Anlässe" bereitzustellen.

Sie mögen dabei bedenken, dass auch Lernersprachen, die nach heutigem Verständnis außer der kognitiven, affektiven und sensorisch-motorischen Dimension Sprachbewusstheit, subjektive Theorien und Lernerstrategien umschließen, primär subjektive Konstrukte sind, folglich nicht von außen in die Schüler/innen hineinkommen, sondern durch ständiges geistiges und physisches Handeln viabilisiert und modifiziert werden. Wie aus auf Tonträgern gesammelten Denkprotokollen hervorgeht, konstruieren Lernende durchaus auch selbst grammatische Regeln. Zwar ist noch wenig darüber bekannt, in welchem Umfang und in welchen Bereichen eine durch die Ausgangssprache zugänglich gewordene Universalgrammatik bei der Aneignung einer weiteren Sprache eine Verkürzung der Konstruktionsprozesse bewirkt. Ziemlich sicher ist jedoch, dass es in den Grammatiken der romanischen Sprachen weite Bereiche gibt, an denen die beste Unterweisung scheitert und angesichts derer die Lernenden gar nicht anders können, als eigene Gebrauchsregeln zu konstruieren. Denken wir etwa an die modalen Präpositionen, die Konjunktive, die Wahl der Vergangenheitstempora, an den französischen *article partitif* oder an die Unterscheidung von *ser* und *estar* im Spanischen. Auch zu Konstruktionen in diesen Bereichen sollten den Lernenden attraktive Anlässe geboten werden.

5. Interkulturelles Lernen und Konstruktionsbewusstheit

Kultur als Begriff ist in seiner außergewöhnlich großen Varianz von sich wandelnden Begriffskonzepten nicht nur ein weiteres erhellendes Beispiel für Bedeutungskonstruktion. Wie im "Gemeinsamen Papier" in diesem Band dargelegt, kann *Kultur* heute nicht mehr unhinterfragt als weitgehend homogener und abgrenzbarer Handlungskontext durch diesen definierter Gemeinschaften verstanden werden. So sind für den Dekonstruktionisten Derrida (1983) der Verzicht auf Konstruktionen Grundlage des Rechts auf *Verschiedenheit* und Verstehen nicht mehr Ziel.

Die von Derrida eingeforderte Differenzlogik sollte jedoch aus konstruktivistischer Sicht nicht als Gegensatz sondern komplementär zur Identitätslogik gesehen werden. Bedenken wir, dass mentale Wirklichkeiten sowohl individuell als auch interindividuell konstruiert werden, dann scheint die semiotische Auffassung von *Kultur* als individuelle und interindividuelle Semantik materiellen und geistigen Handelns widerspruchsfrei.

Auf dieser Grundlage ist es sowohl möglich, das einzelne Individuum als Teilhaber an mehr als einer Kultur als Regelfall zu sehen als auch wichtige Grundannahmen der Imagologie zu bestätigen. Dieser folgend, besitzen Vorstellungen von Kulturen die psychosoziale Funktion von Wahrnehmungsmustern, die wir als individuell und interindividuell konstruierte Interpretationsmodelle auf der Grundlage der vorher besprochenen semantischen Makrostrukturen oder "Mythen" betrachten können.

Im bildungspolitischen Diskurs werden Kulturen einerseits als bewahrenswert und zum anderen als durch interkulturelles Lernen zu überwindende Verstehensbarrieren dargestellt. Die hermeneutische Annahme, interkulturelles Lernen beruhe auf der Übernahme fremder Perspektiven, dürfte sich jedoch als zu starke Vereinfachung herausstellen; denn wir konstruieren nicht nur unsere eigenen Perspektiven, sondern auch die Fremdperspektiven, und zwar in unserer eigenen Semantik.

Aus der Pluralisierung von Bedeutungen deduziert Stegu (1998: 141f.) eine starke Übereinstimmung zwischen postmodernem Denken und postmoderner Wissenschaft einerseits und Konstruktivismus andererseits, die im "pluralen Denken" bestehe. Der pädagogische Weg zu dieser Utopie im Habermas'schen Sinne muss allerdings erst noch aufgezeigt werden.

Die auf die angenommene "Eigenkultur" gerichtete Sozialisation und nationale Narzismen zu überschreiten, dazu bedarf es meines Erachtens einer Entwicklung des Bewusstseins des Konstruktcharakters der eigenen Perspektive, der Einsicht, dass niemand letzte Wahrheiten besitzt und der Bereitschaft, die eigene originäre Fremdheit zu überwinden, indem man primär als fremd konzipierte Wirklichkeiten als Viabilisierungsinstanzen für eigene Wirklichkeitsentwürfe akzeptiert.

Authentizität und Emotionalisierung durch Fiktionalität bergen ein erhebliches in die angegebene Richtung wirkendes Motivationspotenzial, zumal wenn etwa literarische Texte Wirklichkeitskonstruktion in perturbierender Weise zum Gegenstand machen. Geeignete Texte für den Französischunterricht habe ich an anderer Stelle (Wendt 1996b) vorgeschlagen. Für das Spanische eignen sich außer dem *Don Quijote* und modernen Nachdichtungen beziehungsweise vereinfachten Versionen u.a. folgende moderne Erzählungen:

- *Aura* aus *Cuerpos y Ofrendas* von Carlos Fuentes
- Felisberto Hernández: *La casa inundada*
- Jorge Luis Borges: *La biblioteca de Babel*
- *El ahogado más hermoso del mundo* von Gabriel García Márquez
- *El presupuesto* von Mario Benedetti und
- *Lo que queda enterrado* von Carmen Martín Gaite.

Die gleichzeitige Behandlung von *Kannitverstan* von Johann Peter Hebel im Deutschunterricht bietet sich geradezu an.

Die genannten Erzählungen eignen sich vorzüglich dazu, bewusst zu machen, dass die "Welt in unseren Köpfen" auch die semantische Dimension von Texten ist. Bei ihrer Behandlung wird zu beachten sein, dass die Interpretationen der Lehrperson leicht als komplexer, kohärenter und somit attraktiver empfunden werden als die eigenen, was die Lernenden verführen könnte, ihre Bedeutungskonstruktionen mehr an den angebotenen Deutungen als am Text selbst zu viabilisieren. Das muss unbedingt vermieden werden, wenn es uns damit ernst ist, jungen Menschen das Lesen wieder schmackhaft zu machen.

6. Aspekte fremdsprachendidaktischer Forschung

Forschen und Erkennen haben unzweifelhaft viel miteinander zu tun. Zunächst ist zu erwarten, dass der seit seinen Anfängen interdisziplinär arbeitende erkenntnistheoretische Konstruktivismus das derzeit noch stark durch Positivismus und

Informationsverarbeitungstheorie geprägte Empirieverständnis (z.B. Grotjahn 1999) nachhaltig verändern wird (vgl. Krüssel 1993), zumal sich ein solcher Wandel vielerorts bereits angebahnt hat. Eine Neuorientierung ist umso notwendiger, als paradigmatische Konstruktionen, wie erwähnt, zur Institutionalisierung neigen und die Autorität von Realität beanspruchen.

Konstruktivistische Forschung ist immer – mindestens auch – "qualitativ", weil "quantitative" Ansätze die Komplexität von Wirklichkeitskonstruktionen und von Untersuchungsgegenständen sowie der Individualität der Versuchspersonen unzulässig reduzieren.

Wirklichkeit ist die Wirklichkeit des Beobachters. Daher macht konstruktivistische Forschung die Versuchsperson und den/die Forscher/in zu *Subjekten* des Erkenntnisprozesses (Stangl 1987: 157). Wie wäre möglich, gibt von Foerster (1996: 15) im Umkehrschluss zu bedenken, die Eigenschaften des Beobachters nicht in die Beschreibung des Beobachteten einzubeziehen, wo es doch ohne den Beobachter weder Beobachtung noch Beschreibung gäbe. Und man muss zugeben: Durch die Einbeschreibung des Beobachters, seiner Voraussetzungen und Ziele erhöhen sich Konsistenz und interne Reliabilität von Forschungshypothesen und Untersuchungsergebnissen. Ihre Validität muss jedoch noch ausgehandelt werden, und zwar mit dem Probanden und der *scientific community*.

Durch qualitativ-empirische Forschung müsste es möglich sein, zentrale konstruktivistische Aussagen zu belegen. Entsprechende Forschungsthemen wären u.a.:

- Konstruktive Prozesse in der Entwicklung von Lernersprachen (individuelle Hypothesenbildung, -prüfung und -verfestigung)
- Konstruktcharakter und Beeinflussbarkeit von Einstellungen
- Konstruktivität der Sprachbewusstheit und der Sprachlernbewusstheit
- Beeinflussbarkeit von Lernformen durch Lehren
- Konnotative Bedeutungskonstruktion bei der Wortschatzaneignung/fremdsprachigen Begriffsbildung
- Konstruktive Prozesse beim Hören, Lesen, Übersetzen, Sprechen und Schreiben
- Linearität und A-Linearität des Lernens im Fremdsprachenunterricht
- Lernförderung durch Emotionalisierung von Lernerfahrungen.

Neben diesen eigentlichen Konstruktionsprozessen genuine Forschungsgegenstände sind interindividuelle Wirklichkeitskonstruktionen in den Medien und in deren Institutionen, die als verfestigende und verfestigte semantische Makrostrukturen kenntlich, analysierbar und kritisierbar zu machen wären, Konzepte wie z.B. subjektive Theorien über erfolgreiches Fremdsprachenlernen bei Lernenden (vgl. Hu 1996, Kallenbach 1996), Lehrenden (vgl. Caspari 1998), Lehrplan- und Lehrwerkautoren, Schülereltern, Kultusbehörden und – warum nicht? – von Fremdsprachendidaktikern und ihren Studierenden sowie die Auswirkungen solcher subjektiven Theorien auf sprachliches Handeln, auf Lern- und Lehrverhalten.

Schließlich sollte man meinen, oberstes Anliegen des Konstruktivismus müsse es sein, sich selbst zu beweisen. Das kann er jedoch nicht, weil er bereits bei dem Versuch eine realistische Position beziehen würde. Darüber hilft auch die Neurobiologie, die seit den Anfängen einen Schwerpunkt konstruktivistischer Forschung bildet, nicht völlig hinweg.

Tröstlicherweise kann aber auch ein Realismus sich nicht beweisen. Denn würde er vorgeben, er wisse, wie Realität beschaffen ist, würde er eben diese Beschaffenheit der Realität von seinem Wissen abhängig machen und damit konstruktivistisch argumentieren.

Diese Überlegung, die von der Kritik (z.B. Bredella 1998, Christ 1998, Diesbergen 1998, Reinfried 1999) stets übersehen wird, entlarvt Konstruktivismus *und* ontologischen Realismus als Konstruktionen und bestätigt somit die Konstruktivität menschlicher Erkenntnis.

Anmerkungen

[1] Der Beitrag ist eine für den Druck bearbeitete Fassung der im Rahmen des *Fremdsprachendidaktischen Kolloquiums* an der Universität Bremen am 18.11.1999 gehaltenen Antrittsvorlesung des Autors. Die aus diesem Anlass als Handout ausgegebenen *15 Thesen zum Erkenntnistheoretischen Konstruktivismus* sind im Teil "Diskussion" des Internet-Forums *Konstruktion statt Instruktion?* unter der Adresse: http://ourworld.compuserve.com/homepages/michaelwendt nachzulesen. Eine erweiterte Version des Vergleichs von gemäßigtem und "radikalem" Konstruktivismus findet sich in Wendt (2000).

[2] Zur Herkunft und Diskussion des Begriffs vgl. Richards/von Glasersfeld (1992: 221) und von Glasersfeld (1992a: 411).

[3] Nach Kallenbach (1996: 69f.) muss die Handlungsvalidierung daher als problematisch gelten. Subjektive Theorien werden in unserem Zusammenhang als Wirklichkeitskonstruktionen gesehen, die im konkreten Handlungsvollzug unter Beachtung von gesellschaftlichen Normen viabilisiert werden können. In diesem Zusammenhang ist eine zentrale Aussage von Varela (Maturana/Varela 1987: 32) von Interesse: „Jedes Tun ist Erkennen, und jedes Erkennen ist Tun."

[4] Schmidt (1992c: 64) nennt als ethische Ziele einer empirischen Literaturwissenschaft: Kritik und Selbstkritik, Selbstverantwortlichkeit, Rationalität, Solidarität als Reduktion von Herrschaft und Wahrheitsterrorismus sowie Kooperativität.

[5] In diesem vielleicht etwas kühnen Vergleich wird den fünf klassischen Sinnen der Gleichgewichtssinn hinzugerechnet.

Literaturhinweise

Aitchison, Jean (1997): *Wörter im Kopf.* Eine Einführung in das mentale Lexikon. Tübingen: Niemeyer.

Allwood, Jens/Peter Gärdenfors (Hrsg.) (1999): *Cognitive Semantics: meaning and cognition.* Amsterdam: Benjamins.

Barthes, Roland (1964): *Mythologies.* Paris: Seuil.

Bausch, Karl-Richard/Christ, Herbert/Königs, Frank G./Krumm, Hans-Jürgen (Hrsg.) (1998): *Kognition als Schlüsselbegriff bei der Erforschung des Lehrens und Lernens fremder Sprachen.* Arbeitspapiere zur 18. Frühjahrskonferenz. Tübingen: Narr.

Bleyhl, Werner (1989): Spaziergang eines Fremdsprachenlehrers in sprachphilosophischen Gefilden. In: Kleinschmidt, Eberhard (Hrsg.) (1989): *Fremdsprachenunterricht zwischen Sprachenpolitik und Praxis.* Festschrift für Herbert Christ. Tübingen: Narr: 83-89.

Bredella, Lothar (1998): Der radikale Konstruktivismus als Grundlage der Fremdsprachendidaktik? In: Bausch, Karl-Richard et al. (Hrsg.): 34-49.

Caspari, Daniela (1998): Subjektive Theorien von Fremdsprachenlehrern/innen – für Studierende ein relevantes Thema? Überlegungen zum Gegenstand und seiner methodischen Umsetzung im Rahmen eines fachdidaktischen Hauptseminars. *Fremdsprachen lehren und lernen* 27: 122-145.

Christ, Herbert (1998): Die Bedeutung der "Kognition" für die Erforschung des Lehrens und Lernens fremder Sprachen. In: Bausch, Karl-Richard et al. (Hrsg.): 50-59.

Craik, Fergus I.M./Lockhart, Robert S. (1972): Levels of processing: a framework for memory research. *Journal of Verbal Learning and Verbal Behavior* 11: 671-684.

Debyser, Francis (1970): La linguistique et les inférences. *Langue Française* 8: 43-65.

Decke-Cornill, Helene/Gdaniec, Claudia M. (1992): *Sprache-Literatur-Geschlecht.* Pfaffenweiler: Centaurus.

Derrida, Jacques (1983): *Grammatologie.* Frankfurt/Main: Suhrkamp.

Dewey, John (Dt. 1998): *Die Suche nach Gewißheit.* Frankfurt/Main: Suhrkamp.

Diesbergen, Clemens (1998): *Radikal-konstruktivistische Pädagogik als problematische Konstruktion. Eine Studie zum radikalen Konstruktivismus und seiner Anwendung in der Pädagogik.* Bern u.a.: Lang.

Duffy, Thomas/Lowyck, Joost/Jonassen, David H. (Hrsg.) (1993): *Designing Environments for Constructive Learning.* Berlin u.a.: Springer.

Eco, Umberto (1990): *Lector in fabula.* Die Mitarbeit der Interpretation in erzählenden Texten. München: dtv.

Fish, Stanley (1979): Interpreting the Variorum. *Critical Inquiry* 2: 465-485.

Foerster, Heinz von (1960): On Self-Organizing Systems and their Environment. In: Yovits, Marshall C./Cameron, Scott (Hrsg.): *Self-Organizing Systems.* London: 31-50.

----- (1996): Lethologie. Eine Theorie des Lernens und Wissens angesichts von Unbestimmbarkeiten, Unentscheidbarkeiten, Unwißbarkeiten. In: Müller, Klaus (Hrsg.): 1-23.

Glasersfeld, Ernst von (1992a): Siegener Gespräche über Radikalen Konstruktivismus. In: Schmidt, Siegfried J. (Hrsg.) (1992a): 401-440.

----- (1992b): Aspekte des Konstruktivismus: Vico, Berkeley, Piaget. In: Rusch, Gebhard/Schmidt, Siegfried J. (Hrsg.): 20-33.

Gloning, Thomas (1996): *Bedeutung, Gebrauch und sprachliche Handlung.* Ansätze und Probleme einer handlungstheoretischen Semantik aus linguistischer Sicht. Tübingen: Niemeyer.

Greimas, Algirdas-J. (1966): *Sémantique structurale*. Recherche de méthode. Paris: Larousse.

Grotjahn, Rüdiger (1999): Thesen zur empirischen Forschungsmethodologie. *Zeitschrift für Fremdsprachenforschung* 10/1: 133-158.

Haseloff, Otto W./Jorswieck, Eduard (1971): *Psychologie des Lernens*. Methoden, Ergebnisse, Anwendungen. Berlin u.a.: de Gruyter. 2. Aufl.

Hejl, Peter M. (1992): Konstruktion der sozialen Konstruktion: Grundlinien einer konstruktivistischen Sozialtheorie. In: Schmidt, Siegfried J. (Hrsg.) (1992a): 303-339.

Hu, Adelheid (1996): *Lernen als kulturelles Symbol*. Eine empirisch-qualitative Studie zu subjektiven Lernkonzepten im Fremdsprachenunterricht bei Oberstufenschülerinnen und –schülern aus Taiwan und der Bundesrepublik. Bochum: Brockmeyer.

Janich, Peter (1992): Die methodische Ordnung von Konstruktionen. Der Radikale Konstruktivismus aus der Sicht des Erlanger Konstruktivismus. In: Schmidt, Siegfried J. (Hrsg.) (1992b): 24-41.

Kallenbach, Christiane (1996): *Subjektive Theorien*. Was Schüler und Schülerinnen über Fremdsprachenlernen denken. Tübingen: Narr.

Kleiber, Georges (1993): *Prototypensemantik*. Eine Einführung. Dt. v. Michael Schreiber. Tübingen: Narr.

Köck, Wolfram K. (1992): *Kognition-Semantik-Kommunikation*. In: Schmidt, Siegfried J. (Hrsg.) (1992a): 340-373.

Köpf, Gerhard (Hrsg.) (1981): *Rezeptionspragmatik*. München: Fink

Krohn, Wolfgang/Küppers, Günther/Paslack, Rainer (1992): Selbstorganisation – Zur Genese und Entwicklung einer wissenschaftlichen Revolution. In: Schmidt, Siegfried J. (Hrsg.) (1992a): 441-465.

Krüssel, Hermann (1993): *Konstruktivistische Unterrichtsforschung*. Der Beitrag des wissenschaftlichen Konstruktivismus und der Theorie der persönlichen Konstrukte für die Lehr-Lern-Forschung. Frankfurt/Main u.a.: Lang.

Le Moigne, Jean Louis (1994): *Le Constructivisme* I: Des fondements. Paris: ESF.

Legenhausen, Lienhard (1994): Vokabelerwerb im autonomen Lernkontext. *Die Neueren Sprachen* 93/5: 467-483.

Legutke, Michael K. (1998): Handlungsraum Klassenzimmer and beyond. In: Timm, Johannes P. (Hrsg.) *Englisch lernen und lehren*. Didaktik des Englischunterrichts. Berlin: Cornelsen: 93-109.

Little, David (1997): Lernziel: Kontrastive Sprachbewußtheit – Lernerautonomie aus konstruktivistischer Sicht. *Fremdsprachen und Hochschule* 50: 37-49.

Maturana, Humberto R. (1970): *Biology of Cognition*. Dt. Biologie der Kognition. In: Ders. (1982): 32-80.

----- (1982): *Erkennen: Die Organisation und Verkörperung von Wirklichkeit*. Ausgewählte Arbeiten zur biologischen Epistemologie. Braunschweig u.a.: Vieweg, 2. Aufl. 1985.

----- (1992a): Kognition. In: Schmidt, Siegfried J. (Hrsg.) (1992a): 89-118.

----- (1992b): Biologie der Sozialität. In: Schmidt, Siegfried J. (Hrsg.) (1992a): 287-302.

-----/Varela, Francisco J. (1987): *Der Baum der Erkenntnis*. München: Scherz.

Meixner, Johanna (1997): *Konstruktivismus und die Vermittlung produktiven Wissens.* Neuwied u.a.: Luchterhand.

Müller, Klaus (Hrsg.) (1996): *Konstruktivismus.* Lehren-Lernen-Ästhetische Prozesse. Neuwied: Luchterhand.

Piaget, Jean (1973): *La construction du réel chez l'enfant.* Neuchâtel: Delachaux, 5. Aufl.

Reinfried, Marcus (1999): Der radikale Konstruktivismus: eine sinnvolle Basistheorie für die Fremdsprachendidaktik? *Fremdsprachen lehren und lernen* 28: 162-180.

Richards, John/Glasersfeld, Ernst von (1992): Die Kontrolle der Wahrnehmung und die Konstruktion von Realität. Erkenntnistheoretische Aspekte des Rückkoppelungs-Kontroll-Systems. In: Schmidt, Siegfried J. (Hrsg.) (1992a): 192-228.

Roth, Gerhard (1992a): Erkenntnis und Realität. Das reale Gehirn und seine Wirklichkeit. In: Schmidt, Siegfried J. (Hrsg.) (1992a): 229-255.

----- (1992b): Autopoiese und Kognition: Die Theorie H. R. Maturanas und die Notwendigkeit ihrer Weiterentwicklung. In: Schmidt, Siegfried J. (Hrsg.) (1992a): 256-286.

----- (1997): *Das Gehirn und seine Wirklichkeit.* Frankfurt/Main: Suhrkamp.

Ruch, Floyd L./Zimbardo, Philip G. (1974): *Lehrbuch der Psychologie.* Dt. v. W. F. Angermeier u.a. Berlin u.a.: Springer.

Rusch, Gebhard (1992): Autopoiesis, Literatur, Wissenschaft. Was die Kognitionstheorie für die Literaturwissenschaft besagt. In: Schmidt, Siegfried J. (1992a): 374-400.

-----/Schmidt, Siegfried J. (Hrsg.) (1992): *Konstruktivismus.* Geschichte und Anwendung. Frankfurt/Main: Suhrkamp.

Sandkühler, Hans Jörg (1999): Homo mesura. Übersetzung von Welt in Kultur und die Fragwürdigkeit realistischer Ontologie. In: Garber, Klaus/Gustav, H. Klaus (Hrsg.): *Aufsätze zur Literatur und Ästhetik.* Festschrift für Thomas Metscher. Köln u.a.: Böhlau.

Schmidt, Siegfried J. (Hrsg.) (1992a): *Der Diskurs des Radikalen Konstruktivismus.* Frankfurt/Main: Suhrkamp, 5. Aufl.

----- (Hrsg.) (1992b): *Kognition und Gesellschaft.* Der Diskurs des Radikalen Konstruktivismus 2. Frankfurt/Main: Suhrkamp, 2. Aufl.

----- (1992c): Der radikale Konstruktivismus: Ein neues Paradigma im interdisziplinären Diskurs. In: Ders. (Hrsg.) (1992a): 11-88.

Schwarz, Monika (Hrsg.) (1994): *Kognitive Semantik/Cognitive Semantics.* Ergebnisse, Probleme, Perspektiven. Tübingen: Narr.

Stangl, Werner (1987): *Das neue Paradigma der Psychologie.* Die Psychologie im Diskurs des radikalen Konstruktivismus. Braunschweig u.a.: Vieweg.

Stegu, Martin (1998): *Postmoderne Semiotik und Linguistik.* Möglichkeiten, Anwendungen, Perspektiven. Frankfurt/Main u.a.: Lang.

Varela, Francisco J. (1979): *Principles of Biological Autonomy.* New York: Elsevier.

----- (1990): *Kognitionswissenschaft – Kognitionstechnik.* Frankfurt/Main: Suhrkamp.

Wendt, Michael (1992): Kreativität auf dem Prüfstand. Über den Beitrag des radikalen Konstruktivismus zu einer Theorie des kreativen Fremdsprachenunterrichts. In: Karbe, Ursula/Steinberg-Rahal, Kerstin (Hrsg.): *Kreativität im Fremdsprachenunterricht?* Leipzig: Universitätsverlag: 264-269.

----- (1993a): *Strategien des fremdsprachlichen Handelns*. Lerntheoretische Studien zur begrifflichen Systematik. Band 1: Die drei Dimensionen der Lernersprache. Tübingen: Narr.

----- (1993b): Fremdsprache und Fremdheit. Zu den Aufgaben des Fremdsprachenunterrichts aus der Sicht einer konstruktivistisch orientierten Fremdheitswissenschaft. *Der fremdsprachliche Unterricht (Französisch)* 27/10: 46-47.

----- (1993c): Medien und Mythen. Texttheoretische und fremdheitspädagogische Aspekte massenmedialer Wirklichkeitskonstruktion. In: Bredella, Lothar/Christ, Herbert (Hrsg.): *Zugänge zum Fremden*. Gießen: Ferber'sche Buchhandlung: 111-134.

----- (1994): Semantische Intertextualität. Zur Begründung der integrativen Funktion der Textdidaktik. *Fremdsprachen und Hochschule* 40: 37-49.

----- (1996a): *Konstruktivistische Fremdsprachendidaktik*. Lerner- und handlungsorientierter Unterricht aus neuer Sicht. Tübingen: Narr.

----- (1996b): L'Etranger und andere Fremde im Französischunterricht. In: Bredella, Lothar/Christ, Herbert (Hrsg.): *Begegnungen mit dem Fremden*. Gießen: Ferber'sche Buchhandlung: 127-154.

----- (Hrsg.) (1998): Konstruktiv lehren und lernen. *Der fremdsprachliche Unterricht (Französisch)* 32.

----- (2000): Kognitionstheorie und Fremdsprachendidaktik zwischen Informationsverarbeitung und Wirklichkeitskonstruktion. In: Ders. (Hrsg.): *Konstruktion statt Instruktion*. Neue Wege zu Sprache und Kultur im Fremdsprachenunterricht. Frankfurt/Main u.a.: Lang: 15-39. (Kolloquium Fremdsprachenunterricht 6.)

Wittgenstein, Ludwig (1960): *Philosophische Untersuchungen*. Schriften, Band 1. Frankfurt/Main: Suhrkamp: 279-544.

Wolff, Dieter (1994): Der Konstruktivismus: Ein neues Paradigma in der Fremdsprachendidaktik? *Die Neueren Sprachen* 93/5: 407-429.

----- (1997): Bilingualer Sachfachunterricht: Versuch einer lernpsychologischen und fachdidaktischen Begründung. In: Vollmer, Helmut J./Thürmann, Eike (Hrsg.): *Englisch als Arbeitssprache im Fachunterricht*. Soest: Landesinstitut für Schule und Weiterbildung: 50-62.

In Relationen Denken und Handeln
Vom konstruktiven Umgang mit dem Konstruktivismus

Klaus Schüle

> Wir sind aufgefordert, unsere alltäglichen Einstellungen beiseite zu legen und aufzuhören, unsere Erfahrung als versehen mit dem Siegel der Unanzweifelbarkeit zu betrachten – so als würde sie eine absolute Welt widerspiegeln.
> In diesem Sinne werden wir ständig festzustellen haben, daß man das Phänomen des Erkennens nicht so auffassen kann, als gäbe es 'Tatsachen' und Objekte da draußen, die man nur aufzugreifen und in den Kopf hineinzutun habe. Diese Feststellung bildet das Fundament von alledem, was wir zu sagen haben werden.
> (Maturana/Varela 1984: 31)

Der Beitrag ist eine kritische Auseinandersetzung mit konstruktivistischen Positionen, wie sie von Michael Wendt aber auch von vielen anderen Fremdsprachendidaktikern geteilt werden. Er versucht, relativ umfassend, auf sehr verschiedenen Ebenen die Vor- und Nachteile der konstruktivistischen Ansätze zu analysieren.

1. Einleitung

Die Universität hat ihre kritische Funktion im großen Ganzen aufgegeben. Das betrifft alle Universitäten und auch die Universität Bremen. Um so bemerkenswerter ist es, dass in manchen Nischen noch eine radikale Reflexion stattfindet. Und noch bemerkenswerter ist, dass sich dieses kritische Nachdenken nicht nur irgendwie theoretisch äußert, sondern im praktischen Tun auch geschieht. Es ist also schon eine Ausnahme, dass Michael Wendt sogar bei seiner eigenen Antrittsvorlesung eine inhaltliche Kritik seiner fremdsprachendidaktischen Position zulässt.

Mir liegt am Anfang der Auseinandersetzung mit dem Konstruktivismus allerdings sehr daran, klarzustellen, dass ich mich mit den folgenden Bemerkungen natürlich durchaus mit Wendts Auffassungen auseinander setze, dass aber die Hauptkritik, die ich äußere, eher jene geschäftigen Handlungsreisenden in unserem Fach trifft, die auf einen Zug hüpfen, von dem sie nicht den Fahrplan kennen.

Alle Zugänge, die gleichsam auf einem Bein daherkommen, machen mich skeptisch, denn in der Regel steckt in ihnen ein dogmatischer Anspruch. Deshalb halte ich die Debatte um die Frage: „Sollen wir im Unterricht nach konstruktivistischen oder instruktivistischen Prinzipien arbeiten?", für problematisch. "Instruktivistisch" arbeiten heißt in der Regel ein vom Lehrer gesteuertes, den Schülern aufgezwungenes Arbeiten. Das kann kein ernsthafter Erzieher wollen. So ist die Frage Konstruktion oder Instruktion eigentlich schon entschieden.

Natürlich überwiegen im Fremdsprachenunterricht noch immer die durchs Lehrwerk oder durch den Lehrer eingeführten Vorgaben und diese instruktive Haltung muss verändert werden. Die Preisgabe der Instruktion aber würde die Aufgabe jedes erzieherischen Maßstabes und Ethos mit beinhalten. Ich finde es jedoch wichtig, eine Relation zwischen dem, was Schüler meinen lernen zu wollen, und dem, was Lehrer und Gesellschaft für notwendig halten, herzustellen. Dies ist eine ethische und eine politische Haltung, die ich nur ungern sehr beliebigen, subjektiven Schülermeinungen überlassen würde.

Nun verhalten sich manche Konstruktivisten in der Fremdsprachendidaktik wie die Nato-Staaten im Kosovo. Im Namen der Menschlichkeit (d.h. der Schülerautonomie, der Nützlichkeit, der Reformnotwendigkeit) schlagen sie ganz schön zu, d.h. sie vernichten vielleicht gerade das, was sie zu schützen vorgeben.

Es ist dies eine Vorgehensweise, die wohl allen Modellbildungen eingeschrieben ist. Die Autoren wollen ja etwas bewirken. Sie müssen das Modell in Konkurrenz zu anderen durchsetzen. Und die Intoleranz ist den Modellen um so mehr eingeschrieben, als es im wissenschaftlichen Geschäft mehr denn je „auf das Siegel der Unanzweifelbarkeit", auf Selbstdarstellung und Präsenz in den Medien ankommt (vgl. Baier 1998).

Das sind gute Gründe also, so meine ich, für ein relationales Denken und Handeln zu plädieren.

2. Die erkenntnistheoretische Ebene

Aufheben heißt zugleich negieren und bewahren. (Hegel)

Dem Konstruktivismus ist es zu verdanken, dass man erkenntnistheoretische Fragen außerhalb der Meta-Wissenschaften überhaupt wieder wahrnimmt. Das scheint mir kein Zufall zu sein. Und es ist sehr wahrscheinlich auch kein Zufall, dass die konstruktivistische Erkenntnistheorie quer zu den davor gehandelten Positionen liegt. In den 70er Jahren hatten die kritisch-materialistischen Konzepte Konjunktur und in diesen Modellen hatten die Strukturen der Realität ein Übergewicht – nicht umsonst ging man davon aus, dass sich die äußere Realität in den Subjekten "widerspiegele". Kein Zufall also, dass der Konstruktivismus dieses Modell gewissermaßen umdrehte oder negierte; er sagt heute: Das Subjekt spiegelt nicht die Wirklichkeit, sondern konstruiert sie.

Was nun ist eingedenk dieses Rückblicks zu "negieren"? Was ist zu "bewahren"? Das zu beurteilen ist für uns Fremdsprachendidaktiker ungeheuer schwer, weil vor allem die naturwissenschaftlichen Erkenntnisse, die hereinspielen, widersprüchlich und schwer zu durchschauen sind.

Wenn ich es recht sehe, haben vor allem zwei naturwissenschaftliche Entwicklungen die anderen Wissenschaften durcheinandergebracht. Einerseits hat sich immer deutlicher gezeigt, dass "objektive" Maßstäbe, wie sie insbesondere die Mathematik und die Physik setzte, sich auflösten (nun wurde mit mehreren Wahrheiten gerechnet, Methodenvielfalt gepredigt, in Relationen gedacht). Und andererseits hat die Naturwissenschaft (und insbesondere die Biologie) den onto- und phylogenetischen Entwicklungsprozess immer stärker als einen Prozess der Konstruktion, der Selbsttätigkeit ("Autopoiese") betrachtet. Beide Entwicklungen hatten zur Folge, dass festgelegte Wahrheiten (Gegenstandsbestimmungen) sich auflösten und dass Aussagen über zu verallgemeinernde Konzepte dadurch ins Wanken gerieten. Die evolutionäre (biologische) Erkenntnistheorie hat heute einen guten Stand, auf sie bezieht sich der Konstruktivismus.

Der alles entscheidende Punkt in der Diskussion ist nun freilich, wie bei der prinzipiellen Geschlossenheit des Gehirns verallgemeinerte, intersubjektive, gesellschaftliche Verabredungen zustandekommen und wie sie zu bewerten sind. Ich möchte das Problem anhand einer Abbildung von Heinz von Foerster besprechen:

Abb. aus: von Foerster 1981: 58

Heinz von Foerster sagt – nachdem er ausdrücklich darauf hingewiesen hat, dass die Welt genau das ist, was sich das "Ich" in seiner Vorstellung konstruiert:

> Daß die Lage ganz anders ist, sobald es zwei Organismen gibt, möchte ich mit Hilfe des Herren mit der Melone in [der] Abbildung [...] klarlegen.
> Er behauptet, die einzige Realität zu verkörpern, und alles übrige existiere nur in seiner Vorstellung. Er kann indessen nicht leugnen, daß seine Vorstellungswelt von Geistergestalten bewohnt ist, die ihm nicht unähnlich sind. Folglich muß er einräumen, daß diese Wesen ihrerseits darauf bestehen können, sich als einzige Realität, alles sonst aber als Produkt ihrer Einbildung zu betrachten. Auch ihre Vorstellungswelt wäre dann von Geistergestalten bevölkert, darunter von ihm, dem Herren mit der Melone. (1981: 58)

Es ist nun sehr interessant, dass von Foerster dieses Bild benutzt, um in sein Konzept das "Relativitätsprinzip" einzuführen. Sehr überzeugend sagt er: „Lehnt man das Relativitätsprinzip ab, so nimmt man sich als Mittelpunkt des Universums, dann heißt das für mich: meine Rede ist Monolog, und meine Logik ist mono-logisch." (: 59) Und er fährt fort:

Erkenne ich es an, dann kann weder ich noch der andere Mittelpunkt der Welt sein. Wie im heliozentrischen System muß es ein Drittes geben, das als zentrale Bezugsgröße dient. Es ist dies die Beziehung zwischen dem Du und dem Ich, und diese Beziehung heißt Identität. (ebd.)

Für unser fremdsprachendidaktisches Denken ist eine solche Sichtweise sehr aufschlussreich. Und zwar nicht bloß deshalb, weil von Foerster – wie wir – ein Plädoyer für die Relativität hält, sondern, weil er strikt die unterschiedliche Form von Ich- und Wir-Perspektive bezeichnet: Erst die Wir-Perspektive löst Ethnozentrik auf, die Beziehung von Ich und Du schafft Identitäten und Bedeutungen.

Natürlich gehen radikale Konstruktivisten wie von Foerster nicht so weit, auch die „Geistergestalten" im Kopf des Herren mit der Melone, als soziale Konstruktionen zu bezeichnen. Von Foerster sagt nur sehr vage, dass manche der Gestalten „ihm [dem Mann mit Melone] nicht unähnlich sind". Das heißt aber doch nichts weiter, als dass wir auch "Wir-Welten" im Kopf haben. Und genau das nehmen mit guten Gründen natürlich eine große Reihe von Autoren an – freilich wird diese Welt im Kopf von den einen als Alptraum und Alp beschrieben, bei anderen sind wir die Zwerge, die auf dem Nacken von Riesen, unseren Vorfahren, sitzen und wieder andere – wie Julia Kristeva – (1990) sagen, dass wir mit der Fremdheit dieser Geistergestalten leben müssen.

Nun könnte man im Blick auf den Fremdsprachenlernprozess, in der Art wie es Werner Bleyhl tut, einfach annehmen, dass der Erkenntnis- und Aneignungsprozess eben „ein nichtlineares bio-psycho-soziales Geschehen" ist, dass also ein „Zusammenspiel aller dieser Dimensionen" stattfindet (1999: 2). Bleyhl sagt:

> Es kann [...] nicht darum gehen, sich zu einem der Lager zu rechnen, die sich im Bereich der Spracherwerbstheorien gebildet haben, entweder dem nativistisch-mentalistischen (das allein auf Angeborenheit bzw. Universalgrammatik setzt), oder dem kognitivistischen (das allein die kognitiven Leistungen des mehr oder weniger steuerbaren Lerners anzuerkennen bereit ist) noch dem interaktionistischen (das allein die soziale Komponente als entscheidend erachtet). (ebd.)

Ich würde gegen eine solche pluralistisch-relationale Denkhaltung Bedenken vortragen, denn diese Dimensionen haben beim Spracherwerb ein je eigenes Gewicht – und keineswegs ein gleiches.

3. Die lernpsychologische und pädagogische Ebene

Vokabeln muß man lernen, Wörter fliegen mir zu. (ein Schüler)

Kann man nun aus der erkenntnistheoretischen Grundlegung lerntheoretische Schlussfolgerungen ziehen? Für viele Konstruktivisten ist das überhaupt keine Frage. Sie setzen Erkennen und Lernen gleich – und aus dieser Gleichsetzung ergeben sich eine ganze Reihe von Missverständnissen. Unter Berufung auf Piaget, der zeigte, wie früh und in welcher Weise Kinder ihre sprachlichen Bedeutungen konstruieren, wird von den Konstruktivisten geradlinig auf den gesteuerten Fremdsprachenunterricht geschlossen und das pädagogisch ebenso feinsinnige wie idealistische Bild vom grundsätzlich autonomen

Lerner entworfen. Lehrer sind in diesem Konzept nur mehr Moderatoren oder Trainer, die die Lernumgebung stylen oder gestalten (Rüschoff/Wolff 1999, Donath 1996 usw.). An diesem Punkt setzt unsere Kritik ein. Diese blinde Übertragung von erkenntnistheoretischen Einsichten aufs pädagogische Tun scheint uns problematisch. Das meint im übrigen auch Lothar Bredella, wenn er feststellt, dass dies „die Verheißung von Autonomie, Kreativität und Allmacht" des Individuums bedeutet (Bredella 1999). Die wissenschaftstheoretischen und sozialen Dimensionen der konstruktivistischen Position hat Bredella damit aber in keiner Weise ausgeleuchtet, vor allem sieht er nicht die politisch-ideologischen Folgen. Bredella verhält sich nur spiegelbildlich zur konstruktivistischen Position – solche "kontrapunktiven Attitüden" lieben Intellektuelle aller Couleur...

Nun kann hier nicht die fachwissenschaftliche Diskussion nachgeholt werden; deshalb will ich an einem Punkt, dem zentralen Begriff der "Schülerautonomie" zeigen, wo meiner Meinung nach das Problem steckt.

Es scheint einen gewissen Konsens unter den Fremdsprachendidaktikern zu geben, dass Lernerautonomie nicht etwa Selbstbelehrung, Autodidaktik oder Verzicht des Lehrers auf Initiative und Kontrolle bedeute. Meinert A. Meyer schreibt etwa, Schülerautonomie sei:

- die Fähigkeit der Schüler zur Distanzierung, zur kritischen Reflexion dessen, was im Unterricht passiert, zum Entscheiden und zur selbständigen Handlung,
- die (zunehmende) Unabhängigkeit der Schüler von Kontrolle,
- ihre (zunehmende) Freiheit und deshalb
- eine Mischung von Unabhängigkeit und Abhängigkeit in der sozialen Beziehung zwischen Lehrer und Schülern (1997: 411)

Diese Stellen markieren, wie ich finde, sehr schön, den relationalen lernpsychologischen Prozess, der im Unterricht stattfinden muss. Hier geht es nicht um Konstruktion oder Instruktion, sondern um die Frage, wie beide verschränkt sein könnten.

Auch die historische Entwicklung des instruktivistischen Tuns zeigt übrigens, dass die negative Konnotation von Instruktion ("Zucht") ursprünglich, etwa bei Herbart, so nicht anzusetzen ist. Schon die Pädagogik des 18. Jahrhunderts unterschied sehr fein zwischen der "Zucht" im Sinne der Selbstdisziplinierung des Lernenden und der "Zucht" ("Regierung" genannt), die die Unterwerfung des Willens der zu Erziehenden unter den Willen des Lehrers verlangte (Meyer 1997: ebd.).

Mit welcher Macht faschistische Erziehung "Zucht", aber auch sozialistische Erziehung "Führung" eingefordert haben, braucht hier nicht weiter erläutert zu werden. Auf dem Hintergrund dieser historischen Entwicklung also wird schon verständlich, warum erzieherische Konzepte Bedeutsamkeit erlangten, die auf die "Schülerautonomie" setzten.

Die emsigen Adepten des Konstruktivismus gingen aber noch einen Schritt weiter. Sie haben Einsichten und Standards aus anderen Wissenschaftszweigen flugs zu konstruktivistischen Erfindungen gemacht. Man hat Annahmen etwa des Symbolischen Interaktionismus flugs zu konstruktivistischen Ergebnissen umgedeutet. So beispielsweise:

- dass sich Wissenskomponenten beim Lerner unterschiedlich entwickeln
- dass sich beim Wissenszuwachs auch altes Wissen verändert
- dass für jeden Menschen die Wirklichkeit „subjektiv" ist usw. (Meyer 1997: 416)

Nur zur Erinnerung: selbst noch die materialistische Sprachdidaktik hat solche Aussagen spätestens seit den sechziger Jahren geteilt. Leont'ev etwa schrieb 1971 (: 7):

> Der Mensch befindet sich gegenüber der Umwelt nicht im Verhältnis der Anpassung (wie das Tier; die orthodoxen Behavioristen sehen gerade hier den Unterschied nicht), sondern im Verhältnis aktiver Beherrschung, aktiver Einwirkung auf die Wirklichkeit.

Wie kurzschlüssig neuerdings argumentiert wird, kann man im folgenden Zitat gut erkennen:

> Auch wenn man nicht unbedingt Anhänger des radikalen Konstruktivismus sein muß, sollte man akzeptieren, daß für jeden Menschen die Wirklichkeit „subjektiv" ist. Es gibt nicht die objektive Wirklichkeit, die sich jeder/jede von uns auf gleiche Art und Weise erschließen müßte. Wirklichkeit ist von Menschen geschaffen, ist sozusagen im Gehirn. Dies heißt, daß wir aus der Sicht des Konstruktivismus Lernprozesse der Schüler nur dann fördern können, wenn wir darauf methodisch eingehen, daß sie individuell verschieden sind und deshalb auch auf ihre individuelle Art und Weise lernen. Es impliziert, daß wir authentische Lernumgebungen schaffen, in denen die Lerner selbst ihre Lernpensen festlegen und ihre Zielsetzungen bewußt erkennen und gestalten können. (Meyer 1997: 416)

Dieses Zitat spiegelt, finde ich, ziemlich genau die fürchterlichen Vereinfachungen wider, die im Gefolge des Konstruktivismus vorgenommen werden. Es geht hier nicht so sehr darum, zu sehen, wie der erkenntnistheoretische Allgemeinplatz, wie so oft, umstandslos lerntheoretisch gewendet wird (nicht einmal Konstruktivisten behaupten, dass die Wirklichkeit im Hirn steckt, sie sagen nur, sie wird dort konstruiert!). Sondern es geht darum, zu sehen, mit welcher idealistischen Dogmatik hier Sein und Sollen verwechselt werden. Man möchte dem Kollegen zurufen: die selbstbestimmte Arbeit des Lerners als pädagogisches Ziel ist doch eine Sache, die Unselbständigkeit, das kollektive Unvermögen, ja, die schlichte Dummheit in der Unterrichtswirklichkeit, eine andere Sache. Mir scheint hier jene neoliberale Logik am Werke zu sein, die – indem sie subjektive Freiheiten so sehr generalisiert – die Subjekte nur um so tiefer in ihrer misslichen Lage belässt (zur Logik vergleiche Bourdieu 1998).

Das Wort von der "Autonomie des Lerners" ernst nehmen heißt in meinen Augen, die ihm eingeschriebenen Verzerrungen und Schrecklichkeiten, die eingeschriebenen individuellen und kollektiven Wahnvorstellungen, in den Blick nehmen! Man kann dieser Verzerrungen nicht durch eine rousseauistische Ganzheitlichkeitsdoktrin begegnen, die im Grunde vom guten Wilden ausgeht und die eine Gefährdung im Sozialisationsprozess einfach naiv-idealistisch übersieht. In dieser Richtung argumentiert leider Inge

Christine Schwerdtfeger (1989), und auch Adelheid Hu (1999: 288) plädiert dafür, die neue Unübersichtlichkeit „positiv als Vielfalt zu sehen und das Potenzial zu nutzen". Das ist der alte pluralistische Heilsglaube. Gegen ein solches Denken richtet sich übrigens zu Recht Bredella. Er sagt:

> Die Aufforderung, wir sollten uns eine heile Welt vorstellen, dann würden wir auch in einer heilen Welt leben, ist zynisch gegenüber denjenigen, die in der Welt leiden, und verkennt den Charakter sozialer Konstruktionen. (1999: 4)

Denn, was bedeutet die Aufforderung von Meyer:

> ....daß wir [...] Lernprozesse der Schüler nur dann fördern können, wenn wir darauf methodisch eingehen, daß sie individuell verschieden sind und deshalb auch auf ihre individuelle Art und Weise lernen. (1997: 416)

Es ist doch eine Sache, dass man als Lehrer eine grobe Vorstellung von verschiedenen Lernstärken und Lernschwächen entwickeln muss, es ist doch aber eine völlig abwegige Vorstellung, dass wir in einer Klasse mit 28 Schülern jeden einzelnen Schüler mit seinem Hintergrund auch nur halbwegs erfassen und 28 differente Lernwege ermöglichen könnten. Und ich halte es sogar für eine Aufgabe des Lehrers, manche verquere Lernwege gerade nicht zuzulassen. „Wo leben Sie denn?", möchte man da den Autoren zurufen. Lehrer haben es im Schnitt pro Schuljahr mit 200 Schülern zu tun. Solche Vorstellungen können wirklich nur Dozenten entwickeln, die von der Unterrichtswirklichkeit weit entfernt sind.

4. Die philosophisch-argumentenlogische Ebene

> Der Kapellmeister: Zum Schluß kommt jetzt die Ouvertüre dran – Dichter und Bauer
> Karl Valentin: Die können wir heute nicht machen, weil der Trommler nicht da ist.
> Der Kapellmeister: Das sehe ich auch, daß er nicht da ist.
> Karl Valentin: Nein, der ist nicht da.
> Der Kapellmeister: Das seh' ich doch selbst, daß er nicht da ist.
> Karl Valentin: Wie kann man denn einen sehen, wenn er nicht da ist?
> Der Kapellmeister: Wer sieht ihn denn?
> Karl Valentin: Sie!!
> Der Kapellmeister: Nein, ich hab gesagt, ich seh, daß er nicht da ist. Ich kann ihn doch nicht sehn, wenn er nicht da ist.
> Karl Valentin: No ja, das mein ich ja.
> Der Kapellmeister: No also – oder sehn ihn Sie?
> Karl Valentin: Ahhh-
> (aus: Geier 1979: 135)

Der feinsinnige konstruktivistische Diskurs erreicht durchaus oft das Niveau von Karl Valentin. Und das liegt natürlich daran, dass seine Grundaussagen eigentlich besagen, dass man nichts sagen kann.

Die Hauptargumente gehen so:

- Wenn das menschliche Gehirn ein geschlossenes System ist, woher weiß man dann, dass es geschlossen ist?
- Wenn man zu seiner Umwelt keinen Zugang hat, dann kann man auch nicht feststellen, dass man ihn nicht hat.
- Wenn alles Konstruktion ist, hat die Konstruktion keinen Bezugspunkt mehr.
- Wenn wir selbsterzeugende, autopoietische Systeme sind, die nichts über die Welt sagen können, woher wissen wir etwas über die Selbsterzeugung?
- Wenn der radikale Konstruktivismus wahr wäre, dann wäre er widersprüchlich und also falsch, denn niemand kann seine Wahrheit beurteilen. Usw...

Wer die argumentenlogischen Argumentationen nicht kennt, bleibt allerdings leicht in sehr vordergründiger Kritik stecken. Es gibt für uns indes gute Gründe dafür anzunehmen, dass die Paradoxe drei sehr eindeutige Hintergründe haben:

Konstruktivisten wie radikale Gegner des Konstruktivismus

- verwechseln häufig die Ebenen, auf denen geredet wird,
- sie setzen gerne ihre Argumente allgemeingültig an und
- sie erfinden gerne das Rad neu (argumentieren unhistorisch).

So ist beispielsweise „auf einer bestimmten Abstraktionsebene richtig, daß das Nervensystem operational geschlossen ist; daraus folgt keineswegs das, was Radikale Konstruktivisten daraus folgern", nämlich in der Regel die Nichtwahrnehmbarkeit anderer Welten (Nüse 1991: 327). Und Nüse bemerkt ganz richtig, dass hier nur allzu oft mit richtigen, aber irrelevanten Prämissen hantiert wird – so bei der banalen und dennoch von allen Wissenschaften geteilten "Wahrheit", dass man die (absolute) Wirklichkeit nicht zu Gesicht bekommt.

Es ist geradezu komisch, dass die konstruktivistischen Modelle ganz ähnlichen mechanistischen Argumenten anheimfallen, wie die krud-materialistischen Widerspiegelungstheoretiker. So krass richtig/falsch der Satz „Das Sein bestimmt das Bewusstsein" war, so krass richtig und auch wieder falsch ist der Allgemeinplatz, „dass man die Wirklichkeit nicht erkennen kann".

Natürlich beginnt sich im Diskurs langsam eine Klärung abzuzeichnen (so wird zunehmend unter "Wirklichkeit" die subjektiv-mentale Wirklichkeit und unter "Realität" die physikalische oder gesellschaftliche Realität verstanden). Dennoch ist Nüse schon Recht zu geben, wenn er feststellt, dass den konstruktivistischen Positionen eine ausgeprägte Neigung zum Schwarz-Weiß-Denken innewohnt (Nüse 1991: 334f.). Schmidt etwa sagt bezeichnender Weise, man könne Konstruktivist nur ganz oder gar nicht sein (Nüse 1991: ebd.). Er definiert sich also geradezu adversativ-jakobinisch und genau das halte ich für seine Schwäche. Das Dogma, die reine Lehre, wird so vorbereitet...

Vielleicht hilft bei derartigen Missverständnissen ein Bild: Natürlich weiß ich, dass sich die Sonne nicht um die Erde dreht. Trotzdem freue ich mich über einen Sonnenaufgang (und mache ihn nicht zu einer schönen Erddrehung). Ich möchte diese Ebenen nicht verwechseln.

5. Die Ebene der sprachlichen Bedeutungen und ihres Erwerbes

> Das ganze sichtbare Universum ist nur ein Magazin von Bildern und Zeichen, dem die Imagination entsprechenden Rang und Platz ausweisen muß. (Baudelaire)

Eine so frühe konstruktivistische Aussage lässt natürlich das Herz eines jeden Konstruktivisten hoch schlagen. Und in einem bestimmten Sinne, für eine bestimmte Ebene mag der Satz Baudelaires zutreffen.

Für uns Sprach- und Fremdsprachendidaktiker ist freilich die Frage bedeutsam, welche Konsequenzen es hat, die Frage nach dem Bedeutungserwerb so ausschließlich aus subjektiver Perspektive zu betrachten. Zunächst vielleicht ein paar Feststellungen, die fast alle fortgeschrittenen (nicht-deskriptiven) Sprachtheoretiker teilen:

- Sprachliche Bedeutungen werden in Handlungen erworben.
- Sie sind prinzipiell "unscharf", in Kontexte eingelagert.
- Der Prozess der Bedeutungsfindung ist ein aktiver, kein passiver Prozess.
- Die Aneignung der Bedeutungen geschieht in Bedeutungsnetzen, der Erwerb ist folglich immer an vorhergehende Bedeutungen gebunden.
- Neu erworbene Bedeutungen verändern und überformen folglich davorliegende Bedeutungen.
- Die formale Realisierung der Bedeutung ist relativ austauschbar in dem Sinne, dass sie nicht Bedeutung in sich trägt.

Für die "Radikalität" des Konstruktivismus ist nun bezeichnend, dass er auch auf dieser Ebene der Betrachtung solche sehr allgemeinen Aussagen für sich vereinnahmt, obwohl fast alle Handlungstheorien bis hin zur sowjetischen kulturhistorischen Schule diese Aussagen geformt oder vertreten haben.

Radikal neu ist indes die dogmatische Individualisierung der Prozesse der Bedeutungskonstitution und des Bedeutungserwerbs. Schauen wir uns aber die Argumente bei Michael Wendt an:

> Bedeutungen sind primär individuelle-konnotative Konstrukte. Denotative Bedeutungen von Wörtern und kulturellen Symbolen, wie wir sie in Wörterbüchern, Vokabelverzeichnissen, Terminologien oder Lexika finden, erscheinen erst am Ende einer langen Kette von sozialen Konstruktions-, Viabilisierungs- oder Aushandlungsprozessen. Sie können dann von den meisten Mitgliedern einer Sprach- oder Kulturgemeinschaft wiedererkannt werden und damit letzten Endes sicherstellen, daß Verständigung über individuelle und gruppenspezifische Konnotationen hinweg wenigstens in Grenzen möglich ist. (1999: 4)

An diesem Zitat wird sehr schön deutlich, dass eine gemeinschaftliche, gesellschaftliche, soziale Konstituierung von Bedeutungen gar nicht abgestritten wird, nur der Urheber, der Erfinder ist, nach Wendt, das Individuum.

Auch an diesem Punkt scheint mir eine gewisse Relativierung der Standpunkte weiterzuführen. Denn einerseits kann natürlich gar nicht bestritten werden, dass Individuen Bedeutungen konstruieren können, jedes Kind schafft sich seine eigenen (sprachlichen) Bedeutungen. Es ist nur andererseits sehr die Frage, ob der gesamte Prozess der Bedeutungsfindung und des Bedeutungserwerbs oder gar der Lernvorgang "primär" individuell anzusetzen ist.

Für eine andere Gewichtung gibt es sehr ernsthafte Argumente:

- Das mir wichtigste Argument besagt: Wenn Bedeutungen "geronnene Handlungen" sind, dann bekommen sie Sinn nur durch ein Gegenüber. "Individuelle-konnotative Konstrukte" gibt es natürlich, sie haben zwar Voraussetzungen, aber keine Geschichte (Schmitz 1978).

- Das zweitwichtigste Argument besagt: „Kooperation stellt das wichtigste Mittel zur Überwindung des intellektuellen Egozentrismus dar" (Piaget zitiert bei Melde 1997: 152). D.h.: Wenn man den Erkenntnis- und Lernprozess so stark individuell ansetzt, bedeutet das nicht, den Prozess des "Fremdverstehens" geradezu unwirksam zu machen?

- Das dritte Argument haben wir oben auf erkenntnistheoretischer Ebene schon betrachtet: Selbst wenn wir uns ganz ausschließlich auf die Perspektive eines Subjektes (oder eines Lernenden) einlassen, haben wir im Gehirn des Individuums vorgelagert gesellschaftlich geformte Bedeutungsnetze anzunehmen.

Inge Christine Schwerdtfeger hat übrigens schon vor einiger Zeit die zunehmenden Individualisierungstendenzen, wie sie auch mit den konstruktivistischen Ansätzen daherkommen, beschrieben und darauf hingewiesen, dass immer seltener die kulturellen Strukturen und immer häufiger die personale Bedeutung von Symbolen ins Blickfeld rücken. Sie meint, dass über die Wirkung von Massenmedien eine immer größere Gruppe von Adressaten eine zunehmend kleinere Anzahl von Symbolen benutzt (Schwerdtfeger 1989: 33 und 35).

So sehr man diese Einschätzung bis hierher teilen kann, die Folgen dieser Vergesellschaftungstendenzen setzt sie politisch ziemlich blauäugig an; sie sagt unmittelbar anschließend zu der medialen Vergesellschaftung:

> Jedoch beschränkt sich die Übernahme von gemeinsamen Symbolen lediglich auf die Benutzung der Form. Die Bedeutung aber, die der einzelne Benutzer in die Symbole hineinlegt, bleibt nach wie vor zum einen Signal für Zugehörigkeit zu einer kleineren Gemeinschaft in Abgrenzung zu einer anderen Gemeinschaft und zum anderen auch als Markierung von Individualität. (: 35)

Wie sollen wir das verstehen? Dass jeder bei McDonald nur die Form des Big-Mac im Kopf hat? Dass beim McDonald-Essen jeder sich etwas besonderes denken kann?

Welch Trost, dass jeder Daimler-Chrysler-Fahrer seinen Wagen identitätsfördernd "Schätzle" nennen darf! Ich halte solche Verniedlichungen der Kulturvernichtung für sehr naiv. Sie passen aber wieder sehr gut in die neoliberalen Denk-Schemata, die derzeit verbreitet werden und die natürlich keineswegs nur mit dem Konstruktivismus in Verbindung gebracht werden können.

6. Die methodologische Ebene

Der Konstruktivismus hat auf methodischer Ebene ganz sicher als ein Zerstörer des Methodenmonismus gewirkt. Ableitungs- und Generalisierungsideen wurden durch ihn gemildert. Rösler sagt richtig:

> Ob sie [die Idee] für eine gegebene Gruppe von Lernern angemessen ist oder nicht, ist keine Frage, die aus der allgemeinen Diskussion von Methoden heraus beantwortet werden kann, sondern nur dadurch, daß überprüft wird, ob die Konzeption besser zu den Lernzielen, Sprachlernbiographien usw. von konkreten Lernenden passt. (1993: 45)

Die Hinwendung aufs biografische, kreativ-konstruktive ist ganz sicher eine Reaktion auf den linken und rechten Planungswahn und Ableitungsterror. Der nichtlineare, prozesshafte Lernbegriff will sich vom linearen Curriculum und von alten Progressionsvorstellungen unterscheiden, die subjektiv-autobiografische Komponente will mit dem alten objektiv-sozioökonomischen Bedingungsgefüge nichts mehr zu tun haben usw.

Auf methodologischer Ebene könnte man den Konstruktivismus also erst einmal begrüßen, richtet sich doch seine Stoßrichtung gegen jegliche instruktive Doktrin, gegen technokratisch-verallgemeinernde Modellierungen und gegen jede ideologisch-politische Indoktrination, kurz, eigentlich gegen jegliche Norm überhaupt. Und da die fremdsprachengeschichtliche Entwicklung zeigt, dass diese normativen Festlegungen den gesamten Fremdsprachenunterricht schwer belastet haben, könnte man mit guten Gründen nun eine neue, paradigmatische Wende einläuten.

Nun ist es interessant, dass manche Vertreter (wie Michael Wendt) diesen methodologischen Anspruch gar nicht so strikt vertreten. Das scheint mir sehr gerechtfertigt, denn Michael Wendt sagt etwa:

> Da es [das radikal-konstruktivistische Denkmodell] sich aber um ein Denkmodell erkenntnistheoretischen Ursprungs handelt, kann eine auf dieses gegründete Konstruktivistische Fremdsprachendidaktik keine Methode für den Fremdsprachenunterricht sein. Sie kann allerdings als eine Konzeption des Lernens von Fremdsprachen gelten, aufgrund derer bestimmte Vorgehensweisen und unterrichtliche Arrangements als günstiger, andre als weniger geeignet erscheinen müssen. (1996: 11)

Die konstruktivistische Fremdsprachendidaktik hat (außer den wenigen Ansätzen bei Wendt 1996) bisher aber kaum sprachwissenschaftliche Grundlagen (vgl. auch Stegu 1999), sondern eben nur einige erkenntnistheoretische Voraussetzungen und einige lernpsychologische "Verlängerungen". Die konstruktivistische Fremdsprachendidaktik hat bisher nur einige fortschrittliche methodische Positionen (Autonomes Lernen, Kreatives Schreiben, ...) unter ihrem Etikett vereinigt. Das Ensemble der Unterrichtsbedingungen ist ihr bisher ziemlich entgangen. Lernen, Lern-Wirkungen, kulturelle Akkomodation werden von ihr ausschließlich von innen, vom autonomen Subjekt her betrachtet:

- Wie die *famille Leroc* es schafft, vierzigtausend mal in Schülerköpfe zu gelangen, ist für den Konstruktivismus ziemlich unerheblich geblieben;
- Wie die räumlichen und zeitlichen Bedingungen von Schule aufs Schülerbewusstsein wirken und Schüler in ihrem Verhalten prägen, scheint ebenfalls unwichtig zu sein;
- Wie die Verhaltenssteuerungen durch Plan, Prüfung und Lehrwerk vor sich gehen, wird nicht weiter thematisiert;
- Welche ideologischen Zuschreibungen tagtäglich in der Schule vorgenommen werden, gerät nicht in den Blick.

Kurz, jegliche Wirkung des "System Schule" bleibt ebenso außen vor wie jegliche gesellschaftliche Einwirkung (sei es durch Medien, sei es durch Sozialisation). Um es anhand eines Beispiels zu erläutern:

> Ein Lehrer, der sich durch Zeitpläne eingeengt fühlt, wird seinen Schülern innerhalb von Projekten kaum Zeitvorgaben machen, wird aber trotzdem ein Gefühl dafür entwickeln, wann eine Arbeit erledigt sein muß. Dies bringt bei Schülern, die ähnlich denken, kaum Schwierigkeiten mit sich, wohl aber bei Schülern, die nur durch klare Abgabetermine effektiv arbeiten können. (Weskamp 1999: 164)

Dieses richtige und problemorientierte Beispiel ist eine "halbe Wahrheit", eine Wahrnehmung, die in der Schulwirklichkeit ganz sicher auch so vorkommt.

Das Beispiel setzt aber ein falsches Gewicht, denn bewusstseinssteuernd, verhaltensprägend ist leider diejenige Zeitstruktur, gegen die Lehrer weitgehend machtlos sind (das Klingelzeichen, der Inhalt und Zeitplan des Lehrplanes und der Prüfungen usw.), also das System der "klaren Aufgabentermine". Und es scheint mir kein Zufall, dass solche strukturellen Bedingungen in diesem Falle und aus konstruktivistischer Perspektive einfach nicht wahrgenommen werden. Im Übrigen illustriert das Beispiel sehr schön die zwiespältige methodische Forderung der Konstruktivisten: sie müssten doch konsequenterweise den autonomen ("selbsterzeugten"?) Anforderungen derjenigen Schüler folgen, die klare Instruktionen verlangen.

7. Die unterrichtspraktische Ebene

> Du kannst eben ooch nich aus deine Pelle. Ick nich und du ooch nich. Det is, wat einem so schwer injeht, det der andere ooch seine Pelle für sich apart hat. Man denkt immer: Der muß doch in derselben Pelle stecken wie du, is doch ooch bloß Menschenpelle. Und dabei is se janz anders. (Fallada 1962: 482)

Auf unterrichtspraktischer Ebene haben, wenn ich es recht sehe, "konstruktivistische Prinzipien" am nachhaltigsten und umfassendsten bei den *simulations globales* Fuß gefasst. Wohl sind in bestimmten Bereichen der Fremdsprachendidaktik (wie etwa im

Bereich "Kreatives Schreiben") konstruktivistische Ansätze bestimmend gewesen, aber umfassend und methodisch ausgefeilt haben sie vor allem in den *simulations globales* Niederschlag gefunden (dazu: Caré 1995).

Dort hat der „angewandte Konstruktivismus" (Wernsing 1999) nicht eben mal eine methodische Übung tangiert (Schüler konstruieren anhand von französischen Kurzbiografien und einer Liste von biografischen, sprachlichen Formeln einige selbst erfundene Biografien), sondern der gesamte Unterrichtsprozess folgt konstruktivistischen Prinzipien (Schüler arbeiten kontinuierlich, projektbezogen an der Rekonstruktion eines französischen Dorfes – vom Vokabular der Viehzüchter, bis zum Krach um den Dorftrottel).

Diese Anwendungen funktionieren in der Regel hervorragend und sind inzwischen sowohl in der Sekundarstufe I und II verankert. Darüber hinaus beschäftigen konstruktivistische Leitprinzipien natürlich eine Fülle von Unterrichtsvorhaben, Lehrbuchprojekte, Examensarbeiten usw... In der Regel tatsächlich in Abkehr zu instruktiven Lehr- und Lernvorhaben bilden sie dort Teilbereiche, in denen sehr effizient gearbeitet wird. Wolff (1994) nennt als weitere Bereiche noch das „aufgabenorientierte Lernen", das „inhaltsorientierte Lernen", das „kognitive Fremdsprachenlernen", „das prozeßorientierte Fremdsprachenlernen" und das „autonome Fremdsprachenlernen".

Rüschoff und Wolff übertragen dann aber eine ganze Reihe von konstruktivistischen Grundannahmen auf das konkrete Unterrichtsgeschehen (insbesondere auf das technologiegestützte Lernen) und dort wird das subjektivistische Gerede von der möglichen Selbststeuerung des Lerners zur schlimmen Ideologie. In ihren Augen haben Medien/Technologien keine Wirkungen, sie gewährleisten geradezu automatisch autonomes Handeln, Schülerautonomie.

8. Die politisch-normative Ebene

Ich weigere mich zwischen zwei Übeln das kleinere zu wählen. (Karl Kraus)

Zunächst einmal könnte man sich (wieder) mit den politisch-normativen Schlüssen, die der Konstruktivismus zieht, sehr befreunden. Aus der subjektiv-individuellen Perspektive, die man einnehmen muss, folgt ja, so wird gesagt, das Gebot einer absoluten Toleranz. Wir müssen die eigene Wahrnehmungssicherheit relativieren, wenn jeder seine eigene Wirklichkeit mit sich schleppt.

Und tatsächlich meint der biologische Erkenntnistheoretiker, dass dem Konstruktivismus eine wertrationale Argumentation inhärent ist, denn Nicht-Steuerbarkeit, Eigenverantwortlichkeit und Autonomie sind den Individuen förmlich eingeschrieben (Varela 1987).

Eine solche politisch-normative Haltung erinnert nun freilich sehr an die alte Pluralismusdiskussion aus den fünfziger und sechziger Jahren. Gegenüber der linken Denktradition, wonach die bestehenden ökonomischen Machtverhältnisse kaum demokratietheoretisch gerechtfertigt werden können, behauptete das damalige "Establishment" ja gerade: „2 Millionen Bild-Leser können sich nicht irren".

Und so scheint es mir kein Zufall, dass sich das konstruktivistische Paradigma vorzüglich in das heutige neoliberalistische Weltbild einfügt. *Anything goes*, jeder ist seines Glückes Schmied, es lebe der gute rousseauistische Wilde... In einer Zeit in der die Medien Kollektive so massiv beeinflussen, dass sie in den Krieg ziehen, sind solche subjektivistisch-pluralistischen Reprisen sehr fragwürdig.

Dass eine biologistisch fundierte Ethik (und Pädagogik), die biologische Eigenschaften auf soziale Prozesse transplantiert, nicht nur naiv-blauäugig hantiert, sondern politisch katastrophale Folgen haben kann, wird einem sofort klar, wenn man fragt, wie eigentlich Konstruktivisten mit den durchaus breit viabilisierten Gewaltvorstellungen in den Hirnen der Subjekte umgehen wollen. Wollen sie die "nicht-steuerbaren", eigenverantwortlich zuschlagenden Horden tun lassen, was sie wollen? Sollen wir *batman* zuschlagen lassen?

Wenn man die Moral, die ethische Einstellung so einseitig auf Seiten des Individuums sieht und keine soziale Verantwortlichkeit zulässt, dann kann die Autonomie tatsächlich zum Fluch werden. Bredella meint das, wenn er sagt:

> Die Auffassung, daß wir alles, was wir wahrnehmen, in Wirklichkeit selbst erzeugen, erlaubt es nicht mehr, zwischen Vorurteilen, die ich in unserer Gesellschaft wahrnehme und denen, die ich selbst praktiziere, zu unterscheiden. Es zeigt sich hier, daß Autonomie und Kreativität zu einem Fluch werden können. (1999: 4)

Eine Ethik und Pädagogik, die die kritische Rationalität nur individuell ansetzt, ist im Grunde nihilistisch, beliebig und vor allem resistent gegen Machtfragen. Wenn gesagt wird: „Wissenschaft kann sich nicht durch das Entdecken der Wahrheit legitimieren, sondern nur durch die Nützlichkeit der aufgestellten Theorien", so bedeutet das den Verzicht auf die eben bezeichnete "Rationalität".

Die uns umgebende Wirklichkeit prägt uns auf Schritt und Tritt. Wir sind leider nicht frei, den Verlauf der Straße zu konstruieren, auf der wir gehen. Die sprachlichen Muster, mit denen wir aufgewachsen sind, können wir nicht einfach abschütteln, die Schriftzeichen, in denen wir kommunizieren, bestimmen unser Denken; Bilder, die die uns umgebenden Medien produzieren, haben Wirkungen, denen wir nicht entgehen (wie sonst kommt es dazu, dass 11 Millionen um 20 Uhr 15 Gottschalk gucken und dass 8 Millionen um 21 Uhr zur Toilette gehen). Dieser Wirklichkeit Wirkung abzusprechen, mit dem Argument, im Zweifelsfall kann ich mich ihr entziehen und mich autonom verhalten, halte ich für wirklichkeitsfremd. Mentale Prägungen der äußeren "Wirklichkeit" verfolgen uns bis in unsere Träume kollektiv. Selbstverständlich sind diese Prägungen nicht bloße Widerspiegelungen. Der Fall, dass sich Kinder für *batman* halten und aus dem Fenster stürzen, kommt relativ selten vor (es sollte uns aber zu denken geben, dass er vorkommt). Prägungen also sind individuell sehr verschieden, aber nur weil sie "annäherungsweise" funktionieren, sollten wir sie nicht für sinnlos oder für Täuschungen halten.

Es zeigt sich, wohin der extreme Subjektivismus der Konstruktivisten führt: Er fördert ein gewissermaßen anarchisches Verhalten einerseits und eine krude unpolitische Akzeptanz der bestehenden Machtverhältnisse andererseits (Schüle 1998). Ich glaube, man macht es sich in den neoliberalen Diskursen zu leicht, wenn man eine kollektive Vernunft so postmodern chic zurückweist. Im Grunde unterhöhlt man damit den Demokratiebegriff.

Diese politische Blindheit und dieses Wegdrücken jeglicher historischen und sozialen Faktoren, lässt sich nicht dadurch beheben, dass man flugs soziale Systeme konstruktivistisch definiert (etwa in dem Sinne: „Klassen konstruieren sich Ihre eigene Klassenzimmerrealität"; aus dieser Sicht haben dann zum Beispiel Baumeister und Architekten mit Klassenräumen im Grunde überhaupt nichts mehr zu tun).

9. Das Fliegenglas

Altmodische Fliegengläser waren bekanntlich so geformt, daß die trichterförmige, sich langsam und unverdächtig verengende Öffnung das Eindringen der Fliege sehr leicht machte, daß aber eben deswegen dieselbe Öffnung, von innen gesehen, nicht nur nicht als Ausweg, sondern als noch bedrohlichere Beengung erschien. (Watzlawick 1985: 229)

Diese Wittgensteinsche Metapher, die der radikale Konstruktivismus oft aufnimmt mit der Frage: „Wie befreit man sich von einer nicht passenden Wirklichkeitskonstruktion?", bezeichnet eigentlich gut die Situation des radikalen Konstruktivismus selbst. Da er seine Perspektive zwanghaft subjektiv, von innen her einnimmt, erscheint ihm die gesellschaftliche Wirklichkeit als nicht passend, als eine Täuschung. Menschen indes haben die Fähigkeit, Dinge zu hinterfragen und deshalb können sie Fliegenglassituationen durchschauen.

Interessant ist nun – wenn man die Sache im fremdsprachendidaktischen Zusammenhang anschaut – dass sich die drei modernen fremdsprachendidaktischen Theorien, der narrative, der hermeneutische und der konstruktivistische Ansatz, in einer Reihe von Aporien treffen. Sie alle haben sich ja fremdheitspädagogische Devisen aufs Panier geschrieben,

- sie weigern sich aber, den Zusammenhang von Erkenntnis und Erkenntnisbeeinflussung zu thematisieren, die individuelle Willensentscheidung wird nicht mehr hinterfragt;
- sie argumentieren scheinbar politisch, wollen aber mit den normativen schulisch-institutionellen und ideologischen Bedingungen nichts zu tun haben;
- sie gehen von einer bedingungsfreien, kreativen, dynamischen Lernerpersönlichkeit aus, für das "Messer im Kopf", haben sie indes keinen Blick.

Gesellschaftstheoretische und sozialpsychologische Befunde belegen, dass eine noch nie dagewesene Verkümmerung der Sinne stattfindet, dass ein Verstummen nach Innen eingesetzt hat, welches gerade auch die körperbezogenen Denk- und Verhaltensweisen schwer tangiert (Sennett 1986). Die wenigen sozialpsychologischen Befunde, die den Einfluss der Medien auf die Geschlechterrollen betrachten, sprechen eher dafür, dass rassistisches und sexistisches Verhalten zunimmt (Christina von Braun 1982). Angesichts solcher Forschungsergebnisse bedenkenlos und ausschließlich auf die Kraft subjektiver Intentionen zu setzen, scheint mir verfehlt – schließlich verbringen 16jährige Jugendliche inzwischen mehr Zeit bei "Fernseh-Narration" als auf der Schulbank und sie erleben dabei einige zehntausend Bluttaten und Verbrechen.

Die Kritik des Subjektbegriffs oder der Auffassung vom Lerner ist also die eine Konstante in meinem Beitrag. Eine zweite Konstante ist die nachhaltige Ausklammerung der konkreten Unterrichtsbedingungen und der normativen Einflüsse auf das Bewusstsein und die Wahrnehmung der Lernenden. Ich wollte aber auch darauf aufmerksam machen, in welchem Zusammenhang die kritisierten Tendenzen stehen und dass sie nicht zufällig auf dem neoliberalen gesellschaftlichen Hintergrund zu sehen sind.

Die konstruktive Leistung konstruktivistischer Positionen wollte ich aber keineswegs unterschlagen. Der Konstruktivismus ist ein Zerstörer kollektiver Dogmen, er hat auf erkenntnistheoretischer Ebene zu einer neuen Reflexion geführt, er hat in lernpsychologischer Hinsicht unsere Wahrnehmung für selbstbestimmtes Lernen befördert, als eine Leitvorstellung unter anderen taugt er gewisslich (siehe die *simulation globales*) und er hat einer großen Anzahl von methodischen Konzepten Anregungen gegeben.

Wohl möglich ist also, dass man „unter dem Dach der [...] konstruktivistischen Lernprinzipien zumindest zu einer Homogenisierung der verschiedenen Ansätze" gelangen kann. Ob damit aber „eine empirisch abgesicherte Wahrnehmungs- und Verstehenstheorie" gegeben ist, wie Wolff unterstellt, „ein Lernmodell [...], das eine theoretische Basis für die eher praxisorientierten Überlegungen der Reformpädagogik, der Freinet-Pädagogik und jetzt der Lernerautonomie bietet", (Wolff 1994: 422 und 427), das kann man bezweifeln. Gerade die bedenkenlose Verlängerung ungesicherter Annahmen auf die unterrichtstechnologische Ebene (mit dem Tenor: Technologie = Autonomie) scheint mir eine böse Falle, in die immer mehr Pädagogen leider laufen.

Ein fremdsprachendidaktischer Paradigmawechsel scheint mir auf der Grundlage des Konstruktivismus schwer vorstellbar. Das mindert nicht seinen Stellenwert. Vielleicht ist seine größte Leistung, das Nachdenken über veränderte Lern-Lehrbedingungen überhaupt neu belebt zu haben. Ein Nachdenken, welches auf allen Ebenen der Betrachtung allerdings "relationales" Denken und Handeln voraussetzt: Es müsste das Lehr-Lern-Verhältnis, Methoden- und Gegenstandsfragen und auch das Verhältnis von Subjekt und Gesellschaft prozesshaft-relational begreifen. Margret Boveri hat sehr genau beschrieben, dass eine solche relationale Haltung keineswegs pluralistisch-allgemein, im Sinne vom *anything goes* zu verstehen ist:

Ich fühle mich fähig entgegengesetzte Elemente in mir zu beherbergen und jedem zu seinem Recht zu verhelfen. Der Preis dafür ist, daß ich auf die Frage, ob ich links oder rechts, konservativ, liberal oder revolutionär sei, keine Antwort weiß. Die Koinzidenz der Gegensätze ist mir als eine immer neu zu bewältigende Aufgabe klargeworden. Wenn ich mich zu einer Partei bekennen soll, dann zu der, die nicht das Entweder-Oder, sondern das Sowohl-als-Auch bejaht. Das ist nicht die Bereitschaft zu einer Abfolge von faulen Kompromissen. Es entspringt der Überzeugung, daß wir im Ausharren der Polarität der Gegensätze die unauflösliche Tragik des menschlichen Lebens erfahren können, die nicht mit gutem Willen und nicht mit dem Verstand aufzulösen ist, in der wir aber, sofern wir sie anerkennen, wenn auch noch so selten einmal den Schlüssel finden mögen, der die Gegensätze bindet und löst. (1999: 19)

Literaturhinweise

Baier, Lothar (1998): Ich debattiere, also bin ich. Die Intellektuellen in Frankreich und Deutschland. In: *Frankreich Jahrbuch 1998*: 65-78.

Bleyhl, Werner (1998): Fremdsprachenlernen konstruktiv. In: Wendt, Michael (Hrsg.) (2000): *Konstruktion statt Instruktion*. Neue Wege zu Sprache und Kultur im Fremdsprachenunterricht. Frankfurt/Main u.a.: Lang. (Kolloquium Fremdsprachenunterricht 6.)

Börner, Wolfgang/Vogel, Klaus (Hrsg.) (1997): *Kognitive Linguistik und Fremdsprachenerwerb*. Das mentale Lexikon. Tübingen: Narr, 2. überarb. Aufl.

Bourdieu, Pierre (1998): *Gegenfeuer*. Wortmeldungen im Dienste des Widerstandes gegen die neoliberale Invasion. Konstanz: UVK.

Boveri, Margret (1999): zitiert in *Die Zeit* 17: 19.

Braun, Chistina von (1982): *Nicht-Ich*. Frankfurt/Main: Verlag Neue Kritik.

Bredella, Lothar (1999): *Die Verheißung von Autonomie, Kreativität und Allmacht*. Zur Kritik der radikale-konstruktivistischen Fremdsprachendidaktik. DGFF-Kongresspapier. http://ourworld.compuserve.com/homepages/michaelwendt

Caré, Jean-Marc (1995): Inventer pour apprendre – les simulations globales. *Die Neueren Sprachen* 94/1: 69-87.

Donath, Reinhardt (1996): *E-Mail-Projekte im Englisch-Unterricht*. Stuttgart: Klett.

Fallada, Hans (1962): *Der eiserne Gustav*. Reinbek: Rowohlt.

Foerster, Heinz von (1981): Das Konstruieren der Wirklichkeit. In: Watzlawick, Paul (Hrsg.): 39-60.

Geier, Manfred (1979): *Kulturhistorische Sprachanalysen*. Köln: Pahl-Rugenstein.

Hu, Adelheid (1999): Interkulturelles Lernen. Eine Auseinandersetzung mit der Kritik an einem umstrittenen Konzept. *Zeitschrift für Fremdsprachenforschung* 10/2: 277-303.

Kristeva, Julia (1990): *Fremde sind wir uns selbst*. Frankfurt/Main: Suhrkamp.

Leont'ev, Alexander A. (1971): *Sprache – Sprechen – Sprechtätigkeit*. Stuttgart: Kohlhammer.

Maturana, Humberto R./Varela, Francisco J. (1984): *Der Baum der Erkenntnis*. Bern u.a.: Scherz.

Melde, Wilma (1997): Aspekte einer Didaktik des Fremdverstehens – erläutert am Beispiel „Marseille, une ville riche en couleurs et en contrastes". In: Börner, Wolfgang/Vogel, Klaus (Hrsg.):142-160.

Meyer, Meinert A. (1997): Erziehender Unterricht – von Johann Friedrich Herbarts „Zucht" zur „Lernerautonomie". *Fremdsprachenunterricht* 41/50: 411-417.

Nüse, Ralf u.a. (1991): *Über die Erfindung/en des Radikalen Konstruktivismus.* Kritische Gegenargumente aus psychologischer Sicht. Weinheim: Deutscher Studien Verlag.

Rösler, Dietmar (1993): Drei Gefahren für die Sprachlehrforschung im Bereich Deutsch als Fremdsprache. *Jahrbuch DaF* 19: 87.

Rüschoff, Bernd/Wolff, Dieter (1999): *Fremdsprachenlernen in der Wissensgesellschaft*: Zum Einsatz der Neuen Technologien in Schule und Unterricht. Ismaning: Hueber.

Schmidt, Siegfried J. (Hrsg.) (1987): *Der Diskurs des radikalen Konstruktivismus.* Frankfurt/Main: Suhrkamp.

Schmitz, Ulrich (1978): *Gesellschaftliche Bedeutung und sprachliches Lernen.* Weinheim u.a.: Beltz.

Schüle, Klaus (1998): Über das Unvermögen, Widersprüche zu denken und auszuhalten. Der schwache Sinn der inter- und multikulturellen Konzepte. Zur Kritik der fremdsprachendidaktischen Theorie und Praxis. *Fremdsprachen und Hochschule* 53: 7-29.

Schwerdtfeger, Inge Christine (1989): *Sehen und Verstehen.* Berlin u.a.: Langenscheidt.

Sennett, Richard (1986): *Verfall und Ende des öffentlichen Lebens.* Frankfurt/Main: Fischer.

Stegu, Martin (1999): Konstruktionen sind Konstruktionen sind Konstruktionen... Zur Verwendung eines Konzeptes in der Sprachwissenschaft und verwandten Disziplinen. In: Wendt, Michael (Hrsg.) (2001): 205-212.

Varela, Francisco J. (1987): Autonomie und Autopoiese. In: Schmidt, Sigfried J. (Hrsg.): 119-132.

Watzlawick, Paul (Hrsg.) (1981): *Die Erfundene Wirklichkeit.* München: Piper.

Wendt, Michael (1996): Konstruktivistische *Fremdsprachendidaktik.* Lerner- und handlungsorientierter Fremdsprachenunterricht aus neuer Sicht. Tübingen: Narr.

----- (2000): Le coureur perdu – Erkennen, Verstehen und interkulturelles Lernen. In: Ders. (Hrsg.): 163-171.

----- (Hrsg.) (2000): *Konstruktion statt Instruktion.* Neue Zugänge zu Sprache und Kultur im Fremdsprachenunterricht. Frankfurt/Main: Lang. (Kolloquium Fremdsprachenunterricht 6)

Wernsing, Armin Volkmar (1999): Kann der (angewandte) Konstruktivismus etwas für leistungsschwache Schüler tun? DGFF-Kongresspapier. (Internetadresse s. Bredella)

Weskamp, Ralf (1999): Ein Gefühl von Authentizität? Lehrer, Schüler und die Konstruktion des fremdsprachlichen Klassenzimmers. *Fremdsprachenunterricht* 43/52: 161-167.

Wolff, Dieter (1994): Der Konstruktivismus: Ein neues Paradigma in der Fremdsprachendidaktik? *Die Neueren Sprachen* 93/5: 407-429.

The role of Language in Language Learning: A Focus on Relevant Theory

Peter Grundy

It is the thesis of this paper that fundamentally language makes itself learnable because it contains the instructions for its own interpretation. Language is certainly not teachable in anything except a relatively trivial sense; nor, obviously enough, would it be learn-able unless it had learnability properties. But what precisely are these properties? In seeking to answer this question, this paper appeals to the relevance theoretic notion of procedural encoding and questions the methodological position implied by the discrete item syllabus, arguing that the language presented in most pedagogic materials, being discrete item in nature, is not the kind that teaches itself.

1. Teachers, learners and language

The role of language in language learning ought to be obvious: it is of course the subject that we teach and the formal object that our learners learn. But in fact there is strikingly little recent work on the role of language in language learning, especially when contrasted with the two burgeoning fields of teacher education and theoretical second language acquisition. In the field of teacher education, there is a rapidly growing body of qualitative research exploring the pedagogic process from the teacher perspective (see, for example, Freeman/Richards 1996), and in the field of second language acquisition, it has become an established position that language learning is a natural process which requires little more than opportunity and motivation.

However, there are three principal factors in the language learning equation – teacher, learner and language. In the field of methodology, for example, we commonly talk of teacher-centred, learner-centred and subject-centred (i.e. language-centred) approaches. Historically, the extent to which we have focused on the role of one or other of these three factors has depended on the language teaching method currently in favour, on broad methodological considerations and on hypotheses about the processes involved in second language acquisition.

1.1 Teachers and learners

In recent years, the role of the 'teacher' has been increasingly problematized by humanistic considerations, the communicative approach, and the generative account of language.

Coming at the issue from an affective perspective, the humanistic movement has tended to identify overt instruction and its explicit focus on correctness as inhibiting. As a result, teachers are advised to see their role as enabling and facilitating rather than as instructing. This chimes in conveniently with the increasingly dominant communicative approach, in which small group learner talk is privileged over teacher-fronted whole class instruction. At the same time, the generative account treats language as an innate endowment rather than as a set of agreed social conventions. This mentalistic perspective implicitly questions the notion that the teacher's function is to 'teach', i.e. to present language data in an orderly manner and to enable it to be learnt through practice activities. As Wong Fillmore points out, "In current theories of language 'learnability', a principle of 'teach-ability' is unnecessary" (1989: 311).

Thus we see both methodological considerations and linguistic theory focusing on the role of the learner as the most significant of the three factors in the second language acquisition equation.

1.2 Language

It was not "ever thus". And indeed, there are still many subject-oriented teaching contexts world-wide where language is not seen as the poor relation in the teacher-learner-language equation. In what we might call the neo-grammar/translation (NGT) method, it is taken for granted that the role of a teacher is to teach language and that therefore language data needs to be presented in an orderly manner. In NGT, as is well known, this order is achieved paradigmatically and in terms of equivalence to mother tongue lexical items.

This view of the role of language in second language learning contrasts strongly with the cognitively motivated view of language as "input", a perspective associated particularly with second language acquisition studies. Perhaps the most salient understanding of input is in relation to its comprehensibility, with studies investigating the effect on acquisition of such factors as "amount of talk, rate of speech, vocabulary, syntactic complexity and correctness" (Ellis 1990: 74).

This cognitively motivated view of the role of language in language acquisition is essentially learner- rather than language-centred, however, and provides few clear pedagogic principles for materials development. This is well illustrated by Wong Fillmore in the paper quoted from earlier. She writes:

> Teachers can best make language learnable by surrounding children with a language-rich environment, as early educators have long argued. What turns that kind of language environment into one that "teaches language" is for language to give learners access to the meaning of what people are saying, and for learners to have opportunities to use the language to communicate about matters of interest to them. The key to making a language learnable as a second language, especially in a school setting, is for it to be used in genuine communication. (: 330)

Those familiar with the work of Krashen will recognize "language that gives learners access to the meaning of what people are saying" as "comprehensible input" (1981). However, neither teacher education researchers who presumably believe that language is teachable nor second language acquisition researchers who presumably believe that language is learnable have paid very much attention to just what it is about language itself that makes it learnable, or even, come to that, said anything very penetrating about the nature of the language used "in genuine communication". In the teacher-learner-language equation, language seems to be taken as an unproblematic category. In fact, the role of language in language learning is certainly anything but unproblematic.

If we had a clearer idea of what makes language learnable, then we might be able to address the practical needs of teachers and materials developers whose daily concern is with how language should be ordered in a pedagogic context. The question then is just how does "language give learners access to the meaning of what people are saying"? And how can focusing on what makes language learnable help us to devise orderly materials for language learners?

2. A language learning model

Neither of the two questions with which the previous section concluded can really be answered without first knowing more about the acquisition process itself and without thinking carefully about the roles of teachers, learners and language at the different stages in this process.

One psychologically plausible account of the second language acquisition process is the six-stage model suggested by Gass (1988). This model sets out the process by which a learner exposed to *ambient speech* is eventually able to produce their own *output*. According to this model, a learner exposed to ambient speech identifies as *apperceived input* those newly observed qualities of the ambient speech that are sufficiently noticeable to stand out as a result of factors such as frequency, affect, prior knowledge, and attention (: 199). Only such apperceived input has the potential to become *comprehended input*, with comprehension representing "a continuum of possibilities ranging from semantics to detailed structural analyses" (: 204). Comprehended input may then be treated as *intake*, "a process of mental activity which mediates between input and grammars" (: 206). Under appropriate conditions, intake then results in *integration*, whose outcomes are "the development *per se* of one's second language grammar" and the storage of new knowledge. The final stage, *output*, draws on this integrated knowledge.

Whilst most learner focused second language acquisition research speculates on the *intake* and *integration* stages of the process and on the possible role of *output* in confirming (and, according to some views, contributing to) acquisition, it is obvious that the form in which the language occurs (in naturalistic contexts), or is presented to learners (in pedagogic contexts), determines whether *apperception* and *comprehension* occur. In the remainder of this paper, I want to explore the way in which naturally occurring language contains within itself the reflexive cues that first draw attention to those parts of utterances and written communications that are to be apperceived, and then constrain their interpretation so as to render them comprehensible. The intention is that this account of language will be not only psychologically plausible but also more convincing from a pedagogic point of view than either the grammatical paradigms and mother tongue equivalences associated with NGT or the "language rich environment" view associated with naturalistic approaches like Communicative Language Teaching (CLT). Thus the need to present language to learners in an orderly manner in instructed second language acquisition may perhaps be satisfied in a principled way.

3. Inference and utterance understanding

This section of the paper appeals to the relevance theoretic understanding of utterances as a key to understanding apperception and comprehension. This is because the features Gass lists as likely to bring about apperception for second language learners, i.e. frequency, affect, prior knowledge, and attention, are in a sense accidental rather than guaranteed, individual rather than universal, and essentially performative in nature. They are not so much linguistic phenomena as descriptions of learners' encounters with and attitudes to language. This is not to deny that they have a role to play in helping learners to notice language and even to comprehend it. But something more robust than frequency, affect and attention is required to account for the systematic property of language to strike many different users as salient in more or less the same ways.

3.1 Relevance theory

The relevance theoretic account of utterance understanding provides just such a robustness in its view of an utterance (i.e. what is said) as requiring supplementation by inference in order to be fully comprehensible (i.e. for what is meant by what is said to be understood). It is precisely the lack of comprehensibility of utterances without such inferences which draws attention to them and makes them noticeable. The required inferences may result in either enrichments of the propositional form of the original utterance in the shape of explicatures and higher level explicatures, or new propositional forms in the shape of implicatures.

In order to illustrate the role of inference in comprehension, consider the utterance:

(1) We're only about thirty miles from London.

You may at first be surprised to know that I heard someone say this not thirty miles from London, but in a restaurant a thousand miles from London in the Italian city of Florence one evening when I was eavesdropping on a conversation at the next table. Of course, it was obvious that the person who uttered (1) did not mean that she and her companion were at that moment about thirty miles from London. Rather, I inferred from her exclusive use of "we" that she and her husband, and maybe other members of her family too, resided (inferred from "[a]re") about thirty miles from the city named London in England (rather than the city in Ontario which is also named London). Such inferences enrich the original propositional form of an utterance by resolving matters of indeterminacy, and are known as *explicatures* in Relevance Theory.

However, even the explicated utterance *My husband and I live about thirty miles from London, England* is far from easy to understand. For a start, what purpose is achieved by uttering it? Or, put more technically, what is its speech act status? Does it count as an invitation? After all, the other couple at the table, whom the speaker appeared not to have met until that evening, were Americans and therefore likely to be visiting Britain and might be in want of somewhere to stay near London. Or was the speaker boasting? After all, Americans just might be impressed by someone who lived close to London. In resolving such indeterminacies, I have the advantage over you of having over-heard a good deal of the earlier conversation. I also caught the tone that accompanied this utterance, and so it was not at all difficult to infer that the intention of the speaker was to boast. This speech act description captures the attitude of the speaker to her utterance and is a crucial part of its meaning. In Relevance Theory, the understanding that results from this kind of inference is known as *higher level explicature*.

But even now, it is not at all clear just what the speaker means by what she says. Are the American couple to whom the utterance was addressed to infer that they are fortunate to be sharing the same table as the speaker? Or that they are not speaking to an ordinary tourist? Following Grice (1967, 1975), inferences of this kind are known as *implicatures*.

It is worth noting that all three kinds of inference, explicature, higher level explicature and implicature, depend upon taking context into account. For example, the fact that the utterance occurred in Florence enables us to explicate "[a]re", and our knowledge of the attitudes of a certain kind of English person to American tourists enables us to recover the higher level explicature and the implicature.

Furthermore, for any particular utterance, it may be an explicature or a higher level explicature or an implicature that is the most salient meaning. Grundy (2000) provides examples which show how the most salient meaning may occur at any of these three levels of inference. Consider the case of the traffic sign erected beside the road running past the sculpture known as *The Angel of the North*:

(2) Angel parking

In this case, the most salient meaning is the explicature that there is a parking place ahead where those who wish to view the sculpture known as *The Angel of the North* may leave their cars (and not that there is an angel parking, or that angels can be parked, or that there is a parking place for angels to use).

In the case of the written note:

(3) Please attend course planning and examiners' meetings in future.

the recipient had to decide whether he was being informed of a new duty or being reprimanded for failing to attend a meeting. Thus the higher level explicature was the most salient level of inference in this case.

And the most salient level of meaning would be likely to be an implicature in the utterance:

(4) Have you seen my book?

If the speaker was a student addressing a room-mate, the room-mate would perhaps infer that they were being asked to return a book they had borrowed. But if the speaker was a lecturer addressing a student, the student might be expected to infer that they were being advised to read the book written by the lecturer in order to do well on the course.

Although each of these three utterances requires explicatures, higher level explicatures and implicatures if the addressees are fully to understand the meanings that are being conveyed, the most salient meaning occurs at a different level of inference in each case.

3.2 Procedural encoding

The purpose of drawing inferences is therefore to determine what the speaker means by what they say. And the resource the addressees have to do this is the context, including linguistic co-text (where present), immediate physical surrounding and encyclopedic knowledge. In the case of:

(2) Angel parking

and

(4) Have you seen my book?

the context is sufficient to enable the addressees to draw the expected inferences relatively easily.

However, in the case of:

(1) We're only about thirty miles from London.

the contribution of "only" plays an important part in constraining the interpretation. This is easily confirmed when we consider how much more difficult it would be determine the higher level explicature, whether inviting or boasting, if the utterance consisted only of the proposition *We're about thirty miles from London.*

Recovering the most salient meaning is especially problematic in the case of:

(3) Please attend course planning and examiners' meetings in future.

Although "please" enables the receiver to determine that a request is being made, being a written communication rather than an utterance, the indeterminacy of the message isn't resolved by speaker tone in the way that the indeterminacy of (1) is. In fact, this particular message was written by a course leader in a university to a new colleague who had been in post just three weeks. It was attached to a file containing the syllabus of a course for which he was to be responsible and left in his pigeonhole. But even this context is insufficient to enable him to determine whether he is being informed of a new duty or being reprimanded for failing to attend a meeting. However, the reprimand reading seems to be ruled out if the message is supplemented by "so" as in *So please attend course planning and examiners' meetings in future.*

The essential point is that particles such as *only*, *please* and *so* function reflexively in relation to the propositions to which they are attached. In relevance theoretic terms, their function is 'procedural' in that they constrain the interpretation of the 'conceptual' encodings *We're about thirty miles from London* and *...attend course planning and examiners' meetings in future.*

3.3 Reflexive language

Because instances of language use invite interpretation in the form of inferences leading to explicatures, higher level explicatures and implicatures, they may be regarded as "representations to be manipulated". Typically, they are made up of two components, "information about the representations to be manipulated, and information about how to manipulate them", with procedural encodings providing this second kind of information (Wilson/Sperber 1993: 2). The reflexive function of procedural encodings as seen in (1) and (3) is only one part of the much wider reflexivity of communicative language use. As Lucy observes, "Speech is permeated by reflexive activity as speakers remark on language, report utterances, index and describe aspects of the speech event, invoke conventional names, and guide listeners in the proper interpretation of their utterances" (1993: 11). This reminds us in passing that language contains instructions for its own interpretation and that in this paper we are exemplifying this fundamental property of language with only a tiny subset of reflexive phenomena.

What Lucy terms "proper interpretation" depends upon utterances being understood, or, in SLA terms, on input being comprehended. The relevance theoretic account of utterance/input understanding shows how comprehension goes far beyond the literal understanding of propositional content. Whilst literal understanding is very probably linked to the kinds of features Gass identifies, such as frequency, affect, prior knowledge and attention, ultimately comprehension depends upon inference. However, a prerequisite of all comprehension is apperception. I suggest that instances of language use invite apperception, or noticing, to the extent that their salience is determined by inference. In other words, it is the pragmatic deficiency of propositions that stimulates apperception. This will be particularly true in the case of utterances where establishing salience is problematical, with reflexive marking inviting apperception and constraining interpretation.

The claim is then that natural language discourse contains instructions for its own interpretation. It is, therefore, in some sense a complete data set in relation to the context which it invokes. It is very difficult indeed to create such a data set outside contexts of genuine use. To illustrate this argument, the following section will demonstrate the extent to which procedural encoding occurs in natural talk, and then contrast this with talk in which procedural encoding is not present.

4. The ubiquity of reflexive language

Consider the following extract from a conversation in which two students, Susie and Nicole, have reported the theft of food from a communal fridge in the hall of residence in which they live to the resident Warden.

(5)
W   *well* do you know when it happened
N   *erm* (.) *right* it was there on Friday and when I went to get it yesterday it wasn't there *so*
S   *yeah*
W   *right erm* (2.0) there not a lot (.) can do about it I can *sort of like .hh* (2.0) have a word with people if you want (1.5) *erm .hh* (3.0) *I mean* (.) do you do you want to *sort of like* (1.0) have a word with everyone *or just* (.) do you want me to put a sign up *or*
W   (1.5)
N   *yeah* a sign'll do *won't it*

Although this exchange is rich in procedural encoding (indicated by the use of italic script), for reasons of space I will comment only on the Warden's proposal beginning at "right erm".

The Warden's initial "right" confirms the end of the phase of the conversation dedicated to establishing an agreed account of events. The "erm" and the two-second pause that follows allow processing time and make the preceding account a ground in relation to which the proposed outcome will be stated. This proposed outcome is reflexively glossed as unlikely to satisfy the two students by the comment that there is not much the Warden can do about the situation.

The proposed outcome is then stated in the form of three suggestions – the Warden can have a word with people, the students can have a word with people, the Warden can put a sign up. Each of these suggestions is reflexively glossed with procedural encodings. Thus the official-sounding "have a word with people" is marked as untypical of friendly talk by the preceding "sort of like", by indrawn breath, ".hh", and by a two-second pause.

This first suggestion is then followed by a one-and-a-half second pause which provides an opportunity for the students to accept, reject or comment on it. When no comment is offered, the Warden continues with reflexive "erm", an indrawn breath, a three-second pause, "I mean" indicating that a reformulation is upcoming, and a further micro pause. The officialese of the second suggestion, that they might have a word with everyone, is again glossed with "sort of like" and a one-second pause.

The third suggestion is then immediately introduced by "or" and the procedural "just", suggesting that this is to be a more limited suggestion (as is indeed the case, since it avoids face-to-face confrontation). However, even this suggestion isn't immediately taken up despite the following "or" and an unfilled pause indicating that there are no further suggestions to come. When it is accepted, Nicole's acceptance is indicated by "yeah", addressed to the Warden, and "won't it", addressed to her fellow student.

Imagine a version without these non-propositional encodings. Although they contribute no truth value to the exchange, we are left with a very much less 'noticeable' conversation whose comprehensibility is also greatly reduced:

(5')
W   I can have a word with people if you want. Do you want to have a word with everyone? Do you want me to put a sign up?
N   A sign'll do.

This analysis confirms the ubiquity of procedural encodings and demonstrates their role in making language both noticeable and comprehensible.

5. Methodological implications

It is a striking fact that coursebook dialogues look more like (5') than (5). And it's a striking fact that instructed second language acquisition is often said to be less effective than naturalistic second language acquisition. This points to a methodological continuum with two significantly different poles, one associated with instructed second language acquisition delivered by means of pedagogic materials, the other associated with naturalistic second language acquisition through exposure to everyday talk. Of course most learners have experience at various points on this continuum at different stages in their learning. Perhaps we can style the poles *Usage based learning* and *Use based learning*, with 'usage' intended to capture the abstract notion that a structure may be well- or ill-formed, and 'use' intended to capture the reality of actually occurring instances. The table below is an attempt to capture some of the differences between the two poles, differences that have been frequently remarked on in the methodology literature:

Usage based learning	*Use based learning*
• We learn language first in order to use it later	• We learn language by using it
• Language as a content subject	• Language as a communication tool
• Focus on declarative knowledge	• Focus on procedural knowledge
• Mother tongue instruction permitted	• Target language instruction strongly favoured
• Focus on syllabus and product	• Focus on skill and process

It is also appropriate to draw attention to the relevance of Jacobson's (1956) celebrated selection-combination continuum. In *Usage based learning*, items are *selected* from the code and either presented discretely or arranged according to formal and functional paradigms, thus satisfying the criterion that language data should be presented in an orderly manner. This can be contrasted with *Use based learning*, in which the focus is on the way items *combine* to form utterances in which language occurs in social contexts. However, contextualized language that results from combination is necessarily indeterminate, so that the function of any particular utterance is locally determined. Such indeterminacy poses immense problems for classroom teaching, which perhaps explains why teaching methods have typically favoured usage-oriented accounts of language over use-oriented accounts. However, as this paper has attempted to show, only indeterminate contextualized language is likely to meet the criteria for apperception and comprehension that are necessary stages in the second language acquisition process.

References

Ellis, Rod (1990): *Instructed Second Language Acquisition*. Oxford: Basil Blackwell.

Freeman, Don/Richards, Jack C. (Eds.) (1996): *Teacher Learning in Language Teaching*. Cambridge: Cambridge University Press.

Gass, Susan M. (1988): Integrating research areas: A framework for second language studies. *Applied Linguistics* 9/2: 198-217.

Grice, H. Paul (1967): William James lectures: Logic and conversation. In: Cole, Peter/Morgan, Jerry L. (Eds.) (1975): *Syntax and Semantics 3:* Speech Acts. New York: Academic Press: 41-58.

Grundy, Peter (2000): *Doing Pragmatics*. London: Arnold, 2ed.

Jacobson, Roman (1956): Two types of aphasia. In: Jacobson, Roman/Halle, Morris (Eds.) (1956): *Fundamentals of Language*. The Hague: Mouton.

Krashen, Stephen D. (1981): *Second Language Acquisition and Second Language Learning*. Oxford: Pergamon.

Lucy, John A. (Ed.) (1993): *Reflexive Language and Reported Speech*. Cambridge: Cambridge University Press.

Wilson, Deirdre/Sperber, Dan (1993): Linguistic form and relevance. *Lingua* 90: 1-15.

Wong Fillmore, Lilian (1989): Teachability and second language acquisition. In: Rice, M. L./Schiefelbusch, R. L. (Eds.) (1989): *The Teachability of Language*. Baltimore: Paul H. Brookes: 309-32.

III. Fremdsprachliches Lehren und Lernen

Handlungsorientiert lehren und lernen
im Kontext von subjektiven Theorien und Methodenvielfalt[1]

Gerhard Bach

Die Kehrseite des breiten "Angebotsspektrums" methodischer Alternativen im fremdsprachlichen Unterricht ist eine bei Lehrerinnen und Lehrern vielfach festzustellende Theorie- und Methodenfeindlichkeit. Ein notwendiger Teilschritt in einem strukturierten Prozess von "Lehren lernen" muss daher die Auseinandersetzung der einzelnen Lehrperson mit den eigenen Konzepten und subjektiven Theorien davon sein, wie sich Schülerinnen und Schüler eigentlich eine zweite oder fremde Sprache aneignen und welche Vermittlungs- und Steuerungsprozesse dabei – für die Lehrperson bewusst oder unbewusst – eine Rolle spielen. In diesem Beitrag werden sieben miteinander stark verzahnte subjektive Theorien von Sprache und von den Prozessen des Sprachen-Lernens und -Lehrens sowie der Bewertung von Lernerfolgen vorgestellt und in ihrer (positiven wie negativen) Tragweite für den Unterrichtsprozess analysiert.

1. Unterrichten lernen im Kontext unterschiedlicher Interessen

"Kommunikative Kompetenz", "Handlungsorientiert Lehren und Lernen", "Sprachliches Probehandeln", "Hypothesentesten", "Bedeutungsaushandeln", "Prozessorientierung", "Konstruktivismus", "interkulturelle Kompetenz", "Europakompetenz" – die Fremdsprachendidaktik als relativ junge Wissenschaft kann mit einem beachtlichen Inventar an Schlagwörtern aufwarten. Das wirkt auf manche abschreckend, andere macht es neugierig. Wir sind aufgefordert, uns auf Theoriegebäude und Methodenkomplexe einzulassen. Allerdings muss sogleich auch gesagt werden, dass eine solche Einlassung auf die Fremdsprachdidaktik als Wissenschaft mit pragmatischer Dimension noch keineswegs selbstverständlich ist. Denn Unterricht wird immer in einem Kontext unterschiedlicher Interessen gedacht und entwickelt – bildungspolitischen, wissenschaftlichen, wirtschaftlichen, pädagogischen und pragmatischen Interessen. Fremdsprachen unterrichten im Kontext unterschiedlicher Interessen heißt zunächst, drei Faktoren als gegeben zu konstatieren:

- ⟡ Eigene Lernerfahrungen werden in der Regel unreflektiert in das eigene unterrichtliche Handeln übernommen (*"We teach the way we were taught"*).
- ⟡ Theorien werden als dem eigenen pädagogischen Impetus und der eigenen sprachlichen und fachlichen Intuition als zuwiderlaufend empfunden, da sie sich mit den eigenen, unreflektiert übernommenen Alltagstheorien nicht zur Deckung bringen lassen.
- ⟡ Der Reichtum an Methoden wird als verwirrend empfunden und methodische Vorschläge werden gemeinhin als Rezeptologie missverstanden.

Die Wechselbeziehung dieser drei Faktoren darzustellen und dabei aufzuzeigen, wie sich aus diesem Verwirrspiel ein reflektiertes und begründetes unterrichtliches Handeln entwickeln lässt, ist Ziel dieses Beitrags.

2. Lernen und unterrichten als (Selbst-)Beobachtungsprozess

Unterrichtliche Lernprozesse und deren Ergebnisse spiegeln immer auch Lehrerfolge ab. Lehrende beobachten daher in der Regel genau, welche Wirkungen das, was sie initiieren, auf Lernende hat. Aber auch die Schülerinnen und Schüler selbst stellen das, was im Unterricht an Lernprozessen abläuft und sich an Lernergebnissen einstellt, immer wieder auf die Probe, oft spontan und mit kreativen Impulsen. Im Fremdsprachenunterricht beispielsweise erforschen und testen sie auf ihre Weise und ihren Ansprüchen und Bedürfnissen gemäß die fremde Sprache und den fremdkulturellen Kontext. Ein Beispiel aus der Unterrichtspraxis (8. Klasse Realschule) soll zunächst einmal dazu anregen, über das Verhältnis dieser Faktoren zueinander nachzudenken:

L: Richard, where is your homework?
S: I couldn't do it. I was by my uncle and I come late at home.
L: What time was it when you came home? When did you come home from your uncle's?
S: At eight or so. At half past eight.
L: And what did you do at your uncle's?
S: We repaired the car.
L: Your uncle's car?
S: Yes. We had – äh – Probleme – äh – problems. We did not find a – 'n Engländer, an Englishman (lacht) – so'n (unverständlich, Klasse lacht).
L: Well, what you mean is a tool, ein Werkzeug, ein Schraubenschlüssel, for turning nuts ... (macht entsprechende Geste). I think it's called a spanner. Did you find a spanner in the end?
S: No.
L: So you couldn't repair the car after all?
S: No, we couldn't. But we – äh – tried long, till late in the night.
L: I see. And therefore you couldn't do your homework. Well, do it for tomorrow then, will you?
(Bach/Timm 1996: 8-9)

Wie ist die sprachliche Leistung Richards einzuschätzen? Da tauchen doch bedenklich viele Fehler auf – hätten sie vom Lehrer nicht verbessert werden müssen? Wie hätte sich eine Verbesserung auf den Dialog ausgewirkt – positiv, negativ? Was kann der Lehrer aus diesem Dialog lernen? Was beobachten die Schüler – bezogen auf Sprache und Kommunikation? Wenn die Fehler verbessert worden wären, wäre es dann überhaupt zu diesem für unterrichtliche Verhältnisse doch recht langen Dialog gekommen? Welche Folgen hat die Vermischung deutscher und englischer Satzsegmente? Müssen wir nicht penibel auf "*English only!*" bestehen? In der heutigen stärker schülerorientierten Didaktik stellt zwar das "Wagnis zum Experiment" ein hochrangiges Kriterium dar, aber zu einem solchen Kauderwelsch können wir den Englischunterricht doch nicht verkommen lassen, oder?

Wagnisse im Lernprozess einzugehen ist immer noch begleitet von dem unterschwelligen Bedenken, dass Grenzen überschritten werden. Dieses Gefühl, ungeschriebene Gesetze beachten zu müssen, ist nicht nur bei Schülerinnen und Schülern ausgeprägt vorhanden; auch Lehrerinnen und Lehrer kennen es, selbst wenn sich im schulischen Alltag selten die Gelegenheit bietet, miteinander darüber zu sprechen. Solche Situationen, in denen die Frage des unterrichtlich Möglichen, Wünschenswerten oder Nötigen regelmäßig zu Kontroversen führt, bieten sich allerdings dafür an, Entscheidungshilfen über didaktische und methodische Grundfragen zu bekommen, wie zum Beispiel:

❖ Was ist für mich akzeptables sprachliches Verhalten?
 (Fehler und Fehlerkorrektur)
❖ Wie steuere ich Lernprozesse?
 (Verbale oder nonverbale Steuerung, Lob und Tadel)
❖ Nach welchen Kriterien bewerte ich den Lernerfolg?
 (Varianten der Lernzielkontrolle)

Bei der Auseinandersetzung mit solchen Fragen zeigt sich rasch eine Perspektivdifferenz: das *Vorstellungsbild* von den Möglichkeiten des Fremdsprachenunterrichts (*Idealkontext Planungsperspektive*) und das *Erfahrungsbild* des täglichen Unterrichts (*Realkontext Machbarkeitsperspektive*) erscheinen zunächst relativ weit auseinander zu liegen. Was wünschenswert erscheint, ist oft nicht machbar. Diese Disparität wird kontrovers diskutiert; dabei wir allerdings kaum beachtet, dass beide Positionen – Idealbild und Erfahrungsbild – sich auf ähnliche Grundüberzeugungen berufen, auf subjektiv geprägte Theorien also, die das unterrichtliche Handeln von Lehrerinnen und Lehrern steuern und zwar in der Regel mehr unbewusst als bewusst. Im Folgenden sollen einige dieser Alltagstheorien kurz beleuchtet werden.

3. Das Spektrum der Alltagstheorien

Subjektive Theorien (auch als "Alltagstheorien", im Englischen als *dormant theories* bezeichnet) sind Vorstellungen und Konzepte, die unterrichtliche Prozesse „aus dem Hintergrund" aktiv steuern. Die Unterrichtsforschung hat nachgewiesen, dass in vielen Fällen solche Alltagstheorien in sehr differenzierter Form ausgebildet sind, ohne dass dies dem Unterrichtenden im Einzelnen bewusst ist.

> One of the most important factors which influences what happens in the classroom is the totality of ideas, knowledge and attitudes which represent the teacher's mindset. This complex of ideas is partly explicit, based on information given to the teacher, formal learning and the like, but much of it is implicit, based on the teacher's self-image, value system and even prejudice. (Lewis 1993: 32)

Nicht nur Lehrende haben solche bewussten oder unbewussten Alltagstheorien. Auch Lernende wissen, wie Unterricht "funktioniert", d.h. sie haben ihre bewussten oder unbewussten Erwartungen an den Lehr-/Lernprozess (vgl. Kleppin/Königs 1987). Ebenso "wissen" sie, wie sie ihr Lernen so organisieren können, dass es den gewünschten Gewinn bringt. So steht auch die Einschätzung von Unterrichtserfolg direkt mit Alltagstheorien in Verbindung. Schülereinschätzungen nennen wir *sizing-up assessment*, Lehrereinschätzungen *instructional assessment*. Beide haben nachweislich einen Einfluss auf Lernerfolg (vgl. Gage/Berliner 1996, Kap. 13.2). Ein derart prägnantes Mitwirken solcher unausgesprochener Vorannahmen und Einschätzungen beim Unterrichten wird von Lehrern selbst zunächst bezweifelt. Erst bei der Frage beispielsweise, ob Schüleräußerungen wie in unserem Eingangsbeispiel "unterrichtsrelevant" sind, tritt das Problem als solches in Erscheinung. Das führt zu Beobachtungen vom eigenen Unterrichtsverhalten und zu didaktisch-methodischen Neugewichtungen in den folgenden sieben Bereichen:

(1) Sprache. Jeder Fremdsprachenlehrer hat eine implizite Vorstellung davon, was Sprache generell und fremde Sprachen im Besonderen ausmacht, was ihre konstituierenden Merkmale sind und was der Zweck des Fremdsprachenlernens ist. Danach befragt, was Sprache sei, wird in der Regel als erstes geantwortet: ein Konglomerat aus Wortschatz, Grammatikregeln und Satzstrukturen. Entsprechend ist der Zweck der Fremdsprachenvermittlung der, zu lernen, wie man diese Elemente so verbindet, dass es zu sprachlich korrekten Äußerungen kommt. Korrekte Äußerungen werden belohnt, durch Lob oder gute Noten. Dabei ist korrekte Sprache dann auch ein Mittel zum Austausch von Informationen. Nach dieser Auffassung ist (fremde) Sprache *erst sekundär* auch ein Medium für soziale Interaktion und Kommunikation. Nur selten wird in einer solchen Befragung über Alltagstheorien von seiten der Betroffenen, ob dies nun erfahrene Praktiker oder Anfänger sind, mit Überzeugung geäußert, dass Sprache ein Mittel zum Aufbau und Erhalt von interpersonellen Beziehungen und zur Sinngebung für solche Beziehungen ist. Mit anderen Worten, an die Vorstellung von Sprache bzw. Fremdsprache bindet sich auch heute häufig eher ein System von Regeln als ein sozialorientiertes Verhaltensrepertoire.

(2) Sprachen lernen und lehren. Die Vorstellungen bei Lehrerinnen und Lehrern von dem, was Sprache konstituiert, hat einen Einfluss auf ihre Vorstellungen davon, wie man am besten eine Sprache erlernt. Die an Sprache als System orientierte Theorie geht davon aus, dass die fremde Sprache in einem geordneten methodischen Dreischritt von Memorisieren (*memorization*), Üben (*practice*) und Automatisieren (*habit formation*) der korrekten sprachlichen Formen gelernt werden muss. Im Gegensatz zu dieser auf lineare Prozesse abhebenden Vorstellung ist die Überzeugung relativ selten, dass eine fremde Sprache in nicht-linearen, sehr individuellen Aneignungsprozessen erworben wird, in inhaltsreichen und bedeutungstragenden Zusammenhängen und unter Beteiligung von Konzepten, deren Erforschung und methodisch-didaktische Perspektivierung anstehen – Chaostheorie, systemischer Konstruktivismus (vgl. Wendt 1996) oder *interlanguage*-Konzepte, *fuzzy concepts* (vgl. Timm 1995), usw. So laufen die aus der eigenen schulischen Erfahrung mitgebrachten Alltagstheorien der Vorstellung zuwider, dass bedeutungstragende Kommunikation gerade auch dann zu effizienten Lernerträgen führt, wenn Schüler miteinander selbst aushandeln, wie und welche Lernaufgabe sie am besten angehen, d.h. wie sie selbst ihr Lernen so strukturieren können, dass es zu den von ihnen selbst formulierten Zielen und Ergebnissen führt.

(3) Ziele. Die von der Lehrperson in den Unterricht eingebrachten Alltagstheorien über das Wesen von Sprache und vom Sprachenlernen beeinflussen ihre Vorstellung davon, wie ein Lernprozess zu gestalten ist und wie Ziele zu formulieren sind. Der nach wie vor fast ausschließlich am Lehrbuch orientierte schulische Fremd- oder Zweitsprachenunterricht orientiert sich traditionell an der Theorie der gestuften Progression in den vier Fertigkeitsbereichen von Hörverstehen, Sprechen, Lesen und Schreiben – gewöhnlich in dieser Abfolge unter Berücksichtigung von intellektueller Entwicklung und Lernalter. Diese Theorie von Fremdsprachenlernen als geordneter – und daher in allen Einzelphasen planbaren – Progression auf vier Fertigkeitsziele hin spiegelt sich auch im Lehrplan und sie schlägt sich letztlich in jeder Lehrprobe und Unterrichtsbeurteilung nieder. Die alltagstheoretischen Annahmen, die hier mitschwingen, sind hochkomplex:

◆ Sie implizieren die Vorstellung, dass Unterrichtsziele Handhaben des Lehrers zur Sicherstellung einer Lernumgebung sind.

◆ Diese befinden sich in Übereinstimmung mit curricular festgelegten Abstufungen und Progressionen.

◆ Diese bauen wiederum auf der Vorstellung auf, dass bestimmte sprachliche Phänomene generell leichter zu lernen sind als andere, weil wir meinen, informationsverarbeitende Lernprozesse bereits detailliert erfassen zu können.

(4) Prozesse und Aktivitäten. Die meisten Unterrichtsaktivitäten, von der Vorstrukturierung einzelner Lernaufgaben und der Auswahl von Materialien und Medien bis hin zur Auswahl der Beurteilungskriterien und -verfahren, stehen in einem unmittelbaren Zusammenhang mit den unterschwelligen Vorstellungen der Lehrperson über Lehr- und Lernziele. Lehrbuchzentrierter Fremd- und Zweitsprachenunterricht suggerieren den Lehrenden, dass nicht nur das Lernergebnis vordefiniert ist, sondern damit zusammengenommen auch alle Lernprozesse. Der Lernstoff erfüllt die Lehrplanvorgaben, er ist mediengerecht und lernergerecht aufbereitet. Wortschatz und Grammatik sind sorgfältig nach Lernschwierigkeiten strukturiert, die Progression ist gesichert. Die Aufgabe der Lehrerin ist es jetzt, Aktivitäten zu planen und in eine Abfolge zu bringen, die dem Stoff gerecht wird und die Schülerinnen motiviert. Gelernt wird in gesteuertem Lehr-Lern-Dialog, bei dem die Lehrerin die Fragen stellt und die Schülerinnen sie beantworten – einzeln, in der Gruppe oder im Klassenverband. Dieses geschlossene Curriculum bestätigt die Lehrperson und ihre Bedeutung für den Lernprozess und konsolidiert dadurch ihre Alltagstheorie von der eigenen Unabkömmlichkeit und der Notwendigkeit, dass Prozesse und Aktivitäten ihrer – inhaltlichen und prozeduralen – Steuerung unterliegen müssen.

> Durch unsere Ausbildung und durch überkommene Lehr-Traditionen sind wir es gewöhnt, darüber nachzudenken, was wir in der nächsten Stunde veranlassen, fordern oder anbieten werden, damit Lernen zustande kommt. So überlegen wir uns sehr wohl, wie-

viele Minuten einer Unterrichtsstunde wir für Übungen opfern wollen, und wie wir die Kontrolle durchführen wollen. Als gut vorbereitete LehrerInnen wählen wir auch sorgsam geeignetes Lernmaterial aus und machen uns Gedanken, auf welche Schülerin oder welchen Schüler wir uns mit unserer Kraft in der nächsten Stunde besonders konzentrieren wollen. Und so treten wir dann mit einem wohldurchdachten Plan die nächste Unterrichtsstunde an, hoffend, daß möglichst viele SchülerInnen „mitspielen" werden. Diese haben in diesem Spiel jedoch lediglich eine reagierende Rolle. (Rampillon 1995: 53)

Der Entschluss, Lernaktivitäten und Lernprozesse auch der Entscheidungskompetenz der Schülerinnen und Schüler zu überantworten und damit die Verantwortung zu sprachlich verbindlicher Kommunikation zu teilen, bedeutet, Kontexte bereitzustellen, in denen sprachliche Aktivitäten aus der unvermittelten Begegnung in Realkontexten herausgearbeitet werden können. Mit solchen kommunikativen Lernprozessen ist daher auch ein Lehr-Risiko verbunden, eine dem traditionellen Vorstellungsbild von Aktivitätssteuerung durch Lernzielstrukturierung gegenläufige Perspektive (Nunan/Lamb 1996).

(5) Lehrverhalten und Rollenwahrnehmung (lehrende Position). Dies ist der Bereich, in dem Alltagstheorien über Sprache, Sprache-Lernen, Ziele, Prozesse und Aktivitäten wie in einem Brennpunkt zusammenkommen. In dieser Fokussierung werden sie für Unterrichtsbeobachter gut erkennbar. Wir können beobachten, wie eine Lehrerin eine Unterrichtsstunde, einen Unterrichtsabschnitt oder eine Lernaktivität "orchestriert", wie sie Antworten hervorlockt, die Dynamik der Lernprogression kontrolliert und auf einzelne Schüler bzw. Gruppenprozesse reagiert. Wir können beobachten, wie sie ihre Rolle als Monitor von Einzelarbeit oder Gruppenarbeit, Gesprächssequenzen oder Stillarbeitssequenzen ausfüllt. Wir können ermessen und beurteilen, wie sie sich sprachlich einbringt und ob sie sich angemessen auf das Niveau ihrer Klasse einpendelt. An diesen Faktoren ermessen wir die Qualität des Lehrverhaltens insgesamt, d.h. ob es von innerer oder äußerer Autorität bestimmt ist, wie Kontrollfunktionen ausgeübt werden – direkt oder indirekt, oder ob ein "*coaching from the side-line*" zu beobachten ist. Gerade im Fremdsprachenunterricht kann die Rollenwahrnehmung der einzelnen Lehrperson daran gemessen werden, was für Fragen sie stellt (Informations- oder Entscheidungsfragen), d.h. welche Funktion Fragen in ihrem Unterricht für Kommunikationsprozesse generell haben. Fragen sind charakteristische Signaturen für Lehrverhaltensweisen und Rollenkonzeptionen, die (offen oder verdeckt) den Unterrichtsprozess mitgestalten und auf Alltagstheorien darüber beruhen, wie das Erlernen der Fremdsprache am ehesten zum Erfolg führt.

(6) Lernverhalten und Rollenwahrnehmung (lernende Position). Die Rolle, die der Lehrer für sich – teilweise unbewusst oder unreflektiert – festlegt, hat einen direkten Einfluss darauf, welche Rolle der Schüler im Sprachlernprozess übernimmt. Darüber hinaus legt das eigene Rollenschema des Lehrers auch seine Wahrnehmung darüber fest, wie die Schüler am besten lernen und wie sie am ehesten ihre Lernergebnisse nachweisen können. Bei einem streng vorstrukturierten und auf Lehrer-Schüler-Dialog ausgerichteten Unterricht werden Schüleräußerungen hervorgelockt, die hochgradig abhängig vom Lehrerinput sind. Die fremde Sprache wird häppchenweise vermittelt – die Lehrerin stellt eine Frage und die Klasse antwortet, reagiert, übt und – so zumindest in der Theorie – internalisiert den Lernstoff. Hier entsteht dann die für solch einen Unterricht typische gegenseitige Abhängigkeit des Frage-Antwort-Unterrichts, der für beide Seiten um so schwerer durchzustehen ist, je länger er sich fortsetzt.

Die Rollenwahrnehmung der Lernenden als im Lernprozess reagierende, also eben auch, wie Rampillon feststellt, abhängige Teilhaber kann allerdings mit relativ geringfügigen Mitteln in eine konstruktiv handelnde Lernsituation umstrukturiert werden. In dem Augenblick, wo wir die Rollen im Frage-Antwort-Schema vertauschen, kann jene Neugier entstehen, die allem Lernen innewohnt, eine Neugier, die Lernen für einen partnerschaftlichen Konsens frei macht: jetzt fragen die Schüler, sie erfragen Zusammenhänge und befragen dazu ihre Lehrerin, Mitschülerinnen und Mitschüler. Durch das auf konkrete und unmittelbare Lern-, Klassen- und Unterrichtszusammenhänge hin orientierte Befragen der Wirklichkeit agieren, üben und internalisieren die Lernenden nicht um des lexikalischen oder grammatischen Phänomens willen, sondern um realkommunikative Bedürfnisse zu befriedigen. Mit diesem Rollentausch erwirken die Lernenden auch bei den Lehrenden veränderte Lehrverhaltensweisen – wir sprechen vom "Moderator" oder *learning facilitator* von Lernprozessen. Wie lässt sich eine solche Lernwelt eröffnen? In bescheidener aber zumeist doch effektiver Weise dadurch, dass schon im Anfangsunterricht den Schülern gezielt ein kommunikatives Handlungsinventar verfügbar gemacht wird, mit dem sie ihre Aufgaben sprachlich selbständig (und selbstbewusst) bewältigen können, ohne kommunikative Einbrüche als Gefahr oder Misserfolg zu werten. Mit diesem Handwerkszeug können sie schon frühzeitig zu proaktiven Lernern werden, zu Partnern im Lern- und Kommunikationsprozess (Beispiele und weiterführende Literatur hierzu: vgl. Schmid-Schönbein 1998).

(7) Lehr- und Lernerfolge bewerten und beurteilen. Alle sechs bisher vorgestellten Kategorien spielen bei der Bewertung bzw. Beurteilung des Lernerfolgs eine Rolle, individuell, bezogen auf einzelne Leistungsgruppen oder auf die gesamte Klasse. "Bewerten und Beurteilen" ist deshalb ein besonders problematischer Bereich, weil Alltagstheorien hier eine große Resistenz gegen Veränderungen zeigen. Das hängt damit zusammen, dass Lehrkräfte in diesem Bereich am wenigsten von ihrem Wissen und von ihrer Kreativität investieren – ganz im Gegensatz zu den Schülern und Schülerinnen, die, wie wir wissen, hier besondere "Kreativität" entwickeln, um bestmögliche Notenergebnisse für sich zu erzielen. Den traditionellen Verfahren folgend, werden in der Regel Gedächtnisleistung und Erinnerungsfähigkeit gemessen und bewertet, d.h. in der Klassenarbeit weist der einzelne nach, was vom unterrichteten Stoff "hängengeblieben" ist. Die Ergebnisse solcher Tests haben in der Regel keine Aussagekraft darüber, welcher Lernzuwachs beim einzelnen Schüler von einer Testsituation zur nächsten zu verzeichnen ist. Bewertungsverfahren spiegeln eher das Ergebnis des Lehr-Erfolgs wider als des individuellen Lern-Erfolgs. Zumindest ebenso wichtig für den Fremdsprachenunterricht sind zwei weitere Probleme: (1) Die gegenwärtig verbreiteten und auch von Lehreranfängern unbefragt übernommenen Testverfahren sind nicht-kommunikative Testverfahren, die die Ergebnisse kommunikativer Lernleistungen messen sollen. (2) Der weitaus größte Teil des Unterrichts beinhaltet mündliche Kommunikation, getestet werden jedoch schriftliche Leistungen (*teach for oracy but test for literacy*).

Zusammengenommen sind diese Probleme kein schmeichelhaftes Ergebnis, weder für den Fremd- und Zweitsprachenunterricht noch für die Forschung. In diesem Bereich der kommunikativ orientierten Lernleistungsüberprüfung ist derzeit noch eine allseitige Überforderung festzustellen. Die systembedingten Schwächen, gekoppelt mit dem inadäquaten Verhaltensrepertoire des Lehrers haben zur Folge, dass Alltagstheorien hier besonders nachhaltig weiterwirken.

4. Eigene Positionen aushandeln

Eingangs dieses Beitrags wurde bereits in einer ersten These hervorgehoben, dass beim "Lehren lernen" ein notwendiger Teilschritt die Auseinandersetzung ist. Eine Verbesserung des Lehrerfolgs ist nicht einfach eine Folge veränderter methodischer Strategien – "Methode als Rezeptologie". Vielmehr wird jeder ernste Versuch zu der Einsicht führen, dass eindeutige Forderungen an die eigene, in der Regel eingeschliffenen Lehrverhaltensstrategien einfordert. Mit anderen Worten: Um meine Theorie- und Methodenzweifel zu bewältigen, muss ich nicht nur das neu bedenken, *was ich präsentiere* (die Unterrichtskomponente), sondern auch, *wen ich repräsentiere* (die Persönlichkeitskomponente).

In dieser Situation wird gelegentlich das Kind mit dem Bade ausgeschüttet – Theorien werden verworfen, Methoden verwünscht, Handlungsorientierung verteufelt, Konstruktivismus kopfschüttelnd beiseite geschoben. Dahinter verbirgt sich der grundsätzliche Zweifel am eigenen Rollenschema bzw. Selbstkonzept als lehrende Person. *Mind-set is about the totality of your attitudes and values and is therefore both difficult, and perhaps uncomfortable to change*, betont Lewis (1993: 32) in diesem Zusammenhang. Lewis weist dabei auf zwei interdependente Problemkontexte hin: (1) die Rolle, die man als Lehrperson verkörpert, wird oft nicht-intentional mit der eigenen (als unantastbar empfundenen) Identität gleichgesetzt – Rollenkrise wird zur Identitätskrise. (2) Zweifel werden angemeldet, dass Lehrverhaltensweisen lernbar und durch Übung modifizierbar sind. An diesem Punkt scheinbarer Orientierungslosigkeit rät Lewis Lehrern und Lehrerinnen dazu, sich selbst folgende Frage zu stellen: Welche der unten angegebenen Rollen betrachten Sie als typisch für Ihr eigenes Unterrichtsverhalten und welche würden Sie als ideal für sich selbst empfinden? (Mehrfachwahl möglich):

Instructor	Editor	Language partner
Educator	Counsellor	Cheerful steamroller
Motivator	Confessor	Instant reference book
Dictator	Fountain of all truth	Sympathetic interlocutor
Assessor	Social organizer	Representative of authority
Mandarin	Student resource	Baby-sitter
Time-keeper	Genial host	Language adviser

(aus: Lewis 1993: 30)

Das Ergebnis dieser "Spurensuche" ist nicht nur, dass jeder von uns für sich selbst entscheidet, mit welchem Typ die eigene lehrende Position am besten beschrieben werden kann und dies mit den Zuschreibungen anderer Beobachter vergleicht (Innensicht vs. Außensicht). Darüber hinaus beginnt jeder von uns, die theoretischen und methodischen Positionen auszuforschen, die sich hinter diesen Typzuschreibungen verbergen. An diesem Punkt kritischer und selbstkritischer Einschätzung angelangt, tut sich vor uns ein ganzes Feld von Fragen und Folgen, von Paradigmen und Prozessen auf. Eine solche Gedankenkette soll stellvertretend und in groben Umrissen andeuten, welche Forschungsaufgaben und Forschungskontexte sich für die Fremdsprachendidaktik stellen:

◆ Welche Unterrichtsmethoden gelten in unserer Gesellschaft als "dominant" und welche der ihnen zugrunde liegenden Theorien gelten als "valide"?

◆ Mit dieser Frage verbinden sich sowohl historische als auch systematische Fragestellungen zur Fremd- und Zweitsprachendidaktik, zur Mehrsprachigkeit, zu Inter- und Multikulturalität generell.

◆ Dies wiederum führt zu einer kritischen Sichtung der Ergebnisse der Unterrichtsforschung, der Sprachlehrforschung und der Fremd- und Zweitsprachendidaktik.

◆ Solche Erörterungen fordern die Auseinandersetzung mit didaktisch perspektivierten Theorien und Konzepten wie "Handlungsorientierung", "Ganzheitlichkeit", "Prozessorientierung", "Konstruktivismus" usw. ein.

Eine der Grundfragen, die diese individuellen, von durchaus unterschiedlichen Forschungsimpulsen getragenen Auseinandersetzungen miteinander verbinden, ist die, wie Methoden, die als "fluide" empfunden werden, in Bildungs- und Ausbildungssystemen, die als "statisch" erfahren werden, greifen können.

Anmerkungen

[1] Dieser Beitrag ist die gekürzte Vortragsfassung zentraler Thesen der Methodik eines handlungsorientierten Fremdsprachenunterrichts; er greift zurück auf die umfassende Darstellung in Bach/Timm (1996), insbesondere Kapitel 1 und 10.

Literaturverzeichnis

Bach, Gerhard/Timm, Johannes-Peter (Hrsg.) (1996): *Englischunterricht.* Grundlagen und Methoden einer handlungsorientierten Unterrichtspraxis. Tübingen: Francke, 2. Aufl.

Gage, Nathaniel/Berliner, David (1996): *Pädagogische Psychologie.* Weinheim: Beltz/PVU, 5. Aufl.

Kleppin, Karin/Königs, Frank G. (1987): Was willst Du, daß ich tun soll? Überlegungen und Beobachtungen zur Rolle der Erwartungen im Fremdsprachenunterricht. *Zielsprache Deutsch* 18: 10-21.

Lewis, Michael (1993): *The lexical approach.* The state of ELT and a way forward. Hove: Language Teaching Publications.

Nunan, David/Lamb, Clarice (1996): *The Self-directed Teacher:* Managing the Learning Process. Cambridge: Cambridge University Press.

Rampillon, Ute (1995): Grammatiklernen durch weniger unterrichten: selbstverantwortetes Lernen. *Der fremdsprachliche Unterricht (Englisch)* 29/3: 53-58.

Schmid-Schönbein, Gisela (1998): Anfangsunterricht. In: Timm, Johannes-Peter (Hrsg.): *Englisch lernen und lehren.* Didaktik des Englischunterrichts. Berlin: Cornelsen: 110-126.

Timm, Johannes-Peter (1995): Die 'Fuzziness' der Sprache als Begründung für einen ganzheitlich-funktionalen, erfahrungsorientierten Grammatikunterricht. In Timm, Johannes-Peter (Hrsg.) (1995): 120-148.

----- (1995): *Ganzheitlicher Fremdsprachenunterricht.* Weinheim: Deutscher Studien Verlag.

Wendt, Michael (1996): *Konstruktivistische Fremdsprachendidaktik.* Lerner- und handlungsorientierter Fremdsprachenunterricht aus neuer Sicht. Tübingen: Narr.

Sprachen Lehren und Lernen: Prozessmusterwechsel

Hannelore Küpers

Der folgende Beitrag beschreibt ein Veränderungsmodell aus der Selbstorganisationstheorie und zeigt an einem Beispiel auf, wie diese Erkenntnisse auf verschiedenen Ebenen in die Schulpraxis umgesetzt werden können. Er schließt mit Forderungen an die Ausbildung von (Sprachen)lehrerinnen und -lehrern ab.

1. Einleitung

Nach Francis Fukuyama leben wir in einer Zeit „der fortwährenden Veränderungen, in der sich nichts ändert". Der Ruf nach Veränderungen ist auch in der Fremdsprachendidaktik laut (Zydatiß 1998) und wird immer dringender. Viele Reformanstrengungen gibt es und hat es gegeben. Warum haben wir trotzdem den Eindruck, dass sich nichts Grundlegendes ändert? Warum geht die Zahl der Schülerinnen und Schüler in den Fremdsprachen-Kursen trotz aller Anstrengungen zurück? Warum klagen die Kolleginnen und Kollegen trotz Methoden- und Medienvielfalt weiterhin über Motivationseinbrüche und das bereits kurz nach Beginn der Kurse? Könnte dies damit zusammenhängen, dass wir uns zwar viel mit Fremdsprachendidaktik, aber möglicherweise zuwenig mit Theorien der Veränderung beschäftigen?

2. Das Veränderungsmodell der Theorie dynamischer Systeme

Heinz von Förster (1992: 59) sagte einmal als Persiflage auf einen Ausspruch von Heraklit: „Man kann nicht zweimal in dasselbe Gesicht schauen." Und in Anlehnung an Kratylos ließe sich hinzufügen: Man kann nicht einmal *einmal* in dasselbe Gesicht schauen. Während wir beobachten, verändert sich das Beobachtete, verändern wir das Beobachtete und verändern wir uns selbst.

Die Selbstorganisationstheorie oder auch "Theorie dynamischer Systeme" kommt aus den Naturwissenschaften, gilt aber als Metatheorie ohne Begrenzung auf bestimmte wissenschaftliche Anwendungsgebiete. Danach sind lebende Systeme dynamische Systeme: energetisch offen, semantisch geschlossen. Lebende Systeme, wie der Mensch, verändern sich ständig, auch ohne pädagogische Intervention.

In der Theorie der dynamischen Systeme gelten Menschen als komplexe Systeme. Ulrich/Probst (1990: 61), zwei Organisationstheoretiker, unterscheiden zwischen komplizierten und komplexen Systemen. Danach sind komplizierte Systeme solche mit vielen Elementen und vielen Relationen unter diesen Elementen. Komplexe Systeme dagegen bestehen nicht unbedingt aus zahlenmäßig vielen Elementen und Relationen, sind jedoch in ihrem Zeit- und Wirkungsverlauf nicht oder nur begrenzt vorhersagbar.

Das Besondere an Veränderungen lebender Systeme wie dem Menschen ist folglich ihre eingeschränkte bis unmögliche Planbarkeit/Steuerbarkeit. Dennoch planen wir ständig, versuchen Prozesse zu steuern. Sehr häufig aber kann nicht geklärt werden, ob ein Ziel wegen oder trotz Planung/Steuerung erreicht oder nicht erreicht wurde. Wann ist relative Steuerung möglich, wann kaum oder unmöglich?

In der Selbstorganisationstheorie wird unterschieden zwischen verschiedenen Systemorganisationen und Systemzuständen. Natürliche und künstliche Systeme lassen sich ihrer Struktur nach in zwei Dimensionen einordnen: einfach vs. komplex und stabil vs. instabil. Einfache Systeme sind leicht überschaubar und bestehen aus klar geordneten Komponenten. Stabile Systeme sind Systeme, die sich in einem Zustand befinden, der regelhaft und vorhersagbar ist. Danach sind, in einer Matrix ausgedrückt, vier Zustände möglich (vgl. Abb. 1).

Selbst- oder Fremdinterventionen sollten also auf einer vorherigen Einschätzung des Systemzustandes bzw. -organisation beruhen. Es ergeben sich dafür je nach Situation oder Zustand unterschiedliche "optimale" Handlungsstrategien:

- reflexhaft-automatische bei einem stabilen Systemzustand und einer einfachen Systemorganisation;
- rational-logische bei einem stabilen Systemzustand und einer komplexen Systemorganisation;
- Versuch-und-Irrtum-Verhalten bei einem instabilen Systemzustand und einer einfachen Systemorganisation;
- intuitive und suggestive Handlungsentscheidungen bei einem instabilen Systemzustand und einer komplexen Systemorganisation.

Wie laufen Veränderungsprozesse ab? Lebende Systeme befinden sich in einem ständigen Wechsel von Stabilität und Instabilität, von stabilen und instabilen Phasen. Stabilität ist die Voraussetzung von Instabilität und Instabilität die Voraussetzung von Stabilität. Nach Kruse unterscheidet die Selbstorganisationstheorie bei Veränderungsprozessen zwischen Prozessoptimierung und Prozessmusterwechsel (vgl. Abb. 2).

Vor dem Erreichen eines neuen Ordnungszustandes findet in der instabilen Phase ein Leistungseinbruch statt, eine Systemkrise, in der Zeit eine bedeutende Rolle spielt, insofern als der qualitative Sprung zeitlich und auch in seinem Wirkungsverlauf nicht planbar ist. Jedes lebende System benötigt individuell viel Zeit, um diesen Sprung zu schaffen.

Ist unser Schulsystem danach organisiert? Sind wir z.B. durch eine entsprechende Lehrerausbildung darauf vorbereitet, individuell verschieden Zeit geben zu können?

Je nach Veränderungsphase gibt es unterschiedliche Möglichkeiten der Selbst- oder Fremdintervention: Kruse unterscheidet zwischen stabilisierenden und destabilisierenden Interventionen (vgl Abb. 3).

Für den Prozessmusterwechsel ist nach Kruse eine kreative "Zerstörung" nötig, eine Erkenntnis, die bereits von Kurt Lewin (1963) benannt wurde und die die Notwendigkeit bezeichnet, das Neu-lernen durch eine "Irritation" einzuleiten, um Aufmerksamkeit zu fördern. Aufmerksamkeit spielt in Lernprozessen eine bedeutende Rolle. Was aber könnten Irritationen, kreative Zerstörungen oder, wie Maturana sagt, "Perturbationen" als Voraussetzungen für einen Prozessmusterwechsel sein? Während Beisel (1996) damit eher diffuse Erregungen meint, sind es für Kruse, wie wir oben gesehen haben, doch auch gezieltere Interventionen, wenn auch nicht in einem deterministischen Sinne, als in ihrem Wirkungs- und Zeitverlauf vorhersagbar zu verstehen.

Veränderung braucht eine Antwort auf die Frage nach dem Warum. Es gibt nach Kruse zwei Grundmotivationen für Veränderungsprozesse: Angst und Faszination. Auch Angst motiviert zur Veränderung, aber sie senkt die Kreativität, zumindest dann, wenn sie ein individuell zu bestimmendes Maß übersteigt.

Destabilisierungen sind also, im Sinne von Kruse, kein Selbstzweck, sondern nur punktuell, zur Erzeugung von höchstmöglicher Aufmerksamkeit und Aufnahmebereitschaft als Voraussetzung für Lernen vertretbar. Dennoch arbeitet unser Schulsystem aufgrund seiner Selektionsfunktion mit Angst: Angst vor dem Scheitern, vor der Ausgrenzung, vor dem Zerplatzen von Lebensträumen.

Sind unter diesen Bedingungen Kreativität und erhöhte Bereitschaft zur Selbstorganisation als Voraussetzungen für einen Prozessmusterwechsel überhaupt angemessen entfaltbar?

Für bedeutsamer hält Kruse die Motivation durch Faszination. Was aber fasziniert Menschen? Wenn wir darauf keine Antwort haben, dann erreichen wir auch keine Veränderungen. Kruse sieht es als primär an, zunächst eine positive, emotionalisierende Zielorientierung, eine Vision zu entwickeln. Eine Vision, die geeignet erscheint, auch Durststrecken zu überwinden. Weiterhin geht es darum:

- ein gemeinsames Prozessverständnis zu entwickeln. Veränderung hat Kosten. Dabei geht es nicht nur um finanzielle Kosten, sondern auch um Anstrengung und Mühe. *Wollen wir Lehrkräfte selbst diese Kosten und Mühen aufbringen bzw. bezahlen?*
- die Bereitschaft zu schrittweisem Vorgehen auszubilden, sowie eine hohe Instabilitäts-, Risiko- und Frustrationstoleranz. *Verfügen wir Lehrerinnen und Lehrer über diese Toleranz und über so viel Ausdauer? Wie verhelfen wir Schülerinnen und Schülern zur Entwicklung dieser Fähigkeiten?*
- um die Anerkennung der Dualität von Stabilität und Instabilität, dem Sowohl-als-auch-Denken. *Neigen wir Lehrkräfte im Alltag nicht eher zur Überbewertung von Stabilität?*
- um die Erkenntnis, dass Ressourcenknappheit auch Energien, Kreativität freisetzt und uns nicht nur einengt. *Dient uns die Ressourcenknappheit nicht selten eher als Begründung für Passivität?*

- um das Schaffen von Erlaubnisräumen für das Querdenken/Spinnen, denn ohne Erlaubnisraum bleibt Veränderung Subversion. *Haben Utopien in unserem Schulalltag noch Platz?*
- um die Erkenntnis der Rolle von persönlicher Glaubwürdigkeit. *Sind wir Lehrkräfte uns unserer Vorbildfunktion noch bewusst? Bemühen wir uns darum, diese auszufüllen?*
- nicht nur Fachkompetenz, sondern mehr Kompetenz zur Gestaltung von Prozessen zu erwerben. *Sind wir als Lehrkräfte hinreichend dafür ausgebildet? Vermitteln wir diese Fähigkeiten in unserem Unterricht?*

Bevor wir uns einem praktischen Beispiel zuwenden, sollten wir die Frage des "Wie" der Erzeugung von Aufmerksamkeit noch weiter problematisieren: „Im Zeitalter der 100 Fernsehprogramme und 1000 Urlaubsziele widerspricht die Fülle der Optionen unserer begrenzten Lebenszeit. Permanent tobt der Kampf um die knappste Ressource: Aufmerksamkeit. Und es kostet Kraft, ständig nein zu sagen zum Möglichen..." (Bolz 1997: 1).

Es ist u.a. eine Aufgabe von Medienwissenschaft und -pädagogik, das Feld der Aufmerksamkeitserzeugung zu bearbeiten. Dies bestätigt erneut, wie wichtig für uns als Sprachendidaktiker die interdisziplinäre Kooperation wird.

Wann gelangen Impulse in unser Bewusstsein? Wann wird Aufmerksamkeit erzeugt? Worin bestehen die Grenzen unserer Aufmerksamkeit? Dies sind Fragen, an denen auch die Gehirnforschung arbeitet.

3. Exkurs in die Gehirnforschung

Für Detlef Linke (1997) stellt die Aufmerksamkeit nur einen Baustein des Bewusstseins dar. Die Vorstellung, dass Aufmerksamkeit und Gedächtnis allein das Bewusstsein ausmachen, ist seiner Meinung nach vorschnell. Die Erwartung sei beispielsweise ein wesentlicher Teil des Aufmerksamkeitssystems. Gleichzeitig wird Aufmerksamkeit auch gerade von Reizen erzeugt, die nicht unseren Erwartungen entsprechen. Um Aufmerksamkeit zu erzeugen, müssen die Erwartungshaltungen immer wieder durchbrochen werden. Unerwartetes erzeugt im Gehirn eine große Reaktion. Die Kategorie "unerwartet" ist dabei sehr subjektiv.

Man muss ferner aufpassen, dass man das Unerwartete nicht zu erwartungsgemäß einsetzt. Die Strategen der Aufbereitung von Information in Werbung und Medien benutzen dieses Prinzip: Informationen werden nur noch portioniert geboten, im schnellen Wechsel von Bild und Tonmedien; dann eine Lücke für die Aufmerksamkeit, etwas das „zum Blinzeln" aktiviert, um das Durchhalten zu stützen.

Können wir von der Werbung lernen oder sollten wir bewusst gegensteuern? Haben wir in diesem Wettbewerb eine Chance? Wollen wir in diesen Wettbewerb überhaupt eintreten?

Nach Burkhard Fischer (1997) gibt es im Gehirn kein zentrales Aufmerksamkeitssystem, sondern vielleicht einen allgemeinen Wachzustand bzw. verschiedene Aufmerksamkeitssysteme, die miteinander in Konkurrenz stehen. Bei gleichzeitigen Informationen treten also Entscheidungsprobleme auf. Für Gerhard Roth (1987) sind es die Kategorien neu und wichtig (auch in der Reihenfolge) die zutreffen müssen, damit Aufmerksamkeit entsteht. Die Frage, was neu und gleichzeitig wichtig ist, wird subjektiv entschieden. Aufmerksamkeit ist also ein subjektives Auswahlverfahren.

Wir können auf bewusste, aber auch auf nicht bewusste Reize reagieren. Automatische Zuwendungen erfolgen schnell, werden nur kurz aufrecht erhalten, bewusste dagegen langsam und werden längere Zeit aufrecht erhalten. Nur Menschen und höhere Tiere sind zu einer willkürlichen Aufmerksamkeit fähig. Das Aufmerksamkeitssystem muss von früh bis spät enorme Leistungen vollbringen. Man sollte sich deshalb durchaus einmal von den äußeren Reizen abkoppeln. Für unsere Gesellschaft wird es immer wichtiger werden zu lernen, sich einmal zurückzuziehen.

Gibt es in unserem schulischen Alltag, in unserem (Sprachen)unterricht, Möglichkeiten, sich zu sammeln und zu erholen, um erneut aufnahmefähig zu sein? Vermitteln wir unseren Schülerinnen und Schülern solche Techniken? Beherrschen wir diese selbst?

Fazit: Die Aufmerksamkeits- und Bewusstseinsforschung befindet sich noch in den Anfängen. Sie kann bisher keine Rezepte für die Pädagogik anbieten, die ein bestimmtes Aufmerksamkeitsverhalten auslösen. Und nach der Selbstorganisationstheorie wird sie dies niemals können. Es sind nur Wahrscheinlichkeitsberechnungen möglich.

Empirisch gesichert aber scheint die Kenntnis über das Verhalten dynamischer Systeme in stabilen und instabilen Zuständen. In der Instabilität sind komplexe Systeme hochsensibel für Kommunikation und Suggestion. Gleichzeitig steigt erheblich die Bereitschaft zu Eigenaktivität und Kreativität. Destabilisierende Interventionen sollten sich nach Kruse jedoch nicht auf Rahmenbedingungen beziehen. Diese müssen besonders bei interner Instabilität unbedingt stabil gehalten werden.

Sind wir Sprachenlehrer und -lehrerinnen in der Lage, allein innerhalb unseres Fachunterrichts für stabile Rahmenbedingungen zu sorgen?

Primäre Aufgabe der Lehrkräfte wäre/ist nach dem bisher Gesagten, eine Vision zu entwickeln, die sie selbst glaubwürdig verkörpern. Danach gilt es:

- möglichst stabile Rahmenbedingungen zu schaffen,
- die Lerngruppe und sich selbst bei deren Lernprozessen zu beobachten und
- punktuell zu intervenieren (Kontextsteuerung/Moderatorenfunktion als stabilisierende und destabilisierende Interventionen).

Gleichzeitig wird deutlich, dass Lehrer/innen allein von dieser Aufgabe überfordert sind. Dies betrifft sowohl das Schaffen von stabilen Rahmenbedingungen als auch die Möglichkeiten der gezielten (de)stabilisierenden pädagogischen Intervention.

Fächerübergreifende Teamabstimmungen im Kollegium und institutionelle, wie bildungspolitische Interventionen sind notwendige Unterstützungen. Aus der Organisationspsychologie wissen wir, dass jede Intervention innerhalb eines Systems personale, interpersonale und institutionale Ebenen hat, wir maximal analytisch fokussieren können, uns aber immer der systemischen Abhängigkeiten bewusst sein sollten. Bereits in der Lehrerausbildung sollten daher Kenntnisse über Organisationsentwicklung erworben und praktisch angewandt werden.

4. Beispiel aus der Schulpraxis

Als Beispiel für einen Projektaufbau, in dem versucht worden ist, Erkenntnisse der Selbstorganisationstheorie in dessen Konzept zu integrieren, sei an dieser Stelle auf den 1999 beendeten Modellversuch *IBiS-Internationalisierung in beruflichen Schulen* mit dem Untertitel „Lernen und Arbeiten in einer international vernetzten und multikulturellen Gesellschaft" verwiesen. Es ist an dieser Stelle nicht möglich, das Projekt im Detail zu erläutern. Ich beschränke mich daher nur auf einige Grundlinien und verweise darüber hinaus auf den Abschlussbericht des Modellversuchs (Senator für Bildung und Wissenschaft 2000).

Ziel des Projektes war im weitesten Sinne ein Beitrag zur Bewusstseinsbildung, Impulse zu geben für den Weg zu einem Prozessmusterwechsel in der beruflichen Bildung und zwar vom nationalen zum internationalen/globalen Denken. Es handelte sich also nicht um ein reines Sprachenprojekt, obwohl eine der Hauptthesen war, dass in der Entwicklung von Kommunikativer Kompetenz ein wesentlicher Schwerpunkt für diesen Prozessmusterwechsel liegt. Die anfängliche Orientierung an kommunikativer und interkultureller Kompetenz entwickelte sich unter dem Schlagwort Internationalisierung/Globalisierung immer deutlicher zur notwendigen Integration in Konzepte des Globalen Lernens, so wie sie auf der Grundlage der Agenda 21 bisher entstanden sind (vgl. Abb. 4).

Kommunikative und kulturelle Kompetenz wurden pädagogisch eingeordnet in das sogenannte magische Dreieck der Agenda 21 und bekamen dadurch eine klare sachinhaltliche und ethische Orientierung. Globalität, als mentale Voraussetzung für berufliche Handlungskompetenz in globalen und lokalen Kontexten sollte folglich durch Kommunikationsfähigkeit gefördert werden. Soweit zur Vision von IBiS.

Mit dieser sich im Laufe des Projektes verändernden und ausdifferenzierenden Vision gingen wir an eine Organisationsplanung. Die Aktionsfelder waren Schul- bzw. Organisationsentwicklung, Unterricht, Netzwerkarbeit und Lehrerfort- und Ausbildung (vgl. Abb. 5).

In dem Projekt wurde in Anlehnung an die Selbstorganisationstheorie:

- eine positive Vision entwickelt;
- das Gesamtsystem (nicht nur das der Sozialpartner in der beruflichen Bildung) in den Veränderungsweg einbezogen und über ein offenes Verständnis von Unterricht und Schule als Teil eines sozialen Umfeldes ein umfangreiches regionales und internationales Netzwerksystem aufgebaut, in dem die Partner über das gemeinsame Thema kommunizieren und sich gegenseitig unterstützen konnten;
- stabilisierende Rahmenbedingungen hergestellt (Arbeitsbedingungen und Kursbedingungen wurden gemeinsam festgelegt und transparent gemacht, ein inhaltlicher, unterschiedlich ausfüllbarer Projektrahmen gebildet, eine klare Projektstruktur mit einem Logo, einem mehrsprachigen Prospekt kommunizierbar gestaltet, gezielte PR-Maßnahmen eingeleitet, Regeln des Umgangs im Team und im Unterricht formuliert etc.);
- auf der unterrichtlichen und institutionellen Ebene destabilisierende Interventionen vorgenommen (Rhythmuswechsel) wie z.B.:
  - intellektuell anspruchsvolle Aufgaben auch im Anfängerunterricht (um die Diskrepanz in der Sekundarstufe II zwischen Sprachvermögen und intellektueller Entwicklung abzumildern),
  - externer Druck und Wettbewerb (auch im Anfangsunterricht) z.B. durch öffentliche Projektpräsentationen vor internationalen Gästen etc.,
  - Kurswahlfreiheit und -angebot aufgrund von Nachfrage unter den Lernern,
  - Gleichrangigkeit von Mutter- und Fremdsprachenerwerb,
  - Regeln brechen (z.B. Körpereinsatz/Suggestopädie, bei erwachsenen Schülern nicht selbstverständlich),
  - Öffentlichkeitsarbeit als Teil des Unterrichts (Befragungen, Presseartikel schreiben, präsentieren durch Schüler/innen),
  - fächerübergreifende Projekte, Plena und Einzelkursphasen, regelmäßige Berichterstattung über Kursergebnisse,
  - Transparenz (Ergebnisse und Probleme offen diskutieren, Unterricht, Organisationsentwicklung),
  - gleichzeitige Teambildungs- und Organisationsentwicklungsprozesse (mit externen Unternehmensberatern) initiiert, Regeln des Umgangs entwickelt und eingehalten, ein OE-Prozess in einer der beteiligten Schulen initiiert (von externen Unternehmensberatern begleitet, die nach der Selbstorganisationstheorie arbeiten).

5. Konsequenzen für die Ausbildung von Lehrerinnen und Lehrern

Zydatiß (1998) hat hierzu Anregungen formuliert. Viele der bekannten Vorschläge können unterstützt werden, ohne sie im Einzelnen zu wiederholen. Hier nur vor dem Hintergrund des Gesagten einige wichtige Ergänzungen.

Vorrangig ist auch für die Sprachendidaktik:
- eine Vision zu entwickeln:
  - Fremdsprachendidaktik z.B. als Kommunikationsdidaktik oder zumindest als Sprachendidaktik, Didaktik der Mehrsprachigkeit zu begreifen;
  - die (Fremd)sprachendidaktik einzuordnen in einen global relevanten Kontext (In IBiS war/ist es die Agenda 21. Welches könnte Ihre Vision sein?);
  - interdisziplinäres Arbeiten als nicht mehr hintergehbares Prinzip anzuerkennen und es auch anzuwenden;
- die eingehende theoretische und praktische Beschäftigung mit Systemtheorien und deren Bedeutung für Sprachlehr/lernprozesse sowie
- Teambildung und Arbeiten in Netzwerken als Teil der Lehrerausbildung zu verstehen;
- die theoretische und praktische Auseinandersetzung mit organisationspsychologischen Theorien zur Vorbereitung auf institutionelle Interventionen am Arbeitsplatz/an unterschiedlichen Arbeitsplätzen (Schule, Erwachsenenbildung, Betrieb etc.);
- bildungspolitisch aktiv eingreifen zu lernen;
- die Bedeutung von Öffentlichkeitsarbeit zu erkennen, Basiskenntnisse zu vermitteln und anzuwenden.

In einem Satz formuliert, bedeutet "Sprachen lehren und lernen" demnach, systemisch denken und danach handeln zu lernen.

Pädagogische und organisationale Interventionen auf der Grundlage der Selbstorganisationstheorie sind jedoch kein Ersatz für eine Verständigung über demokratische Werteorientierung, über ethische Fragen. Diesen Anspruch erhebt die Selbstorganisationstheorie auch nicht. Die Selbstorganisationstheorie steht auch nicht grundsätzlich im Widerspruch zu der lerntheoretischen Vorstellung, dass der Mensch vorrangig dann tätig wird, wenn er für sich Entfaltungsmöglichkeiten sieht (Angst und Faszination also eher Sekundärmotivationen darstellen) und sie widerspricht auch nicht der Erkenntnis, dass diese Entfaltungsmöglichkeiten durch individuelle Dispositionen und durch die sozialen Bedingungen, in denen der Mensch lebt, begrenzt sind. Sie stellt jedoch, aus meiner Sicht, eine gerade in der kritischen Pädagogik lange Zeit vernachlässigte Besinnung auf die natürlichen Grenzen des pädagogischen Einflusses, auf die Selbstheilungskräfte der Individuen und auf die dafür notwendigen institutionellen und personalen Rahmenbedingungen dar. Sie ersetzt hingegen nicht die kritische Auseinandersetzung mit den gegebenen gesellschaftlichen Verhältnissen.

6. Schlusswort

Das bisher Gesagte hört sich nach einem großen Programm an und vor allem nach viel Arbeit. Was aber, wenn Norbert Bolz (1997) recht hat, der „die Müdigkeit für die Seelenlage unserer Zeit" hält? Für diese Müdigkeit der Köpfe und Herzen gibt es natürlich subjektive und objektive Ursachen. Was aber, wenn es stimmt, dass wir müde und erschöpft sind am Projekt der Moderne; wenn es nach dem Ende der Geschichte keinen Grund mehr für wirkliche Veränderung gibt? Was, wenn wir zu große Energien aufwenden müssen, um unseren Idealen treu zu bleiben (von deren Unhaltbarkeit wir vielleicht im Innersten längst überzeugt sind... ? „Die Götter wurden müde, die Adler wurden müde, die Wunde schloss sich müde." (Franz Kafka).

„Was verschwände, wäre der Mensch im eigentlichen Sinne." (Alexandre Kojève).

Ich habe versucht, einige Modellvorstellungen aus der Selbstorganisationstheorie auf Sprachendidaktik und Institutionen- und Bildungspolitik anzuwenden. Zu Beginn zitierte ich Heinz von Förster mit dem Satz: „Man kann nicht zweimal in dasselbe Gesicht schauen." Das einmal gesehene Gesicht sieht man nie wieder, es ist – so wie alles andere – für immer vergangen. Und ich schließe mit Heinz von Förster, der seinen Satz folgendermaßen ergänzte:

> Wenn ich auch nicht zweimal in dasselbe Gesicht schauen kann, so kann ich doch zweimal in das Gesicht von Onkel Theobald schauen, denn: Es ist die Sprache, die den Strom der Zeit anhält. Es existiert keine Statik, es gibt keine Endgültigkeit des Anfangs und des Endes. Diese Purzelbäume, die hier vollführt werden, lassen sich lernen, ja, ich würde sogar sagen: Man kann sie im Moment des Purzelns genießen. (1997: 16)

Literaturhinweise

Beisel, Ruth (1996): *Synergetik und Organisationsentwicklung*. München. Rainer Hamp Verlag.

Bolz, Norbert (1997): Theorie der Müdigkeit – Theoriemüdigkeit.
http://www.heise.de/tp/deutsch/special/mud/6135/1.html

Fischer, Burkhard (1997): Aufmerksamkeit ist ein lebenswichtiges Auswahlverfahren
http://www.heise.de/tp/deutsch/inhalt/co/2077/1.html

Förster, Heinz von (1992): Entdecken oder Erfinden. Wie läßt sich Verstehen verstehen? In: Ders.: *Einführung in den Konstruktivismus*. München: Piper: 41-89.

Haken, Hermann von (1995): *Erfolgsgeheimnisse der Natur*. Synergetik: Die Lehre vom Zusammenwirken. Reinbek: Rowohlt.

Kruse, Peter (1994): Interventionen am Rande des Normalzustands. Gdi-impuls 2/94: 29-41.

----- : Führung im Wandel – Gestaltungsprinzipien von Veränderungsprozessen. Unveröffentlichtes Manuskript.

Lewin, Kurt (1963): *Feldtheorie in den Sozialwissenschaften*. Bern: Huber.

Linke, Detlef (1997): Der letzte Mensch blinzelt.
http://www.heise.de/tp/deutsch/inhalt/co/2000/1.html

Pörksen, Bernhard, (1997): Wir sehen nicht, dass wir nicht sehen.
http:/www.heise.de/tp/deutsch/spezial/robo/6240/1.html

Roth, Gerhard (1997): *Das Gehirn und seine Wirklichkeit*. Frankfurt/Main: Suhrkamp.

----- (1987): Erkenntnis und Realität. Das Gehirn und seine Wirklichkeit. In: Schmidt, Siegfried (1987): *Der Diskurs des Radikalen Konstruktivismus*. Frankfurt/Main: Suhrkamp.

Senator für Bildung und Wissenschaft (2000): Berichte des Modellversuchs IBiS. 1997/98/00. Bremen.

Simonis, Udo-Ernst (1997): Sustainable Development – Ökologische Information für eine bessere Zukunft. *Loccumer Protokolle* 3/97: 27-44.

Ulrich, Hans/Probst, Gilbert J.B. (1990): *Anleitung zum Ganzheitlichen Denken und Handeln.* Bern: Haupt.

Vittinghoff-Eden, Katja (1998): Organisations- und Schulentwicklung. IBiS-Workshopmanuskript.

Zydatiß, Wolfgang (1998): Fremdsprachen lehren lernen heißt für die erste Ausbildungsphase „curriculares Denken lernen". *Zeitschrift für Fremdsprachenforschung* 9/1: 1-10.

Abbildungen

Theorie der Selbstorganisation

		Lösungswege			
Konzeptebene		Steuerung	Regelung	Reagieren	Selbstorganisation
	Systemzustand	stabil	stabil	instabil	instabil
	Systemorganisation	einfach	komplex	einfach	komplex
Handlungsebene	Handlungsstrategien	reflexhaft-automatisch	rational-logisch	Versuch und Irrtum	Intuitive und suggestive Handlungsentscheidung

Abb. 1: Graphik Systemzustände aus Kruse 1994: 30

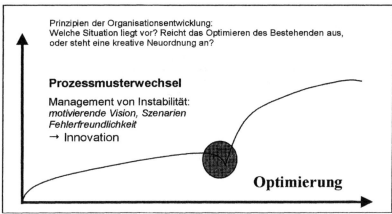

Abb. 2: Graphik Prozessmusterwechsel vs. Prozessoptimierung; adaptiert aus Graphik Vittinghoff-Eden, IBiS-Workshopmanuskript

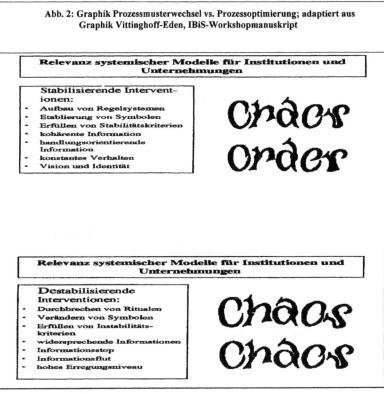

Abb. 3: Graphik stabilisierende und destabilisierende Interventionen; aus Kruse 1994: 40

Das „magische Dreieck" zukunftsfähiger Entwicklung

Schutz der Ökosysteme
- minimale Nutzung nicht-erneuerbarer Ressourcen
- nachhaltige Nutzung erneuerbarer Ressourcen
- Erhaltung der Absorptionskapazität der Natur

Zukunftsfähige Entwicklung

Stabile ökonomische Entwicklung
- hoher Beschäftigungsgrad
- Preisniveaustabilität
- außenwirtschaftliches Gleichgewicht

Sozial gerechte Verteilung
- zwischen den Individuen und sozialen Gruppen
- zwischen „Nord" und „Süd"
- zwischen den Generationen

Abb. 4: Das Agenda 21-Dreieck; aus Simonis 1997: 30

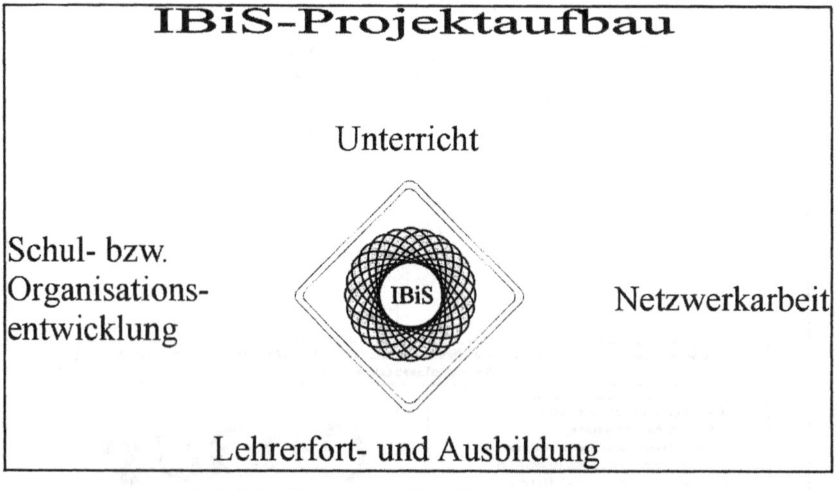

IBiS-Projektaufbau

Unterricht

Schul- bzw. Organisationsentwicklung

Netzwerkarbeit

Lehrerfort- und Ausbildung

Abb. 5: Projektaufbau des Modellversuchs IBiS

Französisch/Spanisch als Arbeitssprache im Sachfachunterricht

Dagmar Abendroth-Timmer/Michael Wendt

In der Didaktik der romanischen Sprachen der Universität Bremen findet seit einigen Semestern ein ständiger Workshop zum Thema bilingualer Sachfachunterricht mit Französisch als Arbeitssprache statt. Im Wintersemester 2000/2001 wurde er auch für Spanischstudenten/ innen geöffnet. Die Arbeit in diesem Workshop verfolgt zwei Ziele: zum einen die Verbesserung der Materiallage durch Erstellung von Modulen, die anderen Lehrern/innen über das Internet zur Verfügung gestellt werden, zum zweiten die Implementierung des Französischen und Spanischen im bilingualen Sachfachunterricht in der Bremer Schullandschaft. In diesem Rahmen wurde am Landesinstitut für Schule und Bildung in Bremen ein Schulbegleitforschungsprojekt beantragt, das zum Schuljahr 2001/2002 mit 15 Entlastungsstunden für die beteiligten Lehrer/innen bewilligt wurde.

Nach einer Darstellung der prekären Situation des Französischen im Land Bremen sowie möglicher sprachenpolitischer Maßnahmen wird die theoretische Fundierung unserer Arbeit durch eine Darstellung von Konzepten und Organisationsformen von bilingualem Sachfachunterricht geliefert, um danach unser konkretes Projekt vorzustellen. Schließlich werden geeignete Methoden der Evaluation aufgezeigt.

1. Begründung des Projekts

Obwohl der Senator für Bildung, Wissenschaft, Kunst und Sport in einem Vertrag mit dem *Institut Français de Brême* im Mai 1995 die Verpflichtung übernommen hat, die Stellung des Französischen an den Schulen des Landes Bremen zu stärken, bildet dieses hinsichtlich der Belegziffern von Französisch auf der Sekundarstufe II das bundesrepublikanische Schlusslicht. Der Abstand vom Durchschnitt der Bundesländer im Schuljahr 1997/98 (18% der Sekundarstufe II-Schüler mit Französisch bei durchschnittlich 35%) hat sich gegenüber 1989 (28% bei durchschnittlich 40%) deutlich vergrößert, ohne dass die Verlustraten des Französischen ähnlich großen Zuwächsen in anderen Schulfremdsprachen entsprächen (vgl. Meißner 1999: 349-351). Auch Spanisch als 2. Fremdsprache ist von der Abwahl in Klassenstufe 11 bedroht.

Der dramatische Einbruch in Klassenstufe 11 (Bremen 20% der Sekundarstufe II-Schüler mit Französisch gegenüber 56 % im Bundesdurchschnitt) wird nicht dadurch behoben, dass eine zweite Fremdsprache auf der Sekundarstufe II (Kl. 11 und 12) verbindlich gemacht worden ist; denn die Abwahl der in Klasse 7 begonnenen zweiten Fremdsprache ist weiterhin möglich und der Abiturnote zuträglich, womit das zielstrebige Lernen dieser zweiten Fremdsprache im Regelfall auf praktisch 3½ Jahre begrenzt ist. Bei gegebener Wochenstundenanzahl reicht dieser Zeitraum zur Entfaltung einer funktionstüchtigen Beherrschung einer Sprache, die (anders als das Englische) nicht zu derselben Sprachfamilie wie das Deutsche gehört, nicht aus, wird Mehrsprachigkeit auf "Englisch für alle" reduziert und die europäische Freizügigkeit des Arbeitsmarktes schulsprachenpolitisch eingeengt. Es fragt sich, ob sich Bremen in dieser Lage das Fehlen jeder „Phantasie für Lösungen" (Schreiben des Senators vom 16.6.99) leisten kann.

Das *Institut Français de Brême* hat in den neunziger Jahren die Initiativen Französisch auf der Primarstufe (vgl. auch entsprechendes Projekt der Schulbegleitforschung) und Französisch 1. Fremdsprache, die vom Land Bremen infolge des obengenannten Vertrags zeitweise unterstützt wurden, angeregt und gefördert. Diese "unten ansetzenden" Maßnahmen wären in der Tat geeignet, ein breiteres Interesse am Französischen und in ähnlicher Weise am Spanischen zu wecken, wenn die Fortführung gewährleistet wäre. Statt dessen führt Französisch auf der Primarstufe in den häufigsten Fällen dazu, dass dieselben Schülerinnen und Schüler innerhalb von vier Jahren bis zu dreimal in dieselbe Sprache eingeführt werden, Spanisch in Klasse 5 wird in Bremen gar nicht angeboten. Ohne eine sinnvolle Koordinierung von gesellschaftlichem Sprachenbedarf, schulischem Sprachenangebot (Förderung der Profilbildung der Schulen durch unterschiedliche Sprachenangebote und -abfolgen) und Beratung bei der Sprachenwahl (persönliche Sprachenprofile) ist dieses Problem nicht zu lösen. Ganz ohne Zweifel würden sich jedoch durch fördernde Maßnahmen auf den Sekundarstufen Synergieeffekte ergeben.

Aufgrund des oben erwähnten Einbruchs der Belegzahlen beim Übergang auf die Sekundarstufe II ist auch dieser Zeitpunkt in der Schullaufbahn der Lernenden von besonderer Bedeutung. Hier verdienen vor allem zwei Kursprofile Beachtung, die geeignet scheinen, dem Lernabbruch im Französischen und Spanischen entgegen zu wirken.

Die eine Maßnahme ist die Implementierung des international anerkannten, gestuften Zertifizierungssystems DELF (*Diplôme Elémentaire de Langue Française*), das vom *Institut Français de Brême* favorisiert und betreut wird und, möglicherweise gestützt durch das Sprachenportfolio, die Motivation zum Erlernen des Französischen über die Sekundarstufe I hinaus begünstigen wird. Für das Spanische gibt es erste Versuche mit dem DELE. Die andere in dieselbe Richtung wirkende, aber vollkommen anders akzentuierte Maßnahme ist die Einführung des bilingualen Sachfachunterrichts mit der Arbeitssprache Französisch/Spanisch.

In § 7 des obengenannten Kooperationsvertrags hat sich der Bremer Senator zur Einrichtung französisch-deutsch bilingualer Zweige „zum geeigneten Zeitpunkt" verpflichtet. Angesichts der oben skizzierten Entwicklung der Schülerzahlen im Fach Französisch dürfte es kaum sinnvoll sein, auf diesen Zeitpunkt noch länger zu warten.

Statt jedoch aktiv zu werden, hat der Bremer Senator bisher alles getan, um die Monopolstellung des Englischen zu stärken. Das gilt vor allem auch im Bereich des bilingualen Sachfachunterrichts. Der Schulversuch „Bilinguale Bildungsgänge" wurde im Namen einer „Erziehung zu Europa" (Auswertungsbericht 1996: 3) für das Englische beantragt und 1990 von der Deputation für Bildung genehmigt. Zur wissenschaftlichen

Betreuung und zur Ausbildung entsprechend geschulter Lehrkräfte wurden im Fachbereich 10 der Universität Bremen eine Arbeitsstelle Bilinguales Curriculum (ABC) und ein Zertifikatsaufbaustudiengang eingerichtet. Hierfür wurden zwei halbe Abordnungen ausgeschrieben (Senator für Bildung vom 15.1.1999). Die Freigabe bereits einzelner Stunden für das Französischprojekt wurden jedoch abgelehnt (e-mail 16.3.1999). Es liegt auf der Hand, dass eine auf das Englische fixierte Schulsprachenpolitik der Bedeutung des geographisch benachbarten, mit Deutschland kulturell, geschichtlich, wirtschaftlich und europapolitisch verwobenen frankophonen Sprachraums ebenso wenig gerecht wird wie der Funktion des Französischen als Weltsprache und mögliche romanische Einstiegssprache. Gleiches gilt für die Handelssprache Spanisch. Immerhin erklärte Bürgermeister Scherf am 10.01.2000 auf dem 50. Jahrestag der Deutsch-Französischen Gesellschaft Bremen, er sehe die Notwendigkeit eines „französisch bilingualen Gymnasiums".

Der folgende Abschnitt skizziert einen Projektentwurf zum bilingualen Sachfachunterricht in Bremen im Rahmen der Schulbegleitforschung. Die Didaktik der romanischen Sprachen an der Universität Bremen bietet einen ständigen Workshop an, in dem geeignete Materialien konzipiert und erarbeitet werden. Über die angestrebte enge Zusammenarbeit mit Bremer Schulen, sollen schulsprachenpolitische Zeichen gesetzt und aufgezeigt werden, welche Konzepte und Formen eines bilingualen Sachfachunterrichts mit den Arbeitssprachen Französisch und Spanisch unter welchen Voraussetzungen realisierbar sind und mit einer ausreichend breiten Akzeptanz rechnen können.

2. Konzepte und Formen des Bilingualen Sachfachunterrichts

2.1 Begriffsbestimmung

Unter bilingualem Sachfachunterricht[1] verstehen wir hier ausdrücklich weder „Sachfachunterricht in der Fremdsprache" (Rautenhaus 2000: 1) noch eine „Form institutionalisierten Lernens, bei der Sachfächer in einer fremden Sprache unterrichtet werden" (Wolff 1997: 51), sondern die Vermehrung der Begegnung mit einer Fremdsprache und die Erschließung fremdsprachiger Handlungsfelder durch Einbeziehung einer Fremdsprache in den Unterricht nicht-fremdsprachlicher Schulfächer.

Die Nutzung des Sachfachunterrichts für die Förderung fremdsprachlicher Kompetenzen ist seit dem 17. und verstärkt seit dem 18. Jahrhundert bekannt (vgl. Weller 1993: 17, Reinfried 1999: 339). Entsprechend vielfältig sind die heute bekannten und praktizierten Konzepte und Erscheinungsformen bilingualen Sachfachunterrichts.

2.2 Formen des bilingualen Sachfachunterrichts im nationalen und internationalen Vergleich

Die in Frankreich favorisierten Konzepte des *enseignement bilingue*, die im 1., 2. oder 3. Schuljahr mit dem *français précoce* einsetzen, lassen sich dem Maximaltyp zurechnen. Ebenfalls sehr früh erfolgt die Alphabetisierung in einer zweiten Sprache an den meisten Auslandsschulen und in den derzeit 11 Staatlichen Europaschulen Berlin, an denen bereits in der Primarstufe der gesamte Unterricht je zur Hälfte in Deutsch und in der Partnersprache erteilt wird (Zydatiß 1997: 261), sowie in den schon häufiger vorgeschlagenen Europaklassen (vgl. Graf/Tellmann 1997: 270f.). Das Genfer Modell (Butzkamm 1997) funktioniert ganz ähnlich, obwohl die hälftige Aufteilung in muttersprachlichen und fremdsprachlichen Unterricht erst im 5. Schuljahr beginnt.

Einen mittleren Weg schlagen bilinguale Schulen oder Züge ein, die gelegentlich mit dem kanadischen späten Immersionsmodell verglichen worden sind (Wode 1995). Der bilinguale Unterricht in 2 oder 3 Sachfächern (meist Erdkunde und Geschichte) mit der 1. Fremdsprache als Arbeitssprache setzt in Klasse 7 (Hessen, Nordrhein-Westfalen) oder 9 (Friedrich-Ebert Gymnasium Berlin, vgl. Jahr 1997) ein, wobei die 1. Fremdsprache in vielen Fällen mit einer (Hessen) oder zwei (Nordrhein-Westfalen) zusätzlichen Wochenstunden verstärkt unterrichtet wird (vgl. Hessische Kultusminister 1993: 139, Ministerium für Schule 1998). Meist (u.a. Hessen, Nordrhein-Westfalen) wird der bilinguale Unterricht als verbindliche Kopplung eines Leistungskurses in der 1. Fremdsprache mit einem bilingualen Sachfach als Grundkurs auf Sekundarstufe II fortgeführt. Deutsch-französische Gymnasialzüge (in Nordrhein-Westfalen seit 1989 auch an Realschulen) gibt es seit Anfang der siebziger Jahre (vgl. Weller 1993: 17, Wittenbrock 1995: 107).

Dem mittleren Weg lässt sich auch das ausschließlich für das Englische konzipierte Bremer Modell der *European Studies* zurechnen, obwohl die Vorbereitung auf den insgesamt 5-stündigen bilingualen Unterricht in den Klassenstufen 9 und 10 erst im Englischunterricht der Klassen 7 und 8 stattfindet. An der ersten Stelle der ausgewiesenen Ziele steht in Bremen (vgl. Rahmenvorgaben 1999: 2) wie z.B. auch in Nordrhein-Westfalen (Ministerium für Schule 1998: 7) die Erweiterung der zielsprachigen Kompetenz. Im Bremer Verständnis von Aufgeklärter Einsprachigkeit als leitendem Prinzip, das der Muttersprache vornehmlich Stützfunktionen innerhalb einer englischsprachigen Gesamtsituation zuweist (Rahmenvorgaben 1999: 22), wird die konsequente Zweisprachigkeit bilingualen Unterrichts allerdings durchbrochen.

Vor allem die Formulierung

In den bilingualen Bildungsgängen soll eine sprachliche Kompetenz erworben werden, die weit über die Ergebnisse eines normalen Fremdsprachenunterrichts hinausgeht (Rahmenvorgaben 1999: 2)

lässt den bilingualen Sachfachunterricht als erweiterten Englischunterricht „unter Berücksichtigung der Inhalte der Fächer Geschichte, Geographie und Gemeinschaftskunde" (ebd.: 3) erscheinen, wobei die englischsprachige Ausdrucksfähigkeit „ggf. im positiven Sinne in die Beurteilung und Bewertung der englischen Sprachkompetenz im Fach Englisch einbezogen werden" soll (ebd.: 23).

Bilingualer Sachfachunterricht, der sich einerseits als Erweiterung eines etablierten fremdsprachlichen Unterrichtsfachs versteht und andererseits dieses zu seinem Vorbereiter und Zulieferer umfunktioniert, sieht sich den von Decke-Cornill (1999) formulierten Vorwürfen gegenüber, der bilinguale Ansatz beende die Autonomie fremdsprachlicher Unterrichtsfächer durch Festschreibung von atypischen Inhalten, opfere die pädagogisch wichtige Lernerorientierung der Sachorientierung und unterminiere die Motivation zur Mehrsprachigkeit. Diese Kritik relativiert besonders stark die den "mittleren Weg" charakterisierende Perspektive des in die Sachfächer hinein verlängerten Fremdsprachenunterrichts. Ihr jede Berechtigung abzusprechen, ginge jedoch sicherlich zu weit; denn: Schülerinnen und Schüler, die sich für die Teilnahme am bilingualen Sachfachunterricht entscheiden, tun dies eben doch in der Hoffnung auf einen sprachlichen Zugewinn, der für das Studium im benachbarten Ausland oder die spätere berufliche Mobilität im zusammenrückenden Europa nur von Vorteil sein kann.

Dabei bleibt die Frage offen, ob nur die besprochenen monolithischen Konzepte diesem Bedürfnis entgegenkommen oder ob viel weniger aufwendige Maßnahmen, die ebenfalls als Erweiterung des Fremdsprachenunterrichts gelten können, attraktive Alternativen darstellen. Als ein Beispiel unter anderen seien die französischen *classes européennes* genannt: 3 zusätzliche Stunden in der gewählten Sprache sind gleichmäßig auf die Fachlehrkraft für die Sprache, auf den/die Schulassistenten/in und auf eine weitere Stunde in einem Sachfach verteilt, in der dessen übertragbare Inhalte in der gewählten Sprache aufgearbeitet werden.

2.3 Öffnung des Sachfachunterrichts für Sprachen

Eine völlig andere Perspektive ergibt sich, wenn bilingualer Sachfachunterricht nicht in erster Linie als verlängerter Fremdsprachenunterricht, sondern als genuines Anliegen der Sachfächer betrachtet wird. Deren Öffnung über den eigenkulturellen Horizont hinaus liegt angesichts zunehmender Globalisierung in allen Bereichen im Interesse einer notwendigen Internationalisierung der Schulkultur. Interkulturelles Lernen als pädagogisches Prinzip ist anders überhaupt nicht zu verwirklichen.

Dieser Ansatz ist insofern breiter als er alle Schulfächer und mehr als eine Fremdsprache betrifft. Er ist zugleich weniger aufwendig, weil er vorrangig auf die Entwicklung von Teilkompetenzen abzielt, indem er Schwerpunkte in der Förderung der Verstehensfähigkeiten und in der Ausbildung interkultureller Kompetenz setzt.

So verstandener bilingualer Sachfachunterricht findet bereits statt, wenn Geschichtslehrer einen französischen Text über die Französische Revolution, Musiklehrer das italienische Original einer Opernarie oder Erdkundelehrer einen russischen Videoausschnitt über die Bodenschätze im Ural heranziehen. Sein am deutlichsten erkennbares Merkmal besteht darin, dass die Schüler/innen über Lernmaterialien in mehr als einer Sprache verfügen (vgl. Reinfried 1999: 339), ein Sachverhalt, der bei der Arbeit mit dem Internet zu den Alltäglichkeiten gehören sollte. In erster Linie wird themenbezogenes (selektives) Verstehen gefördert.

Epochaler, modularer oder fächerübergreifender Projektunterricht kommen der Öffnung der Sachfächer in besonderer Weise entgegen. Zu diesem Typ bilingualen Sachfachunterrichts gehört beispielsweise die österreichische Variante *Fremdsprache als Arbeitssprache* (Zentrum für Schulentwicklung 1995). Ihre Kennzeichen sind kürzere Unterrichtssequenzen (Module), in denen geeignete Themen in der Fremdsprache behandelt werden, wobei im Sinne der Mehrsprachigkeit mehrere Sprachen – ggf. sprachen- und arbeitsteilig – berücksichtigt werden können und fächerübergreifende Projekte in Verbindung mit außerunterrichtlichen Aktivitäten. Primäres Ziel ist es, den Schülern und Schülerinnen die Erfahrung zu vermitteln, dass sie in fachlichen Zusammenhängen mit Fremdsprachen umgehen können.

Fremdsprachliche Module sind bereits für die unterschiedlichsten Sachfächer beschrieben worden, so z.b. ein sechswöchiges Englischmodul im Sportunterricht (Kossek 1999) und ein Spanischmodul im Mathematikunterricht (Weber 1999).

Epochale Modelle hingegen sind bisher u.W. kaum bekannt geworden. Sie wären so zu konzipieren, dass Teile des in der Ausgangssprache behandelten Lernstoffs in zielsprachlichen und zielkulturell perspektivierten Projekten weiterbearbeitet würden, wobei das Aufsuchen entsprechender Informationen aus dem Internet zur Aufgabe gehört.

Internationalisierung der Schule setzt der kursplanerischen Phantasie keine Grenzen. Lehrkräfte mit der Lehrbefähigung in einem Sachfach und guten Fremdsprachenkenntnissen können im halbjährlichen Wechsel zweistündige bilinguale Arbeitsgemeinschaften anbieten, an denen Schüler/innen der Klassenstufen 9-13 freiwillig teilnehmen. Solche AGs, die nach vorliegenden Berichten gerade auch von Schülern/innen nachgefragt werden, die die jeweilige Sprache nach Klasse 10 oder 11 abgewählt haben, schlagen mit lediglich 2-4 Wochenstunden im Lehrdeputat einer ganzen Schule zu Buche.

Langfristig wird sich die Internationalisierung der Schule nur erreichen lassen, wenn Lehrkräfte mit Lehrbefähigung in einer Fremdsprache und in einem oder zwei Sachfächern dazu veranlasst werden können, fremdsprachige Module einzusetzen, wo immer der Vergleich der deutschen Problemsicht mit einer anderen vorzugsweise europäischen Perspektive naheliegt und wenn Lehramtsstudierende bereits bei der Zulassung zum Studium hinsichtlich der Fächerwahl entsprechend orientiert werden.

Sollten Schulverwaltung und die Schulen selbst sich nicht zu entscheidenden Schritten in Richtung Internationalisierung der Schule bereit finden, wird mittelfristig kein Weg um den verstärkten "Import" ausländischer Lehrkräfte herumführen.

3. Theorie und Praxis

Bilingualer Sachfachunterricht ruht auf den Schultern engagierter Lehrerinnen und Lehrer, die sich von der Theorie und der Forschung allein gelassen fühlen. An der von Wittenbrock 1995 (: 107) skizzierten Lage hat sich inzwischen nichts wesentlich geändert:

> Die bisher verfügbaren Publikationen stammen zumeist aus der Feder beteiligter und engagierter Schulpraktiker, die zwar nützliche Erfahrungsberichte liefern, aber eine fundierte wissenschaftliche Forschung in diesem pädagogischen Aktionsfeld weder ersetzen wollen noch können. So gibt es gerade in diesem Bereich ein erhebliches Defizit, das sich sowohl auf die Analyse der theoretischen Prämissen dieses Unterrichtsangebots erstreckt als auch auf das weite Feld empirischer Forschung.

In der Tat beschränkt sich die französische und deutschsprachige Literatur zum bilingualen Sachfachunterricht auf Berichte aus der Praxis. Dass sich in den Vereinigten Staaten und Kanada gewonnene Ergebnisse der Bilingualismusforschung und der Beobachtung vom Immersionsunterricht wegen gänzlich anderer Rahmenbedingungen nicht auf Mitteleuropa übertragen lassen, ist mehrfach hervorgehoben worden (Vollmer 1992, Weller 1996).

Als größere empirische Untersuchung zum bilingualen Sachfachunterricht in Deutschland ist bisher nur die Absolventenbefragung des Soester Landesinstituts (1995, vgl. auch Christ 1996) mit immerhin 495 Rückläufen bekannt. 72% (gegen 2%) der Befragten glaubten, im bilingualen Sachfach mindestens ebensoviel gelernt zu haben wie die Mitschüler im deutschen Sachfachunterricht. 87% empfanden keine große Schwierigkeit, die Sachfächer in der Fremdsprache zu lernen.

Es fehlt weiterhin an einer Theorie des bilingualen Sachfachunterrichts, die geeignet wäre, Hypothesen zu generieren und Unterricht sowie Forschung zu orientieren. Eine solche Theorie lässt sich auch nicht einseitig aus der Fremdsprachendidaktik, aus den Didaktiken der Sachfächer oder aus einer "Schnittmenge" von Sachfach und Fremdsprachenunterricht (Rautenhaus 2000) heraus entwickeln, sie müsste vielmehr auf einer Metaebene ansetzen, z.B. an einer allgemeinen oder kommunikativen Theorie des sprachlichen Handelns, an kognitions- und lerntheoretischen Grundannahmen (vgl. Wolff 1997) und/oder an Modellen der interkulturellen Pädagogik (vgl. Breidbach 2000).

Eine verbreitete kommunikations- und motivationstheoretische Vorannahme besagt (Rautenhaus 2000: 1), die im bilingualen Sachfachunterricht „verwendete und dabei zu vervollkommnende Zielsprache" werde „im Gegensatz zum traditionellen Fremdsprachenunterricht wieder zu dem, was eine Sprache eigentlich ist: Kommunikationsmittel und Denkinstrument." Sie rückt das Lernen einer anderen Sprache im Sachfachunterricht in die Nähe des natürlichen Erwerbs. Wo Aneignung von Sprache tatsächlich so geschieht, findet die von bilingualem Sachfachunterricht ausgehende Motivation eine zusätzliche Erklärung. Ob die Annahme selbst aber generalisierbar ist und inwieweit andere Motivationsfaktoren (sanktionsfreier Umgang mit der Fremdsprache, Engagement der Lehrkraft, Zusammensetzung der Lerngruppe u.a.m.) ins Spiel kommen, sind zentrale Fragen an die Unterrichtsforschung.

Sollte sich die Hypothese des erwerbsnahen Sprachenlernens im bilingualen Sachfachunterricht bestätigen, wäre eine aus ihr zu deduzierende Hypothese zu überprüfen: Die Viabilisierung lernersprachlicher Konstrukte in als authentisch empfundenen Sprachverwendungskontexten wirkt sich auf die Vermehrung impliziten Sprachwissens günstig aus.

Eine dritte Implikation der Vorannahme bedarf ebenfalls der Überprüfung. Sie besagt, dass sich durch bilingualen Sachfachunterricht die zielsprachige Kompetenz allgemein erhöhe. Die älteren Untersuchungen von Oller zum *general language proficiency factor* (Oller 1976, vgl. Sang/Vollmer 1978) könnten diese Hypothese stützen.

Stark eingeschränkt wird sie durch die ebenfalls empirisch belegbare (vgl. Zydatiß 1997: 117) Unterscheidbarkeit einer alltagsorientierten mündlichen Kommunikationsfähigkeit oder *Basic Interpersonal Communicative Skills (BICS)* und einer sach- und fachbezogenen, an schriftlichen Texten orientierten Sprachfähigkeit oder *Cognitive/Academic Language Proficiency (CALP)* nach Cummins (1979) oder *content-based communication skills* nach Thürmann/Otten (1992: 41). Obwohl die letztgenannten Autoren (: 41f.) die Entwicklung der *CALP* zur gemeinsamen Aufgabe von Fremdsprachenunterricht und bilingualem Sachfachunterricht erklären, was im Sinne einer für die Bearbeitung von Texten konstitutiven *school language* (McLaughlin/Graf 1985: 48f.) durchaus möglich ist, scheint evident, dass die Rolle von *BICS* im Sachfachunterricht weitgehend auf die eines lernersprachlichen Substrats beschränkt bleibt und dass die Schulsprache in Richtung auf eine graduelle doppelte Fachsprachlichkeit hin weiterentwickelt werden muss.

Als theoriegenerierend und gleichzeitig praxisorientierend sieht Wolff (1997: 53) das Modell der gestuften Verarbeitungstiefe nach Craik und Lockhart (1972) an. Er interpretiert dieses jedoch nur im Sinne von Bedeutungshaltigkeit und Emotionalisierung von Lernprozessen, wodurch der Blick auf unterschiedlich komplexe kognitive Prozessebenen verstellt wird, die in der deutschen Psychologie und Psycholinguistik eine wichtige Rolle spielen (vgl. Wendt 1993: 66-69).

Aus dieser Sicht gewinnt das Modell der gestuften Verarbeitungstiefe in der Tat erhebliche Bedeutung für die Lernzielbeschreibung und die Gestaltung der Arbeitsvorhaben im bilingualen Sachfachunterricht. Zur Orientierung empfiehlt sich der Gebrauch einer fächerübergreifenden abgestuften Systematik kognitiver Lernziele, wie sie Bloom et al. (1976) erarbeitet haben.

4. Der Workshop „Französisch/Spanisch als Arbeitssprache im Sachfachunterricht"

Im Sommersemester 1999 und im Wintersemester 1999/2000 wurde jeweils ein Workshop mit 3 Semesterwochenstunden zum Thema *Französisch im bilingualen*

Sachfachunterricht, im Wintersemester 2000/2001 zusätzlich unter Einbezug des Spanischen, angeboten, an denen wenige (keine Pflichtveranstaltung!), aber sehr engagierte Studierende teilnahmen. An mehreren Sitzungen haben Bremer Lehrkräfte teilgenommen. Die Sitzungen umfassten jeweils einen „theoretischen" Teil (Schulsprachenpolitik, Ziele, Konzepte und Organisationsformen des bilingualen Sachfachunterrichts etc.) und die Arbeit an bilingualen Sachfach-Modulen.

Für die Fächer Geschichte, Arbeitslehre, Biologie, Sport, Kunst und Geographie wurden die derzeit gültigen Rahmenpläne im Hinblick auf einlösbare Lernziele, geeignete Inhalte und empfohlene Arbeitsweisen gesichtet. Interessante Themen für die Module waren schnell gefunden.

Mit vergleichsweise großem Arbeitsaufwand war, wie zu erwarten, die Suche nach deutschen und französischen Textquellen verbunden. Da sich auf dem Schulbuchmarkt außer einigen von Klett vertriebenen Büchern des Verlags Nathan zu Geschichte und Erdkunde nur wenig findet, wurde eine Liste erreichbarer Titel (*Sachfachbezogene Arbeitsmittel Französisch/Spanisch*) erstellt. Einige französische Lehrbücher für Sekundarstufe I und einige Fachzeitschriften wurden aus Frankreich beschafft. Für das Spanische wurde bisher die Bibliothek des *Instituto Cervantes* in Bremen konsultiert. Eine (jederzeit zu ergänzende) *Sammlung von Internet-Adressen*, für die auch entsprechende Hinweise in didaktischen Fachzeitschriften ausgewertet wurden, verhalf zu einer Reihe von gut brauchbaren Texten.

Alle Module sollen aus 6-8 eher kurzen Texten zu einem zentralen Thema, aus einem entsprechenden *language support* und Handreichungen (weiterführende Informationen zum Thema, Hinweise zur Bearbeitung) bestehen (vgl. Vollmer/Thürmann 1997: 33f.). Die Arbeiten an folgenden Modulen sind unterschiedlich weit gediehen:

Geschichte:	La Révolution Française/Die Französische Revolution
	Le traité de Versailles/Der Versailler Vertrag
	La conquista/Die Eroberung Amerikas
Arbeitslehre:	La Mode/Mode
Biologie:	La génétique thérapeutique/Gentherapie
Sport:	Le Mondial/Fußballweltmeisterschaft
	Acrobacia/Freies Turnen
Kunst:	L'Impressionisme en France/Deutscher Impressionismus
Geographie:	La région industrielle franco-allemande: Saar-Lor-Lux/
	Die Deutsch-französische Wirtschaftregion: Saar-Lor-Lux

Diese Module sollen nach Fertigstellung erprobt werden. Die erprobten Module werden mit überarbeiteten Einsatzhinweisen unter der Adresse des Instituts für Fremdsprachendidaktik und Förderung der Mehrsprachigkeit (INFORM) in eine inzwischen eingerichtete Homepage (http://www.fb10.uni-bremen.de/romanistik/forschung/projekte/biscuit/biscuit.htm) und damit auch anderen Lehrkräften zur Verfügung gestellt. Weitere Module sollen in

Kürze auch für die Fächer Darstellendes Spiel, Soziologie, Pädagogik und Politik entwickelt werden.

5. Vorrangige Ziele und Fragestellungen

5.1 Akzeptanz bilingualer Lernformen

Der eingangs skizzierten schulsprachenpolitischen Rahmenbedingungen eingedenk, steht unsere Arbeit unter folgendem Motto (Vollmer 1992: 34):

> Nehmen wir die Herausforderung an: Schaffen wir ein, zwei, viele Inseln der Erprobung von bilingualen Unterrichtsansätzen und von sonstigen fremdsprachendidaktischen Neuerungen, zu denen unbedingt Lernen in Intensivphasen, in Kompaktkursen, mit begrenzter Zielsetzung (z.b. lesendes Verstehen bestimmter Textsorten/Diskurstypen) und das Lernen in gemischtsprachigen und gemischtkulturellen Gruppen gehören sollte.

Dementsprechend besteht das vorrangige Ziel unserer Arbeit in der Überprüfung der mental-affektiven und der realen Akzeptanz der oben unter „Öffnung der Sachfächer" beschriebenen Angebotsformen von französisch-deutschem und spanisch-deutschem Sachfachunterricht auf den Klassenstufen 9-13 sowie unter Französisch/Spanisch-Abwählern/innen. Diese Beschränkung auf den dritten Typ des bilingualen Sachfachunterrichts trägt dem Umstand Rechnung, dass der Maximaltyp und der "mittlere Weg" einen im Rahmen der Schulbegleitforschung nicht zu realisierenden Grad der Institutionalisierung voraussetzen, weshalb auch die mittelfristige Rückwirkung dieser Angebotsformen auf die Sprachenwahl in den Sekundarstufen nicht überprüft werden kann.

Die erarbeiteten und weiterhin zu erarbeitenden Module und Unterrichtseinheiten sollen sowohl unterrichtsintegriert („epochal") als auch im projektorientierten Fachverbund und als frei wählbare mehrwöchige Angebotskurse (ggf. Arbeitsgemeinschaften mit Vermerk im Zeugnis) auf den genannten Klassenstufen eingesetzt und auf weiter unten beschriebene Weise evaluiert werden.

5.2 Materialentwicklung

Die Erarbeitung weiterer Module und Unterrichtseinheiten wird in den Workshops geleistet. Neben der eigentlichen Materialerstellung sollen die Bremer Rahmenpläne und französische/spanische Lehrbücher für die Sachfächer erneut und systematisch daraufhin überprüft werden,

- welche Themen sich für eine Bearbeitung in deutscher und französischer/spanischer Sprache in besonderer Weise eignen,

- welche empfohlenen Arbeitsweisen die Vermittlung welcher fachübergreifender und/oder fachspezifischer Lernstrategien/Arbeitstechniken nahelegen,

- welche fachspezifischen Textsorten vor allem berücksichtigt werden müssen,

- welcher Grad an doppelter Fachsprachlichkeit auf welche Weise anzustreben ist und

- welche übertragbaren und fachspezifischen Sprachhandlungen mit den entsprechenden sprachlichen und nonverbalen Mitteln zu lehren und zu lernen sind.

Bei einigen dieser Punkte könnten sich Rückgriffe auf die *Empfehlungen* (1996) und auf die Bände des Zentrums für Schulentwicklung (1991ff.) als hilfreich erweisen. Fachsprachliche Darstellungen liegen für einige Fächer vor, z.B. für Geschichte (Drummer et al. 1991) und Chemie (Schröder 1997). Eine unterrichtsnahe Fachsprachendidaktik wurde bisher nur für den Sprachbereich Deutsch entwickelt (Fluck 1992), weshalb diesem Aspekt besondere Aufmerksamkeit gelten muss.

5.3 Prozessualität des Lernens in zwei Sprachen

Über die Akzeptanz- und Motivationsproblematik und über die Materialentwicklung hinausgehende Ziele betreffen die Erforschung der Prozessualität des Lernens in zwei Sprachen. Sie sollen folgende vordringliche Fragen beantworten helfen:

1) Welche mentalen Prozesse kennzeichnen bilinguales Lernen und Handeln in den jeweils gegebenen Kontexten?

2) Welche Auswirkungen hat bilinguales Lernen in gegebenen Kontexten auf die Entwicklung impliziten Sprachwissens und auf Sprachbewusstheit?

3) Welche mentalen Strategien setzen Lernende im Umgang mit der doppelten Fachsprachlichkeit ein?

4) Welche mentalen Strategien entwickeln Lernende bei der Bewältigung von Aufgaben, die eine unterschiedliche Verarbeitungstiefe verlangen?

5) Welche mentalen und offensichtlichen Strategien und Techniken entwickeln Lernende in Verbindung mit den fachspezifischen Sprachhandlungsformen?

6) In welchem Umfang werden welche lernersprachlichen Bereiche (vgl. auch *BICS* und *CALP*) im Bewusstsein der Lernenden durch bilingualen Sachfachunterricht entwickelt?

6. Weiterreichende Ziele

Ein weitergreifendes Ziel, das im Workshop ständig eine Rolle spielt, jedoch nur in einigen zentralen Bereichen erreicht werden kann, ist die Erarbeitung einer Methodik des bilingualen Sachfachunterrichts, die aus fächerübergreifender Perspektive das vom "normalen" Unterricht Abweichende darstellen und gleichzeitig in wesentlichen Punkten auf die Besonderheiten der einzelnen Fachbereiche eingehen sollte.

Eine zentrale unterrichtsmethodische Frage verbindet sich mit der Präsentationslastigkeit (Texte, Diagramme, Abbildungen) sowie mit der verstärkt notwendigen

Verständnissicherung: Lässt sich lerner- und handlungsorientierter Unterricht trotzdem verwirklichen? Welchen Stellenwert haben in diesem Zusammenhang projektorientiertes Arbeiten, Selbstorganisation von Arbeitsvorhaben, Partner-/Gruppenarbeit, autonomes Lernen? Wie lassen sich Textverarbeitung (Produktorientierung) und Arbeit mit dem Internet (Informationsbeschaffung) am sinnvollsten integrieren? Inwieweit kann das Internet Lernwerkstätten ersetzen?

Besondere Bedeutung dürfte auch der Entfaltung von Lernstrategien zukommen. Es leuchtet wohl unmittelbar ein, dass die Erschließung ausgangs- und zielsprachiger Informationsträger (bottom up/top down-Lesen) und die Informationssuche im Internet (Selektionsstrategien) jeweils andere Techniken verlangen, wobei auch ggf. unterschiedliche Arbeits- und Lernstile zu differenzieren sind.

Ein weiterer Fragenkomplex bezieht sich auf das parallele Arbeiten und Lernen in zwei Sprachen. Inwieweit sind französische/spanische Quellen durch deutsche Darstellungen mit ähnlichem Thema sprachlich und inhaltlich vorzuentlasten oder nachzubereiten? Wie lässt sich Sprachvergleich (vgl. Weller 1996: 78) für die Entwicklung des Verstehens und die Förderung produktiver sprachlicher Handlungsfähigkeit nutzen? Wie wird doppelte Fachsprachlichkeit entwickelt?

Schließlich wäre zu fragen, inwieweit sich aus der Beantwortung dieser Fragen Handlungsempfehlungen für den Unterricht in dem jeweiligen Fach und der jeweiligen Sprache ableiten lassen und ob entsprechende Handlungsempfehlungen auch für andere Sachfächer und andere Sprachen Gültigkeit beanspruchen können.

Es kann nicht erwartet werden, dass alle genannten Fragen eine befriedigende Antwort finden werden. Es kann jedoch durchaus mit Beobachtungen gerechnet werden, die die didaktisch-methodische Reflexion bilingualen Sachfachunterrichts voranbringen und die im Sinne der Förderung von Mehrsprachigkeit Impulse für den bilingualen Unterricht in anderen Sprachen (Englisch, Spanisch, Türkisch) vermitteln.

Es ist letztlich durchaus davon auszugehen, dass die gewonnenen Einsichten in die dringend notwendige Ausbildung von Lehrkräften für den bilingualen Sachfachunterricht eingehen werden. Zahlreiche Veröffentlichungen zu diesem Thema (vgl. u.a. Koch 1997, Hergt 1998, Kuhfuß 1999) beschreiben lediglich Ist-Zustände und nicht abgesicherte Konzepte.

7. Planung der Implementierung und Evaluation
7.1 Implemetierung

Da davon auszugehen ist, dass Akzeptanzforschung, wie sie hier sowohl auf die Sprachen Französisch und Spanisch als auch auf die neue Kursform "Bilingualer Sachfachunterricht" bezogen durchgeführt wird, das Angebot unterschiedlicher Kursmodelle erfordert, um aussagekräftige Ergebnisse zu erlangen. Daher sollen an verschiedenen Gymnasien und Schulzentren folgende Kurse eingerichtet werden (vgl. 5.1):

A) an 2 Schulen je 1 Klasse (Französisch/Spanisch 2. Fremdsprache) mit epochalem Unterricht auf Französisch in einem Sachfach, vorzugsweise Klassenstufen 10 und 12.

B) an 2 Schulen je 1 Klasse (Französisch 1. Fremdsprache) mit epochalem Unterricht in einem Sachfach, vorzugsweise Klassenstufen 9 und 11.

C) an 2 Schulen (je 1 x Französisch 1. Fremdsprache und Französisch/Spanisch 2. Fremdsprache) je 1 mehrwöchige AG zu einem ausgewählten Sachfachthema („modulare" Form); an einer der beiden Schulen soll das Angebot, das sich an Interessierte der Klassenstufen 9-13 richtet, in jedem Halbjahr, aber möglichst mit wechselnden Fächern gemacht werden, die andere Schule soll nach jeweils einem Jahr wechseln.

D) an 2 Schulen (je 1 x Französisch 1. Fremdsprache und Französisch/Spanisch 2. Fremdsprache) je 1 Klasse mit erweitertem Unterricht in einem Sachfach (den *classes européennes* nahestehendes Modell): neben dem normalen Unterricht in diesem Fach sollen je 1 weitere Stunde von dem Fachlehrer und von dem/der Schulassistent/in zur Behandlung fachlicher Inhalte auf Französisch/Spanisch erteilt werden.

7.2 Evaluation/Auswertung

Die reale Akzeptanz der unterschiedlichen Angebotsformen (5.1) soll statistisch ermittelt und halbjährlich auf der Grundlage der an der jeweiligen Schule anzutreffenden Rahmenbedingungen vergleichend analysiert werden.

Die motivationale Akzeptanz (5.1) der Angebotsformen, Arbeitsschritte, Arbeitsformen, Lernmaterialien, des Sachfachs selbst und der Sprache sollen durch Lerntagebücher geprüft werden, die die Schüler/innen nach vorgegebenen Fragen kontinuierlich führen sollen. Die Abgabe der Lerntagebücher an die Lehrkräfte zwecks Auswertung erfolgt freiwillig.

Ersatzweise oder unterstützend werden zwei- bis dreimal jährlich anonyme Befragungen zu den genannten Punkten durchgeführt. Die Fragebögen enthalten Items in Auswahlantwortform, in Form von Beliebtheitsreihenfolgen und Ranking-Skalen sowie offene Fragen.

Alle drei Erhebungsformen bieten Anlässe zu jeweils anschließenden Klassengesprächen und freiwilligen Einzelbefragungen („kommunikative Validierung").

Zur Untersuchung der Prozessualität bilingualen Lernens (5.3) sind introspektive Verfahren einzusetzen. Für die unterrichtsmethodische Auswertung (Ziffer 6) sollen Lehrtagebücher geführt werden. Für die methodische Mikroanalyse sind Unterrichtsaufzeichnungen erforderlich.

An Proficency-Tests ist zum gegenwärtigen Zeitpunkt nicht gedacht, weil sie auch in Kontrollgruppen eingesetzt werden müssten und überdies der Motivation der

Lernenden abträglich sein könnten. Statt dessen soll ein dem Sprachenpass nachempfundenes Modell erprobt werden. Hierzu werden den Lernzielen entsprechende Zielkompetenzen definiert und in graduelle Teilkompetenzen unterteilt, deren Erreichen von den Schülern/innen in persönlicher Absprache mit der Lehrkraft in einem für diesen Zweck zu entwickelnden Kurspass markiert wird.

8. Schlussbemerkung

Die Darstellung soll Hochschullehrern/innen gleichermaßen wie Lehrern/innen Anregungen liefern, wie auch für Sprachen, bei denen durchschnittlich von einem niedrigeren Kompetenzniveau der Lernenden als bei Englisch auszugehen ist, schrittweise bilingualer Sachfachunterricht möglich ist. Dabei wurde ein Modell gewählt, das keine neuen schulischen Strukturen erfordert und damit allein auf das Engagement von Lehrern/innen zurückgreift. Dieses Engagement kann nun auch durch die Einbettung in die Schulbegleitforschung und damit über dafür vorgesehene Qualifizierungsangebote und Entlastungsstunden gestützt werden

Anmerkungen

[1] Zur Abgrenzung der Begriffe *Bilingualität, Zweisprachigkeit* und *Immersion* vgl. Weller (1993: 8-14).

Literaturhinweise

Albert, Ruth (1998): Das bilinguale mentale Lexikon. *Deutsch als Fremdsprache* 35/2: 90-97.

("Auswertungsbericht") (1996): Der Schulversuch "Bilinguale Bildungsgänge in Bremen". Auswertung der Erfahrungen seit 1989 Bremen: Vorlage Nr. L 67 für die Sitzung der Deputation für Bildung am 30.1.1997.

Bach, Gerhard/Niemeier, Susanne (Hrsg.) (2000): *Bilingualer Unterricht.* Grundlagen, Methoden, Praxis, Perspektiven. Frankfurt/Main: Lang.

Baker, Colin/Prys Jones, Sylvia (1998): *Encyclopedia of bilingualism and bilingual education.* Clevedon (u.a.): Multilingual Matters.

Bloom, Benjamin S./Engelhart, M.D./Furst, E.J./Hill, W.H./Krathwohl, David R. (1976): *Taxonomie von Lernzielen im kognitiven Bereich.* Dt. v. E. Füner u. R. Horn. Weinheim/Basel: Beltz 5. Aufl.

Bludau, Michael (1996): Zum Stand des bilingualen Unterrichts in der Bundesrepublik Deutschland. *Neusprachliche Mitteilungen* 49/4: 208-215.

Bonnet, Andreas (1998): 'Can I have Klebeband?' Handlungsorientierung des bilingualen Unterrichts im Fach Chemie. *Englisch* 33/4: 122-129.

Bratt Paulston, Christina (1998): *International handbook of bilingualism and bilingual education.* New York (u.a.): Greenwood Press.

Breidbach, Stephan (2000): Bilinguale Didaktik zwischen allen Stühlen? Zum Verhältnis von Fremdsprachendidaktik und Sachfachdidaktiken. In: Bach/Niemeier (Hrsg.) (2000): 173-184.

Burmeister, Petra (1994): *Englisch im Bili-Vorlauf:* Pilotstudie zur Leistungsfähigkeit des verstärkten Vorlaufs in der 5. Jahrgangsstufe deutsch-englisch bilingualer Zweige in Schleswig-Holstein. Kiel: l & f-Verlag.

Butzkamm, Wolfgang (1997): Methodische Grundsätze und Probleme des bilingualen Sachunterrichts. Eine Klärung auf der Grundlage reflektierter Praxis. In: Meißner, Franz-Joseph (Hrsg.): 297-306.

Christ, Ingeborg (1996): Ein Vierteljahrhundert bilinguale Bildungsgänge. *Neusprachliche Mitteilungen* 49/4: 216-220.

Craik, Fergus I.M./Lockhart, Robert S. (1972): Levels of processing: a framework for memory research. *Journal of Verbal Learning and Verbal Behavior* 11: 671-684.

Cummins, Jim (1979): Linguistic interdependance and the educational development of bilingual children. *Review of Educational Research* 49: 222-251.

Decke-Cornill, Helene (1999): Einige Bedenken angesichts eines möglichen Aufbruchs des Fremdsprachenunterrichts in eine bilinguale Zukunft. *Neusprachliche Mitteilungen* 52/3: 164-170.

Drexel-Andrieu, Irène (1993): La documentation pour la géographie bilingue dans l'Oberstufe. *Der fremdsprachliche Unterricht (Französisch)* 27/9: 24-29.

Drummer, Heike/Julien, Raymond/Loscertales, Javier/Stammerjohann, Harro (1991): *Französisch für Historiker*. Berlin: E. Schmidt.

Ernst, Manfred (1992): Bilingualer Sachfachunterricht. Vorschläge zur Ausbildung der Lehrkräfte. *Die höhere Schule* 2: 39-41.

----- (1998): Vortrags- und Gesprächsschulung im fremdsprachig erteilten Sachfachunterricht. *Praxis des neusprachlichen Unterrichts* 45: 246-25.

Fluck, Hans-Rüdiger (1992): *Didaktik der Fachsprachen. Aufgaben und Arbeitsfelder, Konzepte und Perspektiven im Sprachbereich Deutsch*. Tübingen: Narr.

Graf, Peter/Tellmann, Helmut (1997): *Vom frühen Fremdsprachenlernen zum Lernen in zwei Sprachen. Schulen auf dem Weg nach Europa*. Frankfurt/Main u.a.: Lang.

Hagège, Claude (1996): *L'enfant aux deux langues*. Paris: Jacob.

Hallet, Wolfgang (1999): Ein didaktisches Modell für den bilingualen Sachfachunterricht: The Bilingual Triangle. *Neusprachliche Mitteilungen* 52/1: 23-27.

Helbig, Beate (1998): Lern- und Arbeitstechniken im bilingualen Sachfachunterricht aufgezeigt am Beispiel von Texterschließungstechniken. *Der fremdsprachliche Unterricht (Französisch)* 32: 44-48.

----- (1999): Textarbeit im bilingualen deutsch-französischen Geschichtsunterricht: eine deskriptiv-interpretative Studie. *Zeitschrift für Fremdsprachenforschung* 10/2: 304-307.

Helfrich, Uta (Hrsg.) (1994): *Mehrsprachigkeit in Europa – Hindernis oder Chance?* Jahrestagung der Gesellschaft für Sprachwissenschaft; 16 (Münster) 1994. Wilhelmsfeld: Egert.

Hergt, Tobias (1998): Bilingualer Sachfachunterricht und bilinguales Profil in der Lehrerausbildung (Englisch) in Nordrhein-Westfalen. *Neusprachliche Mitteilungen* 51/1: 16-25.

Hessische Kultusminister, Der (1993): *Amtsblatt* 3/93.

Jahn, Rainer (1997): El cielo de Berlín es azul como el de Barcelona. Anmerkungen zur Einrichtung eines deutsch-spanischen Zugs an einem Berliner Gymnasium. In: Meißner, Franz-Joseph (Hrsg.): 279-296.

Koch, Jürgen (1997): Referendarausbildung Geographie am Gymnasium mit bilingualem Zug. In: Ministerium für Bildung, Wissenschaft und Weiterbildung/Landesprüfungsamt für das Lehramt an Schulen Rheinland-Pfalz (Hrsg.): *Bilingualer Unterricht: Ausbildung im Vorbereitungsdienst.* Mainz: Ministerium: 25-38.

Kossek, Raimond (1999): Englisch als Arbeitssprache im Grundkurs Sport. Unterrichtsskizzen aus der Gesamtschule Ückendorf in Gelsenkirchen, Jahrgangsstufe 11. In: Landesinstitut (Hrsg.): 74-77.

Krechel, Hans-Ludwig (1993): Sprachunterricht im Anfangsunterricht Erdkunde bilingual. *Der fremdsprachliche Unterricht (Französisch)* 27/9: 11-16.

----- (1996): Befragung von Absolventen bilingualer Bildungszweige. *Schulverwaltung* 7.7/8: 209-211.

Kuhfuß, Walter (1999): Qualifizierung für den bilingualen Sachfachunterricht. In: Ministerium für Bildung, Wissenschaft und Weiterbildung/Landesprüfungsamt für das Lehramt an Schulen Rheinland-Pfalz (Hrsg.): *Aspekte der Lehrerausbildung.* Lehrerausbildung im europäischen Kontext. Mainz: Ministerium: 17-22.

Landesinstitut für Schule und Weiterbildung (Hrsg.) (1995): *Befragung von Absolventen bilingualer deutsch-französischer Bildungsgänge.* Soest: Landesinstitut.

----- (Hrsg.) (1999): *Wege zur Mehrsprachigkeit.* Informationen zu Projekten des sprachlichen und interkulturellen Lernens. Heft 4. Soest: Landesinstitut.

Landesinstitut für Schule und Weiterbildung (Hrsg.)/Thürmann, Eike et al. (Red.) (1996): *Fremdsprachen als Arbeitssprachen im Unterricht. Eine Bibliographie zum bilingualen Lernen und Lehren.* Bönen: Verlag für Schule und Weiterbildung.

Lohmann, Christa/Meyer Jürgen/Symma Dieter (1995): *Bilingualer Unterricht in Schleswig-Holstein: Informationen – Empfehlungen.* Arbeitskreis Bilingualer Unterricht in Schleswig-Holstein, Landesinstitut Schleswig-Holstein für Praxis und Theorie der Schule (IPTS). Hrsg.: Landesinstitut Schleswig-Holstein für Praxis und Theorie der Schule (IPTS). Kronshagen: IPTS.

Luchtenberg, Sigrid (1995): *Interkulturelle sprachliche Bildung: zur Bedeutung von Zwei- und Mehrsprachigkeit für Schule und Unterricht.* Münster (u.a.): Waxmann.

Mäsch, Nando (1993): Grundsätze des bilingualen deutsch-französischen Bildungsgangs an Gymnasien in Deutschland. *Der fremdsprachliche Unterricht (Französisch)* 27/9: 4-9

----- (1995): Bilingualer Bildungsgang. In: Bausch, Karl-Richard/Christ, Herbert/Krumm, Hans-Jürgen (Hrsg.) (1995): *Handbuch Fremdsprachenunterricht.* Tübingen u.a.: Francke Verlag: 338-342, dritte überarbeitete und erweiterte Aufl.

McLaughlin, Barry/Graf, Peter (1985): Minderheiten in der Schule. Die Frage des Lernens in zwei Sprachen. *Deutsch lernen* 10/3: 43-56.

Meißner, Franz-Joseph (1999): Lernerkontingente des Französischunterrichts in der Sekundarstufe II: 1989 und zehn Jahre danach. *Französisch heute* 30/3: 346-351.

----- (Hrsg.) (1997): *Interaktiver Fremdsprachenunterricht.* Wege zu authentischer Kommunikation. Festschrift für L. Schiffler. Tübingen: Narr.

Ministerium für Schule und Weiterbildung (Hrsg.) (1988): *Zweisprachiger Unterricht.* Bilinguale Angebote in NRW. Düsseldorf: Referat für Öffentlichkeitsarbeit.

Ministerium für Schule und Weiterbildung des Landes Nordrhein-Westfalen (1997): *Empfehlungen für den bilingualen deutsch-französisch Unterricht in der Sekundarstufe I – Gymnasium des Landes Nordrhein-Westfalen. Erdkunde.* Frechen: Ritterbach.

----- (1997): *Empfehlungen für den bilingualen deutsch-französisch Unterricht in der Sekundarstufe I – Gymnasium des Landes Nordrhein-Westfalen. Geschichte.* Frechen: Ritterbach.

----- (1997): *Empfehlungen für den bilingualen deutsch-französisch Unterricht in der Sekundarstufe I – Gymnasium des Landes Nordrhein-Westfalen. Politik.* Frechen: Ritterbach.

Oller, John W. (1976): Evidence for a General Language Proficiency Factor: An Expectancy Grammar. *Die Neueren Sprachen* 75/2: 165-174.

Rahmenvorgaben für das Fach European Studies im bilingualen gymnasialen Bildungsgang der 9. und 10. Jahrgangsstufe. Revidierte Entwurfsfassung September 1999.

Raith, Joachim (Hrsg.) (1986): *Grundlagen der Mehrsprachigkeitsforschung: Forschungsrahmen, Konzepte, Beschreibungsprobleme, Fallstudien.* Stuttgart: Steiner-Verlag-Wiesbaden-GmbH.

Rautenhaus, Heike (2000): Prolegomena zu einer Didaktik des bilingualen Sachfachunterrichts, Beispiel: Geschichte. In: Bach/Niemeier (Hrsg.): 115-126.

Redmer, Hartmut (1998): Der bilinguale Erdkundeunterricht. Eine Sonderform des fächerübergreifenden Arbeitens. *Geographie und Schule* 20/114: 20-22.

Reinfried, Marcus (1999): Handlungsorientierung, Lernerzentrierung, Ganzheitlichkeit. Neuere Tendenzen in der Französischmethodik. *Französisch heute* 30/3 (1999): 328-345.

Sang, Fritz/Vollmer, Helmut J. (1978): *Zur Struktur von Leistungsdimensionen und linguistischer Kompetenz des Fremdsprachenlernens.* Berlin: Max-Planck-Institut für Bildungsforschung.

Sauer, Françoise/Heister, Irene (1993): Bilingualer Unterricht in Rheinland-Pfalz. *Der fremdsprachliche Unterricht (Französisch)* 27/9: 17-23.

Schmid-Schönbein, Gisela/Goetz, Hermann/Hoffknecht, Volker (1994): Mehr oder anders? Konzepte, Modelle und Probleme des bilingualen Unterrichts. *Der fremdsprachliche Unterricht (Französisch)* 28/13: 6-11.

Schröder, Susanne (1997): *Fachsprachliche Kommunikationsarten des Französischen. Ein Vergleich gesprochener und geschriebener Texte aus dem Bereich der Chemie.* Frankfurt/Main u.a.: Lang.

Sekretariat der Ständigen Konferenz der Kultusminister der Länder in der Bundesrepublik Deutschland (1991): *Übersicht zu Stand und Entwicklung der zweisprachigen deutsch-französischen Züge an allgemeinbildenden Sekundarschulen in den Ländern in der Bundesrepublik Deutschland.*

Thürmann, Eike/Otten, Edgar (1992): Überlegungen zur Entwicklung von Lehr- und Lernmaterialien für den bilingualen Fachunterricht. *Zeitschrift für Fremdsprachenforschung* 3/2: 39-55.

Vollmer, Helmut J. (1992): Immersion und alternative Ansätze des Fremdsprachenerwerbs in Nordamerika: Probleme des Transfers in die Bundesrepublik Deutschland. *Zeitschrift für Fremdsprachenforschung* 3/2: 5-28.

-----/Thürmann, Eike (Hrsg.) (1997): *Englisch als Arbeitssprache.* Begegnungen zwischen Theorie und Praxis. Soest: Landesinstitut für Schule und Weiterbildung.

Watts, Richard James/Andres, Franz (Hrsg.) (1990): *Zweisprachig durch die Schule: Französisch und Deutsch als Unterrichtssprache = Le bilinguisme à travers l'école: l'allemand et le français comme langues d'enseignement.* Kongress; (Bern): 1988.11.15-18. Bern (u.a.): Haupt.

----- (1999): Mathematik als bilinguales Sachfach. Unterrichtsversuch zum bilingualen Modul. *Neusprachliche Mitteilungen* 52/1: 51-53.

Weller, Franz-Rudolf (1993): Bilingual oder zweisprachig? Kritische Anmerkungen zu den Möglichkeiten und Grenzen fremdsprachigen Sachunterrichts. *Die Neueren Sprachen* 92/1-2: 8-22.

----- (1996): Fremdsprachiger Sachfachunterricht in bilingualen Bildungsgängen. *Praxis* 43/1 (1996): 73-80.

Wendt, Michael (1993): *Strategien des fremdsprachlichen Handelns.* Lerntheoretische Studien zur begrifflichen Systematik. Band 1: Die drei Dimensionen der Lernersprache. Tübingen: Narr.

Wittenbrock, Rolf (1995): Geschichte als bilinguales Sachfach? Erfahrungen und Überlegungen an einer binationalen Schule. *Neusprachliche Mitteilungen* 48/2: 107-115.

Wode, Henning (1998): *Lernen in der Fremdsprache.* Grundzüge von Immersion und bilingualem Unterricht. Ismaning: Hueber.

Wolff, Dieter (1997): Bilingualer Sachfachunterricht: Versuch einer lernpsychologischen und fachdidaktischen Begründung. In: Vollmer, Helmut J./Thürmann, Eike (Hrsg.): *Englisch als Arbeitssprache im Fachunterricht.* Soest: Landesinstitut für Schule und Weiterbildung.

Zangl, Renate (1998): *Dynamische Muster in der sprachlichen Ontogenese: Bilingualismus, Erst- und Fremdsprachenerwerb.* Tübingen: Narr.

Zentrum für Schulentwicklung (Hrsg.) (1995): *Englisch als Arbeitssprache.* Reihe EAA Graz.

Zydatiß, Wolfgang (1997): Interaktionsprozesse in der zweisprachigen Kindererziehung: Anregungen für den bilingualen Unterricht der Primarstufe. In: Meißner, Franz-Joseph (Hrsg.): 261-278.

----- (1997): Skizze eines möglichen Forschungsprojekts zum bilingualen Unterricht. In: Vollmer, Helmut/Thürmann, Eike (Hrsg.): 117-118.

Andreas Bonnet

Naturwissenschaften im bilingualen Sachfachunterricht: *Border Crossings?*

Im folgenden Aufsatz versuche ich, einen theoretischen Rahmen zu skizzieren, in dem über Naturwissenschaften im bilingualen Unterricht (BU) nachgedacht werden kann. Dazu greife ich den in der Debatte um BU und Fremdsprachenunterricht zentralen Aspekt der Interkulturalität auf und stelle dar, wie dieser Begriff in der Naturwissenschaftsdidaktik diskutiert wird. Ich möchte verdeutlichen, dass der naturwissenschaftliche Unterricht für viele Lernende ein beachtliches Fremdheitspotenzial birgt, worin diese Fremdheit besteht und wie sie sich äußert. Mit einem in diesem Sinne von einer Fremdheits*erfahrung* der Lernerinnen und Lerner ausgehenden Verständnis von Interkulturalität ist es m.E. möglich, die bisher in Sprach- und Sachfachdidaktik getrennt voneinander stattfindenden Diskussionen dieses Begriffs zu verbinden, um damit einen Beitrag zur Entwicklung einer Theorie des BU zu leisten.

1. Bilingualer Unterricht – kurze Bestandsaufnahme

Bilingualer Unterricht (BU), also die Verwendung einer Fremdsprache als Unterrichtssprache in Sachfächern, ist in Deutschland seit nunmehr gut dreißig Jahren Bestandteil der Schullandschaft. Bis in die späten 80er Jahre breitete sich dieses Unterrichtsmodell langsam und regional begrenzt aus, so dass im Jahr 1986 22 deutsch-französische und acht deutsch-englische Züge bestanden (Sekretariat der Ständigen Konferenz der Kultusminister 1993, 1996). In der Folge der Ankündigung des europäischen Binnenmarktes aber kam es in den frühen 90er Jahren zu einer explosionsartigen Zunahme bilingualer Züge, bei der sich das Gewicht hinsichtlich der gewählten Fremdsprache von Französisch auf Englisch verlagerte: 1992 hatte sich die Zahl der deutsch-französischen Züge auf 44 verdoppelt, während sich die Zahl der deutsch-englischen bereits auf 124 verzwanzigfacht hatte. Seither haben sich beide Zahlen erneut verdoppelt und heute stehen 84 deutsch-französischen Zügen 250 deutsch-englische Züge gegenüber (Sekretariat der Ständigen Konferenz der Kultusminister 1999).

Die wissenschaftliche Beschäftigung mit BU folgte einem ähnlichen Trend. Noch 1993 konstatierte Butzkamm das nahezu vollständige Fehlen einer theoretischen und empirischen Auseinandersetzung mit diesem Thema. In der Folge entstanden sowohl erste empirische (Wode 1996) als auch theoretische Arbeiten (Wolff 1997, Hallet 1998). Von einer wissenschaftlichen Fundierung des BU ist die Erziehungswissenschaft allerdings nach wie vor weit entfernt.

2. Naturwissenschaften im bilingualen Unterricht

Trotz der explosionsartigen Expansion und der beginnenden Intensivierung einer theoretischen Auseinandersetzung mit BU in der letzten Dekade besteht ein bemerkenswertes Ungleichgewicht bzgl. der vertretenen Unterrichtsfächer[1]: Im Vergleich zu den Fächern des gesellschaftswissenschaftlichen Lernfeldes sind die Naturwissenschaften und hier insbesondere Physik und Chemie, im BU unterrepräsentiert und lediglich in acht der sechzehn Bundesländer, die mittlerweile alle bilinguale Zweige eingerichtet haben, Bestandteil des Angebots. Und auch innerhalb dieser Länder ist der Anteil bilingualer Zweige mit naturwissenschaftlichem Angebot noch gering. So sind in einem Bundesland mit recht gut entwickelter bilingualer Infrastruktur wie Niedersachsen, das immerhin über 46 Schulen mit bilingualen Zügen verfügt, naturwissenschaftliche Fächer nur an gut einem Drittel dieser Schulen Teil des bilingualen Fächerkanons. Innerhalb der Naturwissenschaften wiederum hat Biologie bei weitem die größte Verbreitung: Während Physik in Niedersachsen noch an einer der 46 bilingualen Schulen in der Partnersprache gelernt werden kann, gibt es für Chemie gar kein Angebot. In Hamburg ist die Situation ähnlich: Physik wird an einer von 11 bilingualen Schulen partnersprachlich unterrichtet, Chemie gar nicht.

3. Gründe für ein Ungleichgewicht

Auch innerhalb der Naturwissenschaften besteht also ein Gefälle. Darauf muss sicherlich an anderer Stelle noch genauer eingegangen werden. Hier jedoch soll ausschließlich das Ungleichgewicht zwischen natur- und gesellschaftswissenschaftlichem Lernfeld untersucht werden. Die Gründe für dieses Ungleichgewicht sind zum einen praktischer, zum anderen theoretischer Natur. Der wichtigste praktische Grund ist das Fehlen von Lehrerinnen und Lehrern mit entsprechender Doppelfakultas. Es steht zu hoffen, dass die an mittlerweile fünf Universitäten eingerichteten Studiengänge zu bilingualem Lehren und Lernen für Studierende als Anreiz wirken, sich auf die Kombination aus Fremdsprache und Naturwissenschaft einzulassen. Auch wird derzeit an mehreren Orten über Qualifizierungsmaßnahmen nachgedacht, um Lehrenden der Naturwissenschaften die notwendige Sprachkompetenz zu vermitteln.

Um die theoretischen Einwände gegen naturwissenschaftlichen BU zu verstehen, muss man sich zunächst kurz vergegenwärtigen, worüber diese Unterrichtsform in Deutschland legitimiert wird.

1) Zunächst ist dies die Annahme, es ergäbe sich gegenüber erstsprachlichem Fachunterricht keine Verminderung des sachfachlichen Lernens. Diese Annahme ist bisher lediglich theoretisch begründet worden (Wolff 1997) und harrt nach wie vor einer empirischen Überprüfung.

2) Das zweite Argument zur Begründung von BU lautet, die Lernerinnen und Lerner erlangten eine gegenüber regulärem Fremdsprachenunterricht höhere Sprachkompetenz. Diese Annahme stützt sich auf v.a. zwei empirische Befunde. Zum einen legen die Ergebnisse der Evaluation der kanadischen Immersionsprogramme (vgl. Collier 1992: 90) nahe, dass eine *späte Teilimmersion*, die dem deutschen Modell von BU am nächsten kommt, gegenüber einem Fremdsprachenprogramm ohne

zielsprachlichen Sachfachunterricht signifikant bessere Ergebnisse erzielt. Zum anderen zeigen die Ergebnisse der Erprobung von BU in Schleswig-Holstein (Wode 1996) ebenfalls eine höhere Sprachkompetenz der bilingual unterrichteten Versuchs- gegenüber den entsprechenden Kontrollgruppen.

3) Drittens schließlich habe BU ein großes Potenzial zum interkulturellen Lernen. Diese Annahme ist, obwohl hier erste Anstrengungen unternommen werden (vgl. Lamsfuss-Schenk in diesem Band), noch nicht empirisch abgesichert. Aufgrund der Geschichte des BU, der auf den deutsch-französischen Vertrag von 1963 zurückgeht, wird sie aber breit vertreten (u.a. Weller 1993, Schmid-Schönbein 1994, Raasch 1995) und ihre besondere Bedeutung für die Begründung des BU zeigt sich daran, dass das bisher einzige didaktische Modell (Hallet 1998) für diese Unterrichtsform das Konzept von *Interkulturalität* als Rahmen verwendet.

Bezugnehmend auf diese drei Begründungsbereiche werden in der Diskussion um BU v.a. drei theoretische Einwände gegen eine Einbeziehung der Naturwissenschaften vorgebracht. Der erste Einwand, die Frage nach der tatsächlichen Gleichwertigkeit der sachfachlichen Lernleistung in erstsprachlichem und bilingualem Unterricht stellt sich für alle bilingual unterrichteten Fächer gleichermaßen. Abgesehen davon, dass die Naturwissenschaften als "schwierig" gelten, eine Aussage, die in dieser Form nicht theoriefähig ist, finden sich keine Anhaltspunkte, um die Sonderstellung dieser Unterrichtsfächer zu erklären.

Interessanter ist da schon der zweite Punkt, der Verdacht nämlich, der naturwissenschaftliche Unterricht berge aufgrund seines hohen Anteils an fachsprachlicher Kommunikation ein zu geringes Sprachlernpotenzial. Diese Position wird in letzter Zeit aber sogar von sprachdidaktischer Seite angezweifelt (u.a. Butzkamm 1993). Nachdem es mittlerweile auch empirische Hinweise auf ein nicht unerhebliches Sprachlernpotenzial fremdsprachlichen Chemieunterrichts gibt (Bonnet 1998), wäre eine wichtige Aufgabe in diesem Bereich, Otten/Mühlmanns schon 1991 gemachtem Vorschlag zu folgen und die Art der in diesem Unterricht tatsächlich vollzogenen sprachlichen Handlungen genauer zu charakterisieren.

Gänzlich unwidersprochen steht bisher das dritte Argument, das gegen fremdsprachlichen naturwissenschaftlichen Unterricht ins Feld geführt wird, die Annahme nämlich, naturwissenschaftlicher BU könne nicht den geforderten Beitrag zum interkulturellen Lernen leisten. Aufgrund der Bedeutung, die diesem Lernziel im Fremdsprachenunterricht und insbesondere im BU zugeschrieben wird, hätte dieses Argument, ließe es sich nicht widerlegen, zweifelsohne Gewicht. Entsprechend deutlich hat Mäsch (1993: 162) es auch in die Debatte eingeführt und entsprechend hartnäckig hält es sich seither. Seine Begründung für das fehlende Potenzial zur Vermittlung interkultureller Kompetenz in naturwissenschaftlichem BU lautete damals: „Natural science subjects have no significant relationship with the culture of the partner country". Diese Annahme taucht auch bei Hallet (1998: 118) im Gewand einer „zu vermutenden geringeren Kulturdeterminiertheit der Naturwissenschaften" wieder auf. Obwohl diese Argumentation den Terminus *Interkulturalität* verwendet, scheint sie mir eher auf den Spuren klassischer Landeskunde zu wandeln, die den Erwerb von Wissen und Kommunikationsfähigkeit *über* eine andere Kultur anstrebt und diese andere Kultur v.a. geografisch bestimmt, nämlich als den Raum, in dem die Partnersprache gesprochen wird. Die verborgene Annahme in Bezug auf den naturwissenschaftlichen Unterricht könnte in etwa folgendermaßen paraphrasiert werden: Es gibt ja keine national verschiedene französische, englische oder deutsche Chemie; also warum dann Chemie auf Englisch? Obwohl mancher Chemiker sogar dies bestreiten würde (Reller 1999), kommt es mir auf diese nationalsprachliche Einengung gar nicht an. Vielmehr möchte ich zeigen, dass es innerhalb der Naturwissenschaftsdidaktik bereits eine Diskussion um Interkulturalität gibt, und darstellen, wie dieses Phänomen dort gedacht wird. Ursachen und Erscheinungsformen dieser als Fremdheits*erfahrung* gedachten Interkulturalität sollen anhand der Chemie und des Chemieunterrichts näher betrachtet werden.

4. "Ich weiß doch noch nicht mal, was das im Deutschen heißt..."

Nicht zufällig greife ich eine Überschrift auf, die ich an anderer Stelle (1999) bereits verwendet habe. Dort beschrieb ich eine Stunde englischsprachigen Chemieunterrichts, bei dem folgende Verständnisschwierigkeit an einer Stelle auftrat, die ich nicht für problematisch gehalten hatte: Die Klasse konnte eine von mir gestellte Frage nicht beantworten, weil ihnen der Begriff *reagent* nicht bekannt war. Dies verwunderte mich, da der Terminus eine große Ähnlichkeit zu seinem deutschen Äquivalent (Reagenz) aufweist und die Schülerinnen und Schüler diesen Terminus im Deutschen sehr häufig gebraucht hatten. Nachdem einige Zeit erfolglos damit verbracht worden war, den Begriff zu entschlüsseln, rief eine Schülerin (*Eva*) aus: „Ich weiß doch noch nicht mal, was das im Deutschen heißt ..."

Bei meiner damaligen Deutung hatte ich mich ganz auf die begriffliche Seite unseres Miss- bzw. Nichtverstehens konzentriert. Diesen Teil von *Evas* Aussage könnte man wiedergeben als: „Das ist mir im Deutschen auch nicht klar." Damit ist aber der gesamte Gehalt ihrer Aussage noch nicht erfasst. Sowohl ihr Tonfall als auch ihre Wortwahl „doch noch nicht mal" weisen darauf hin, dass ihre Aussage nicht nur eine kognitive sondern auch eine emotionale Botschaft enthält.

Dieser Teil hat die Funktion, einen an sie formulierten Anspruch zurückzuweisen, den Anspruch nämlich, dass sie nun auf Englisch verstehen soll, was ihr ihre Lehrerinnen und Lehrer in drei mühsamen Jahren Chemieunterrichts auf Deutsch nicht geschafft haben beizubringen.

Eva gibt nicht nur zu verstehen, dass sie die von mir verlangte Aufgabe für nicht *erfüllbar* hält, sie macht auch deutlich, dass sie sie für nicht *berechtigt* hält und dass sie sie deshalb nicht zu lösen bereit ist.

Diese unterrichtliche Situation weist m.E. eine strukturelle Parallele zu einer Problemlage auf, die Gerhard Bach (1998) zu Beginn seines Aufsatzes über interkulturelles Lernen beschreibt. Er stellt dort die kommunikativen Schwierigkeiten dar, die sich bei einem e-Mail-Projekt zwischen deutschen und amerikanischen Schülerinnen und Schülern ergaben. Diese Schwierigkeiten entstanden, als die deutsche Schülergruppe ihren amerikanischen e-Mail-Partnerinnen und -partnern die Ergebnisse einer in der Fußgängerzone ihrer Heimatstadt durchgeführten Umfrage zuschickten. In dieser Umfrage hatten die Schülerinnen und Schüler ihre deutschen Mitbürger nach deren Vorurteilen gegenüber Amerikanern befragt. Für die amerikanischen Schülerinnen und Schüler aber war diese direkte Konfrontation mit den Vorurteilen der Deutschen ein Affront. Sie reagierten entsprechend verstört und mit großem Unverständnis auf diese Tabuverletzung und die Kommunikation war in der Folge schwer belastet. Die deutschen Schülerinnen und Schüler hingegen konnten sich das nicht recht erklären und der Prozess, in der Folge die Haltung der jeweils anderen Seite zu verstehen, war lang und mühsam und gelang nicht vollständig.

Die strukturelle Ähnlichkeit der beiden Situationen liegt darin, dass Kommunikation nicht gelingt und es in der unmittelbaren Folge zum Aufbau einer Abwehrhaltung kommt, die den weiteren Umgang miteinander beeinflusst. Im von Bach zitierten Beispiel werden „kulturspezifische Diskursregeln [...] verletzt" (1998: 192) und die Ursache der kommunikativen Krise ist damit im engeren Sinne pragmatisch. Das Problem bei *Eva* ist im engeren Sinne semantischer Natur. Auch in ihrem Fall aber entsteht ein Gefühl tiefen Unverstehens, der Eindruck, dass der Kommunikationspartner Kategorien verwendet, die ihr nicht zugänglich sind und damit Ansprüche stellt, denen sie gar nicht genügen *kann*.

5. Das Fremde der Chemie

Derartiges Nichtverstehen ist keine Besonderheit bilingualen Sachfachunterrichts. Ähnliche Fälle beschreiben ethnographisch arbeitende Chemiedidaktikerinnen und -didaktiker auch für den erstsprachlichen Unterricht. In einem Überblicksartikel zu dieser Problematik vergleichen Cobern/Aikenhead (1998) Aussagen amerikanischer Sekundarschüler über ihre Vorstellungen von und Haltungen zu "Natur". Die in verschiedenen Einzelstudien zusammengetragenen Ergebnisse ließen es zu, vier Typen zu konstruieren. *Potential scientists* hätten eine mit dem im naturwissenschaftlichen Unterricht vermittelten Bild nahezu übereinstimmende Sicht von "Natur". *Other smart kids* wären ebenfalls in der Lage, mit dem begrifflichen Werkzeug der Naturwissenschaft zu hantieren, hätten aber eigentlich einen anderen Zugang zur Natur. *I don't know students* sähen keinerlei Relevanz in der Naturwissenschaft außerhalb der Schule, seien aber in der Lage, völliges Scheitern zu verhindern. *Outsider* schließlich lehnten nicht nur den naturwissenschaftlichen Unterricht, sondern Schule insgesamt rundweg ab.

Drei der vier Gruppen nun erreicht das im naturwissenschaftlichen Unterricht unterbreitete epistemologische Angebot nicht. Anstelle des reduktionistischen, rational-analytischen Vorgehens der Naturwissenschaft bevorzugen sie z.B. ganzheitlich-ästhetische oder religiös-mystische Zugänge. Insbesondere die Schülerinnen und Schüler der beiden letzten Gruppen stehen dem Unterricht ohne persönliche Anknüpfungspunkte gegenüber und bei ihnen steigert sich das Unverständnis zur Entfremdung. Wie aber kommt diese Entfremdung zustande; was stößt die Lernerinnen und Lerner derart ab? Die Äußerungen der Schülerinnen und Schüler legen nahe, dass sowohl der naturwissenschaftliche Unterricht als auch die Institution Schule als Reibungsfläche in Frage kommen. Ich möchte mich in der Folge auf die Naturwissenschaft beschränken und ihr Fremdheitspotenzial anhand einiger Überlegungen zur Chemie näher betrachten. Dabei sind zwei Aspekte besonders bedeutend.

Der erste Aspekt, der auch von einem der interviewten Schüler explizit genannt wird, ist die Tatsache, dass der naturwissenschaftlich handelnde Mensch zum Beobachter wird. Wir treten damit regelrecht aus der Natur heraus. „Dabei wird, was Natur für uns ist, verändert, und auch wir selbst werden verändert, indem wir uns zu "Beobachtern" verengen und die Natur in eine einseitige, enge, nicht voraussetzungslose Perspektive rücken [...]" (Wagenschein 1995 (zuerst 1962): 12; Hervorhebung original).

Der zweite Aspekt ist die Rigidität der Fachsprache der Chemie. Zum einen ist sie eindeutig, objektiv und funktionalisiert, d.h. ihre Begriffe sind weitestgehend auf singuläre Bedeutungen verengt und jeder Konnotation entkleidet. Zum anderen ist sie aber auch teilweise formalisiert, d.h. einzelne Begriffe sind derart über quantifizierbare Größen definiert, dass man mit ihnen rechnen kann. Beide Eigenschaften sind für die Funktion der Fachsprache innerhalb der Fachwissenschaft Chemie, deren Wissenschaftlichkeitskriterium die technische Reproduzierbarkeit ihrer experimentellen Ergebnisse ist, unerlässlich. Die "personenunabhängige Nachvollziehbarkeit" (Janich 1995: 117), die durch die rigide Fachsprache gewährleistet wird, ist gewissermaßen das kommunikative Äquivalent zur technischen Reproduzierbarkeit der experimentellen Ergebnisse.

Durch einen an der Fachwissenschaft orientierten Chemieunterricht wird diese Denk- und Ausdrucksweise, die der Chemiedidaktiker Peter Buck "präzise" nennt, in die Schule importiert. Dort jedoch steht sie in krassem Gegensatz zu den alltäglichen lebensweltlichen Vorstellungen und Sprechweisen der Schülerinnen und Schüler. Empirische Untersuchungen haben gezeigt, dass Unterricht, der diese Diskrepanz ignoriert, weniger als 10% der Schülerinnen und Schüler erreicht (Stäudel/Kremer 1993: 158). Laut Buck führe dieses präzise Vorgehen zu einer doppelten Bedeutungslosigkeit der Chemie für die Lernenden: „Die *Erkenntnisse* der Chemie sind für mich bedeutungslos und: Ich bin angesichts der Erkenntnisse der Chemiker bedeutungslos" (1990: 224, Hervorhebung original). Wenn die Schüler *Art* und *Rattuang*, die Cobern/Aikenhead

(1998) u. a. beschreiben, sich gegen die Beobachterrolle sträuben bzw. Naturwissenschaft für irrelevant halten, dann nehmen sie beide die von Buck beschriebene Abwehrhaltung ein. Sie lehnen sich auf gegen den von den Lehrenden vermittelten Anspruch der Naturwissenschaft, die dingliche Welt anders zu erklären als sie selbst dies tun würden.

6. Naturwissenschaftlicher Unterricht und interkulturelles Lernen

Die ethnomethodologisch arbeitende Naturwissenschaftsdidaktik versucht, diese Andersartigkeit der Welterschließung und die im naturwissenschaftlichen Unterricht auftretende Konfrontation der verschiedenen Erschließungsmodi mit dem Paradigma der *Interkulturalität* zu fassen. Der naturwissenschaftliche Unterricht wird dabei als ein Ort interkultureller Begegnung verstanden, an dem sich die Schülerinnen und Schüler mit einem Enkulturationsanspruch der Naturwissenschaft konfrontiert sehen. Cobern/Aikenhead fassen dies zusammen: „We assume that typical science classroom events are crosscultural events for many Western and non-Western students" (1998: 40).

Dieser Betrachtungsweise liegt ein kulturanthropologisches Denkmodell zugrunde, das Kultur als ein sich veränderndes Produkt kommunikativer Prozesse auffasst. In einem derartigen von Geertz als *semiotisch* bezeichneten Modell werden *Bedeutung* – genauer *Be-zeichnung* – und *Erklärung* zu zentralen Begriffen (1973: 5). Der Unterschied zwischen Kulturen ergebe sich aus unterschiedlichen Sinnzuschreibungen, die ihre Mitglieder jeweils vornähmen. Innerhalb einer Kultur bestünden sozial hervorgebrachte und konventionalisierte Bedeutungsmuster, derer sich ihre Mitglieder bedienten, um zu kommunizieren, d.h. Bedeutung zu konstruieren und zu übermitteln.

Ganz ähnlich formuliert es die über Hochenergiephysiker arbeitende Anthropologin Traweek 1992. Kulturen sind für sie Gruppen, deren Mitglieder gegenseitig ihre Art der Kommunikation, des Verhaltens und des Empfindens als bedeutungstragend (*meaningful*) interpretieren: „Their culture is the ways, the strategies they recognize and use and invent for making sense [...]" (Traweek 1992: 438). Es bestehe also ein gegenseitiges Verständnis, das mit dem Konzept der Exzentrizität auch eine Kategorie für toleriertes abweichendes Verhalten bereit halte (: 440). Die Grenze einer Kultur verlaufe dort, wo jemand nicht mehr in der Lage sei, Bedeutung zu (re)konstruieren und damit nicht mehr Teil der Gruppe sondern Mitglied einer anderen Kultur sei.

Damit ist sehr genau die oben beschriebene Problemlage im naturwissenschaftlichen Unterricht gefasst, in dem fachwissenschaftlich geprägte und lebensweltliche Welterschließung aufeinanderprallen. Dies führt allerdings nicht für alle Lernenden zu Problemen. Schwierigkeiten haben jene Schülerinnen und Schüler, deren eigener kultureller Rahmen nicht mit dem der Naturwissenschaft kompatibel ist. Eine solche Inkongruenz kann verschiedene Ursachen haben. Sie äußert sich aber stets darin, dass die Lernenden im Laufe ihrer außerschulischen *Enkulturation* Bedeutungsrahmen erworben haben, die dem analytisch-rationalen Zugang der Naturwissenschaft entgegenstehen.

Naturwissenschaftlicher Unterricht, so wie er herkömmlicherweise betrieben wird, kann nach Cobern/Aikenhead (1998: 42f.) damit drei Wirkungen haben. Entsprächen sich die Bedeutungssysteme von Lernenden und Lehrenden, dann finde *Enkulturation* statt: Der Lernende werde bereichert, indem seine Art der Welterschließung bestätigt und erweitert werde. Entsprächen sich die Kulturen nicht, dann komme es zur Verdrängung der alltäglichen Sichtweise der Lernenden und sie würden *assimiliert*. Dabei liefen sie Gefahr, von ihrer ursprünglichen Kultur entfremdet zu werden. Im dritten Fall schließlich komme es zu keiner echten Wechselwirkung zwischen Lehrenden und Lernenden: Indem Schülerinnen und Schüler lediglich den Unterrichtsritualen folgten und Informationen auswendig lernten, könnten sie eine bedeutungsvolle Auseinandersetzung mit Naturwissenschaft vermeiden, ohne dabei schulisch scheitern zu müssen. Die Autoren beschreiben noch zwei weitere Modi, *anthropologisches Lernen* und *autonome Enkulturation* als Alternativen zum herkömmlichen Unterricht. Eine genauere Auseinandersetzung damit führt an dieser Stelle zu weit. Jedoch: Welchen Weg Schüler und Lehrer auch gehen, naturwissenschaftliches Lernen hat stets den Aspekt einer kulturellen Grenzüberschreitung, eines *border crossing* (Cobern/Aikenhead: 43).

7. Kommunikation als Inferenz

Der kulturanthropologische Ansatz hilft nun nicht nur – gewissermaßen makroskopisch – die Problemlage in den Blick zu nehmen. Er stellt auch Ansätze bereit, mit denen man – gleichsam mikroskopisch – die im konkreten Unterricht ablaufenden Prozesse des *border crossing* beschreiben könnte. Dazu muss die Frage beantwortet werden, wie eine "Konventionalisierung der Bedeutungsmuster", die ja nach Geertz und Traweek Kultur*en* entstehen lässt, zu denken sei. Während Geertz diese Frage offen lässt, unternimmt Sperber (1997) den Versuch einer Antwort. In seinem kognitivistisch gerahmten epidemiologischen Modell beschreibt er das Entstehen verschiedener Kulturen durch die unterschiedlich erfolgreiche Ausbreitung von Ideen durch Kommunikation.

Im Gegensatz zu Geertz, der von einer unhintergehbaren Öffentlichkeit kulturell relevanter Ideen (kognitivistisch: Repräsentationen) ausgeht, führt Sperber die öffentlichen Repräsentationen, die in ihrer Summe eine Kultur ausmachten, auf individuelle Repräsentationen zurück (: 79). Kultur sei dann nicht mehr ein homogenes System konventionalisierter öffentlicher Bedeutungen, sondern die Summe heterogener, in jedem Kopf etwas anders realisierter individueller Bedeutungen. Kultur komme nun zustande, indem manche Repräsentationen sich als überaus ansteckend ("*contagious*") erwiesen und sich daher durch Kommunikation in einer Gruppe ausbreiteten (: 1). Sperber fasst damit Kultur als: *The precipitate of cognition and communication in a human population* (1997: 97).

Die besondere Nützlichkeit des Sperberschen Modells liegt nun darin, dass es für diese Ausbreitung der Repräsentationen ein Kommunikationsmodell bereit stellt. Sperbers Modell ist komplex. In ihm wird Kommunikation nicht als einfacher Austausch von

Information sondern als Vollzug inferenzieller Prozesse gedacht (vgl. auch Grundy in diesem Band). Verständigung erfolgt danach stets in einem wechselseitigen Prozess aus zu-verstehen-geben und schlussfolgern. Bedeutung werde nicht übergeben, sondern der kognitive Apparat konstruiere sie, indem er die mitgeteilten Informationen in Beziehung zueinander und zum bereits vorhandenen Weltwissen setze. Jene Deutung, die sich bei dieser Konsistenzprüfung am plausibelsten erweise, werde schließlich als Be-deutung angenommen. Entscheidend dabei ist, dass die Informationen in diesem Prozess einer steten Veränderung unterworfen sind: „A process of communication is basically one of transformation. The degree of transformation may vary between two extremes: duplication and total loss of information" (: 83). Unter dieser Prämisse aber ist es nicht mehr sinnvoll, von Verständnis und Missverständnis zu sprechen. Die Frage ist lediglich, bis zu welchem Grad Übereinstimmung hergestellt werden kann.

8. Konsequenzen

Durch die kulturanthropologische Betrachtung konnten drei Problembereiche herausgearbeitet werden: Fremdheitserfahrung im Unterricht, Lernen als kultureller Grenzübergang, Kommunikation als inferenzieller Prozess. Aus diesen Überlegungen ergeben sich zwei Folgerungen für fremdsprachlichen naturwissenschaftlichen Unterricht sowie ein weitergehender Gedanke für BU allgemein. Alle drei Gedanken münden schließlich in eine Forschungsperspektive.

Der erste Aspekt resultiert aus der Tatsache, dass es sich um *naturwissenschaftlichen* Unterricht handelt und betrifft die Rolle des Lehrenden. Zum einen ist er Agent der Fremdheit. Er vertritt jenes Sinnsystem, gegen dessen Geltungsanspruch *Art* und *Rattuang* sich wenden und er ist es, mit dem *Eva* nicht kommunizieren kann. Zum anderen soll er aber Hilfestellung beim Aushandeln der kulturellen Grenzerfahrungen geben. Diese überaus widerspruchsvolle Aufgabe ist eine enorme Herausforderung, da die Abwehrhaltung der Lernenden leicht als ein Angriff auf das eigene Sinnsystem, die Naturwissenschaft, empfunden wird. Der Lehrende muss also nicht nur in der Lage sein, Fremdheitserfahrungen bei sich selbst und den Lernenden wahrzunehmen, sondern er muss auch in Distanz zur Schüler- und zur eigenen Position treten können. Nur so kann er seine Rolle als *cultural broker* (Cobern/Aikenhead 1998: 49) ausfüllen.[2]

Der zweite Aspekt resultiert aus der Tatsache, dass es sich um *fremdsprachlichen* Unterricht handelt. In der durch die Verwendung der fremden Sprache bedingten Verlangsamung des Gesprächs, die bisweilen zum kommunikativen Abbruch führt, kann das sachfachliche Lernen eine neue Dimension erreichen. In einem "zweiten Blick" kann den Lernenden bewusst werden, dass ihnen manche Begriffe schon in der Erstsprache nicht deutlich sind und dies ist dann auch ein möglicher Ort, an dem sich Fremdheitsgefühle Gehör verschaffen. Ein Unverstehen und eine Befremdung, die im erstsprachlichen Unterricht leicht per Äquivokation übergangen werden kann, stellt sich nun in der Fremdsprache dem Fortgang des Unterrichts in den Weg und verlangt, thematisiert zu werden. Zugleich muss jedoch auch darauf hingewiesen werden, dass die positive Wirkung dieser sprachlichen Erschwernis klare Grenzen hat. Eine zentrale Forderung für den naturwissenschaftlichen Unterricht ist nämlich, dass die Schülerinnen und Schüler ihre Beobachtungen und Vermutungen so viel wie möglich selbst verbalisieren müssen (vgl. u.a. Driver et al. 1997). Fühlen sich Lehrer wie Lerner durch die fremde Sprache hier überfordert, dann wird das sachfachliche Lernen behindert statt gefördert.

Als Konsequenz aus dieser Betrachtung folgt, dass eine kulturanthropologische Betrachtungsweise ein viel versprechendes Werkzeug zur Entwicklung einer Theorie des naturwissenschaftlichen BU sein könnte. Dazu wäre es sowohl lohnenswert, theoretisch das Fremdheitspotenzial der Naturwissenschaft näher zu charakterisieren, als auch zu dokumentieren, wie Fremdheit im Unterrichtsgeschehen zu Tage tritt und die Beteiligten mit ihr umgehen. Hierbei würde das Inferenzmodell wertvolle Hilfestellung geben. Damit ist aber auch der Ausgangspunkt erreicht, um einmal systematisch und das heißt, kommunikations-, lern- und bildungstheoretisch über die Chancen einer echten *Zwei*-sprachigkeit des *bi*-lingualen Unterrichts nachzudenken. Ein als Fremdheits*erfahrung* gedachter Begriff der Interkulturalität weist dabei den Weg, um die an den Rändern von Fach- und Alltagssprache auftretenden *kulturellen* Grenzübergänge durch einen bewusstmachenden Umgang mit Erst- und Zweitsprache explizit zu machen und zu unterstützen.

Daraus folgt schließlich zweierlei: Zum einen wäre es überaus lohnenswert, diese Phänomene in *allen* bilingual unterrichteten Sachfächern zu untersuchen. Zum anderen ist die Vernachlässigung der Naturwissenschaften, insbesondere der Fächer Physik und Chemie, im bilingualen Unterricht inhaltlich nicht länger begründbar.

Anmerkungen

[1] Zur Situation des naturwissenschaftlichen BU gibt es noch keine spezifisch aufbereiteten Daten. Die folgenden Angaben entstammen einer Anfrage, die ich im letzten Jahr bei allen Kultusministerien der Länder durchgeführt habe.

[2] Dies ist eine enorme Herausforderung. Aufgrund der ähnlichen Problemlage, der Gestaltung einer Position jenseits des Eigenen und des Fremden nämlich, könnte aber Kramschs Konzept des "dritten Ortes" hier zu Rate gezogen werden. In Bezug auf die Doppelfunktion von Schule, die Förderung von Autonomie der Lernenden auf der einen Seite und ihre Sozialisation auf der anderen Seite, benennt sie auch eine weitere, scheinbar widersprüchliche Aufgabe der Lehrerinnen und Lehrer: *The good teacher fosters both compliance and rebellion.* (1993: 246)

Literaturhinweise

Bach, Gerhard (1998): Interkulturelles Lernen. In: Timm, Johannes-Peter (Hrsg.): *Englisch lernen und lehren.* Berlin: Cornelsen: 192-200.

Bonnet, Andreas (1998): *Can I have Klebeband?* Handlungsorientierung des bilingualen Unterrichts im Fach Chemie. *Englisch* 33/4: 122-129.

----- (1999): Begriffliches Lernen im bilingualen Unterricht Chemie. *Englisch* 34/1: 3-8.

Buck, Peter (1990): Präzise und exakte Begriffsbildung. *chimica didactica* 16/4: 223-229.

Butzkamm, Wolfgang (1993): Bilingualer Unterricht: Fragen an die Forschung. *Die neueren Sprachen* 92/1-2: 151-161.

Cobern, William W./Aikenhead, Glen S. (1998): Cultural Aspects of Learning Science. In: Fraser, Barry J./Tobin, Kenneth G. (Hrsg.): *International Handbook of Science Education.* London: Kluwer: 39-52.

Collier, Virginia P. (1992): The Canadian Bilingual Immersion Debate: A Synthesis of Research Findings. *Studies in Second Language Acquisition* 14: 87-97.

Driver, Rosalind et al. (1997): *Making Sense of Secondary Science.* Research into Children's Ideas. London, New York: Routledge.

Geertz, Clifford (1973): *The Interpretation of Cultures.* New York: Basic Books.

Hallet, Wolfgang (1998): The Bilingual Triangle. Überlegungen zu einer Didaktik des bilingualen Sachfachunterrichts. *Praxis des neusprachlichen Unterrichts* 45/2: 115-125.

Janich, Peter (1995): Protochemie: Programm einer konstruktiven Begründung der Begriffsstrukturen der Chemie. *chimica didactica* 21/2: 111-128.

Kramsch, Claire (1993): *Context and Culture in Language Teaching.* Oxford: Oxford University Press.

Mäsch, Nando (1993): The German Model of Bilingual Education: An Administrator's Perspective. In: Baetens Beardsmore, Hugo: *European Models of Bilingual Education.* Clevedon: Multilingual Matters: 155-172.

Mühlmann, Horst/Otten, Edgar (1991): Bilinguale deutsch-englische Bildungsgänge an Gymnasien: Diskussion didaktisch-methodischer Probleme. *Die neueren Sprachen* 90/1: 2-23.

Raasch, Albert (1995): Bilingualer Unterricht: Eine Problemskizze. *Neusprachliche Mitteilungen* 48/2: 103.

Reller, Armin (1999): persönliches Gespräch.

Schmid-Schönbein, Gisela/Goetz, Hermann/Hoffknecht, Volker (1994): Mehr oder anders? Konzepte, Modelle und Probleme des bilingualen Unterrichts. *Der fremdsprachliche Unterricht (Englisch)* 28/13: 6-11.

Sekretariat der Ständigen Konferenz der Kultusminister der Länder in der Bundesrepublik Deutschland (Hrsg.) (1993): *Übersicht zu Stand und Entwicklung der zweisprachigen Deutsch-Englischen Züge an allgemeinbildenden Sekundarschulen in den Ländern der Bundesrepublik Deutschland.* Bonn.

----- (Hrsg.) (1996): *Zweisprachige Bildungsgänge mit deutsch-französischem Profil.* Bonn.

----- (Hrsg.) (1999): *Konzepte für den bilingualen Unterricht.* Erfahrungsbericht und Vorschläge zur Weiterentwicklung. Bonn.

Sperber, Dan (1997): *Explaining Culture.* A Naturalistic Approach. Oxford: Blackwell.

Stäudel, Lutz/Kremer, Armin (1993): Sieben Thesen und drei Forderungen zur Veränderung des naturwissenschaftlichen Unterrichts in der Sekundarstufe I. *chimica didactica* 19/2: 151-159.

Traweek, Sharon (1992): Border Crossings: Narrative Strategies in Science Studies and among Physicists in Tsukuba Science City, Japan. In: Pickering, Andrew (Hrsg.): *Science as Practice and Culture.* Chicago: The University of Chicago Press: 429-465.

Wagenschein, Martin (1995, zuerst 1962): *Die pädagogische Dimension der Physik*. Aachen-Hahn: Hahner, 1. Neuaufl.

Weller, Franz-Rudolf (1993): Bilingual oder zweisprachig? Kritische Anmerkungen zu den Möglichkeiten und Grenzen fremdsprachigen Sachunterrichts. *Die neueren Sprachen* 92/1-2: 8-22.

Wode, Henning et al. (1996): Die Erprobung von deutsch-englisch bilingualem Unterricht in Schleswig-Holstein: Ein erster Zwischenbericht. *Zeitschrift für Fremdsprachenforschung* 7/1: 15-42.

Wolff, Dieter (1997): Zur Förderung von Sprachbewußtheit und Sprachlernbewußtheit im bilingualen Sachfachunterricht. *Fremdsprachen Lehren und Lernen* 26: 167-183.

Didaktik des Fremdverstehens im bilingualen Geschichtsunterricht: Eine qualitative Longitudinal-Studie im bilingualen Klassenzimmer

Stefanie Lamsfuss-Schenk

Der Beitrag stellt Design und erste Erträge einer qualitativen, empirischen Untersuchung im bilingualen Geschichtsunterricht vor. Zwei Geschichtsklassen, eine bilingual und eine muttersprachlich unterrichtete, wurden ein Jahr lang in triangulierter Beobachtung miteinander verglichen. Fokus des Vergleichs war das Fremdverstehen, das im bilingualen Geschichtsunterricht günstiger gefördert zu werden scheint als im muttersprachlichen Geschichtsunterricht. Der Einsatz der Fremdsprache fordert von den Schülern sowohl im Unterrichtsgespräch als auch bei der Quellenarbeit den vermehrten Einsatz von bestimmten Strategien, die die Konstruktion von Fremdverstehen erleichtern.

1. Einleitung

In diesem Beitrag soll eine empirische Untersuchung vorgestellt werden, die auf Fremdverstehen als qualitatives Merkmal bilingualen Geschichtsunterrichts fokussiert und mit den Methoden der ethnographischen Unterrichtsforschung arbeitet.

Ich habe zu diesem Zweck ein Schuljahr lang als Lehrerin und Forscherin den bilingualen Geschichtsunterricht einer neunten Klasse an einem Gymnasium im Bonner Raum mit dem Geschichtsunterricht in der Parallelklasse verglichen und fortlaufend nach den Prinzipien der pädagogischen Aktionsforschung evaluiert und verbessert. Die dabei gewonnenen Daten liegen einer anschließenden Mikroanalyse zugrunde.

Zu Beginn des Beitrages erläutere ich die Entwicklung der Fragestellung aus dem gegenwärtigen Forschungskontext und gebe eine Definition von Fremdverstehen. Anschließend lege ich die der Forschung zugrunde liegenden Vorannahmen zur Didaktik des Fremdverstehens im bilingualen Geschichtsunterricht dar, um dann als Hauptteil dieses Beitrages das forschungsmethodologische Konzept vorzustellen.

Die anschließenden Bemerkungen zur empirischen Erhebung haben den Charakter einer Zwischenbilanz, da die Untersuchung noch nicht abgeschlossen ist.

2. Entwicklung der Fragestellung

Die Vorteile bilingualen Sachfachunterrichts für den Fremdspracherwerb stellt derzeit kaum jemand in Frage, erste empirische Untersuchungen dazu liegen vor (Wode 1994). Dennoch kommen in der Diskussion meines Erachtens bislang vor allem zwei wesentliche Gesichtspunkte zu kurz: Zum einen werden die Inhalte, also die Perspektive des jeweiligen Sachfachs auf den bilingualen Unterricht, kaum beleuchtet. Die Diskussion und Erforschung vollzieht sich aus der Sicht der angewandten Linguistik und der Fremdsprachendidaktik – und das nicht nur in Deutschland (vgl. Baker/Jones 1998, *ZIFU* 1999, Helbig 1998). Eine Ausnahme stellt die Untersuchung Webers zum bilingualen Erdkundeunterricht und "internationaler Erziehung" dar (Weber 1993). Weber hat die Einstellungen von "bilingualen" Schülern zu interkulturellen Items gemessen und mit nichtbilingualen Schülern verglichen. Daraus ergibt sich jedoch das zweite Defizit:

Die Ergebnisse bilingualen Unterrichts werden viel zu selten zum konkreten Unterricht in Beziehung gesetzt. Jedoch in Zeiten didaktischer Neubestimmungen, beispielsweise in Bezug auf das "konstruktivistische Paradigma" (Wolff 1993, Wendt 1999), muss die Didaktik und Methodik, die im Unterricht konkret angewandt wird, für Erfolg oder Misserfolg bilingualen Sachfachunterrichts mitherangezogen werden. So verlangen die NRW-Empfehlungen des Kultusministeriums für den bilingualen Geschichtsunterricht eine klare "Schülerorientierung", zumindest in Bezug auf die Unterrichtsmethodik (Ministerium für Schule und Weiterbildung 1997). Dennoch gehe ich nach eigenen Beobachtungen und Erfahrungen davon aus, dass die Mehrzahl real stattfindenden bilingualen Unterrichts in traditioneller, stark lehrerzentrierter Weise durchgeführt wird (diese Beobachtung macht auch Decke-Cornill 1999). Dabei wurde noch nicht berücksichtigt, was "Schülerorientierung" für die Auswahl und Gestaltung der Unterrichtsinhalte bedeutet.

Aus diesen Feststellungen haben sich folgende Grobumrisse der hier vorzustellenden Fallstudie ergeben:

- Um die Inhalte des bilingual unterrichteten Sachfaches, im vorliegenden Fall des Faches Geschichte, zu untersuchen, wurde ein Gesichtspunkt ausgewählt, der sowohl in der Geschichtsdidaktik als auch in der Fremdsprachendidaktik als wichtiges Ziel angesehen wird: das Fremdverstehen – ein Begriff aus dem Feld des interkulturellen Lernens.

- Der bilinguale Geschichtsunterricht wurde mit dem muttersprachlichen Geschichtsunterricht verglichen, um so auf die Besonderheiten in Bezug auf das Sachfach zu fokussieren.

- Die Fallstudie sollte die Vorgänge im Klassenzimmer untersuchen und in einem zeitgemäßen Unterricht durchgeführt werden, um nicht zu beweisen, was schon bekannt ist, dass nämlich lehrerzentrierter, "instruktivistischer" Unterricht auch als bilingualer Unterricht nicht zufriedenstellend ist.

Bevor das anhand dieser Grobumrisse entwickelte Untersuchungsdesign vorgestellt wird, soll der zugrunde liegende Begriff "Fremdverstehen" erläutert werden.

2.1 Die zugrunde liegende Definition von "Fremdverstehen"

Der Begriff "Fremdverstehen" wurde in den letzten Jahren vor allem durch die Veröffentlichungen des Gießener Graduiertenkollegs "Didaktik des Fremdverstehens" (z.B. Bredella/Christ/Legutke 1997) thematisiert. Letztendlich wird mit der Fokussierung auf "Fremdverstehen" die Erwartung verbunden, die Diskussionen über das schwer konkret zu bestimmende "interkulturelle Lernen" durch einen präziseren Begriff voranzubringen. Allgemein ausgedrückt meint "Fremdverstehen" das Verstehen anderer, besonders kulturell anderer Perspektiven. Die darin enthaltenen Konzepte "Fremd", "Eigen" und "Kultur" sind komplexe Konstrukte und derzeit in sehr grundsätzlichen Diskussionsprozessen verschiedener Wissenschaftsdisziplinen Neubestimmungsprozessen unterworfen (z.B. Bredella/Delanoy 1999 oder Welsch 1995).

Ausgehend von der Diskussion innerhalb der Geschichtsdidaktik kann "Fremdverstehen", wie es im Umfeld des Gießener Graduiertenkollegs verstanden wird, als *synchrones Fremdverstehen* bezeichnet werden, da es sich auf gleichzeitige, aber kulturell fremde Phänomene bezieht. Dieses synchrone Fremdverstehen wird im Geschichtsunterricht ergänzt durch das geschichtliche Fremdverstehen, das *diachrone Fremdverstehen*, zielend auf Fremdheit bedingt durch zeitliche Distanz (z.B. von Borries 1999). Die Synergie der beiden fachdidaktischen Ziele könnte im bilingualen Geschichtsunterricht zu besonderen Erfolgen führen. So erlaubt es der Einsatz der Fremdsprache im Geschichtsunterricht, Quellen zur französischen Geschichte in der authentischen Originalfassung anstatt in der Übersetzung zu lesen, was ein tieferes Verständnis erlauben und Fremdverstehen befördern könnte.

Dabei verstehe ich mit Wendt (1993) Fremdverstehen als einen individuellen Konstruktionsprozess. Schüler konstruieren eine Vorstellung des "Fremden" auf der Grundlage ihres Weltwissens. "Fremdes" kann nur dann verstanden werden, wenn es mit dem Vorwissen in Verbindung gebracht werden kann. Der Perspektivenwechsel entspricht dem Aufstellen und Testen von Hypothesen. Ein tatsächlicher Wechsel der Perspektive käme einer Reise in der Zeitmaschine gleich (zu kognitionspsychologischen Erkenntnissen über Verstehen vgl. Wolff 1993). Ein wesentliches Ziel im Zusammenhang mit Fremdverstehen ist die Entfaltung eines Bewusstseins dieser Konstruiertheit, eines Konstruktionsbewusstseins – ein Konzept, welches sich zu großen Teilen mit dem gegenwärtigen Verständnis von Geschichtsbewusstsein (Jeismann 1997: 42) überschneidet.

Konkret ist in der empirischen Untersuchung dreierlei zu fragen:

1) Welche Unterrichtsgegenstände erweisen sich unter diesen Voraussetzungen zur Anbahnung von Fremdverstehen als geeignet und welche weniger?
2) Welche Strategien setzen Schülerinnen und Schüler ein oder könnten sie einsetzen, um Hypothesen über Fremdes aufzustellen?
3) Welche Unterrichtsverfahren und -prozesse wirken günstig oder ungünstig?

Die der vergleichenden Fallstudie zugrunde liegende Annahme lautet also zusammengefasst: Bilingualer Geschichtsunterricht fördert Fremdverstehen wirkungsvoller als muttersprachlicher Geschichtsunterricht.

3. Theorie: Vorüberlegungen für eine Didaktik des Fremdverstehens im bilingualen Geschichtsunterricht

Bislang liegt keine konzise und umfassende Didaktik des bilingualen Geschichtsunterrichts vor – dies enthebt jedoch den im Unterricht handelnden Lehrer nicht der Notwendigkeit, tagtäglich unterrichtsrelevante Entscheidungen zu treffen, denen eine bestimmte Vorannahme von Didaktik zugrunde liegt. Einige grundlegende Elemente der meinem eigenen Lehrerhandeln zugrunde liegenden Vorannahmen möchte ich im Folgenden darlegen. Es ist eines der Ziele der hier vorgestellten Untersuchung, empirische Belege zur Evaluation dieser Vorannahmen zu sammeln.

3.1 Lernen, sowohl Geschichtslernen als auch Fremdsprachenlernen, ist ein vom Schüler selbst gesteuerter, konstruktiver Prozess

Eine deutliche Schülerorientierung in den Unterrichtsmethoden (die auch in den ministeriellen NRW-Empfehlungen 1997 formuliert wird) trägt dem Rechnung. Zur prozessorientierten Förderung des selbstverantwortlichen Lernens der Schüler wird ein Fokus auf Lernstrategien und Arbeitstechniken empfohlen (Krechel 1994, Helbig 1998, in Bezug auf Fremdsprachenlernen allgemein: Missler 1999. Zu den theoretischen Grundlagen: Wolff 1993, Wendt 1999).

Diese Prämisse ist meines Erachtens auch auf das Fremdverstehen auszuweiten: Das Ziel sollte sein, die Schüler zu befähigen, selbstständig Sachverhalte aus anderen Perspektiven zu konstruieren, soweit ihnen dies mit ihrem Vorwissen möglich ist. Hierfür sind Strategien und Techniken, aber auch bestimmte Einstellungen und Vorkenntnisse von Nöten (vgl. Byram 1997: 50f.).

3.2 Bilingualer Geschichtsunterricht sollte ebenso wie jeder Geschichtsunterricht problemorientiert sein

Unter Problemorientierung wird in der Geschichtsdidaktik eine Herangehensweise an die Auswahl von Unterrichtsmaterialien verstanden. Dieses "Konstruktionsprinzip" (Ministerium 1993: 43), das die Geschichtsdidaktik seit längerem einhellig fordert, hat auch Eingang in die nordrhein-westfälischen Richtlinien für den Geschichtsunterricht gefunden, allerdings noch nicht in die NRW-Empfehlungen für den bilingualen Geschichtsunterricht:

> Die Geschichte ist bestimmt durch die immer wieder neue Auseinandersetzung mit grundlegenden Problemen menschlichen Zusammenlebens [...], mit sozialen Spannungen, mit der Legitimation und Ausgestaltung von Herrschaft [...] mit den Bemühungen um Selbstdeutung und Sinnstiftung. Ein historisches Problem wird so erkennbar als eine prinzipiell unentschiedene und immer wieder offene Grundfrage, um deren dauerhafte Beantwortung sich einzelne Denkerinnen und Denker, soziale Gruppen und ganze Epochen bemüht haben, die sich gleichwohl stets neu stellt.

Dieses didaktische Konstruktionsprinzip muss umso mehr für den bilingualen Sachfachunterricht gelten. Die Strukturierung des Unterrichts anhand von immer wiederkehrenden, für die Gegenwart relevanten Grundfragen und Begriffen ermöglicht gleichzeitig die Vernetzung des dafür notwendigen Sprachschatzes. Ich sehe hierin eine Möglichkeit, sprachliches Lernen inhaltlich sinnvoll zu integrieren.

3.3 Die Unterrichtsinhalte müssen für die Schüler authentisch sein

Nach den Erkenntnissen der Psycholinguistik ist ein Faktor, der wesentlich für den Erfolg fremdsprachlichen Lernens verantwortlich ist, die Verarbeitungstiefe. Die Bedingungen zur Erreichung einer höheren Verarbeitungstiefe werden im bilingualen Sachfachunterricht günstiger eingeschätzt als im traditionellen Fremdsprachenunterricht (Wolff 1996). Ein Kriterium hierfür ist die Authentizität des Unterrichtsinhalts. Nun wird der Begriff "Authentizität" auf zwei Ebenen gebraucht: zum einen beschreibt er "echte" Texte, also Texte, die nicht speziell für Lerner verfasst wurden, zum anderen bezeichnet er aber auch Aneignungssituationen und Lernerfahrungen, die möglichst "echt" beziehungsweise authentisch sein sollen – wie zum Beispiel im projekt- oder im handlungsorientierten Unterricht. Zu berücksichtigen scheint mir hierbei, dass für Lerner ein de facto authentischer Text noch nicht automatisch eine authentische Lernerfahrung ermöglicht – wenn er beispielsweise keine Anknüpfungsmöglichkeiten an ihr Weltwissen bietet, weil er aus einem schülerfernen Themenbereich stammt. Um also die Authentizität der Lernerfahrung im Geschichtsunterricht zu erreichen, müssen wir über die Wahl eines authentischen Lernmaterials hinaus.

Faktoren wie das individuelle Vorwissen der Schüler sowie ihre Interessen und Motivation müssen bedacht werden. Prozesse des Aushandelns von Unterrichtsinhalten zwischen Lehrer und Schülern sind sehr wichtig, Inhalte dürfen nicht einfach "vorgesetzt" werden. Unter Berücksichtigung des Weltwissens und der kognitiven Entwicklung von Schülern im Jugendalter vermute ich, dass für die Schüler eher Gegenstände der Alltags-, Sozial- und Wirtschaftsgeschichte eine authentische Lernerfahrung ermöglichen als Gegenstände der Philosophie-, Verfassungs- oder Rechtsgeschichte.

3.4 Die Prozesse innerhalb einer Schulklasse im Unterricht sind systemisch

Demnach wären Fragen der Sprachwahl, des *code-switchings*, des Verhaltens im Unterricht oder auch des Interesses am Unterricht nicht auf lineare Kausalitäten wie: "auf Lehrerfrage x folgt Schülerantwort y" zurückzuführen, sondern unterliegen komplexen Prozessen. Didaktische Konsequenz kann meines Erachtens nur sein, nicht nur für das individuelle Lernen, sondern in einem weiteren Sinne für das gesamte Geschehen im Klassenzimmer Selbststeuerungsmechanismen in Gang zu setzen (Palmowski 1995, Huschke-Rhein 1989, Willke 1994).

3.5 Integriert in ein so gestaltetes Lernfeld kann Fremdverstehen gezielt gefördert werden

Die Förderung von Fremdverstehen ist kein von den anderen Lernbereichen abgekoppeltes Additum, sondern untrennbar verwoben mit einem komplexen Unterrichtsgeschehen. In diesem Rahmen gibt es einige Maßnahmen, die gezielt Fremdverstehen fördern könnten:

Fremdverstehen besteht elementar im Nachvollziehen der Handlungsmotive und Einstellungen anderer Menschen, so müssen diese also auch zum Gegenstand des Geschichtsunterrichts werden. Da Verstehen nur dort stattfinden kann, wo Anbindung an Vorwissen möglich ist, sollten solche thematischen Zusammenhänge ausgewählt werden, die im Blickfeld der Schüler liegen. Von da aus können thematische Verbreiterungen stattfinden. Themen aus dem Bereich des Alltagslebens, von Kindern und Jugendlichen oder von der Beziehung zwischen Männern und Frauen bieten sich an. An solchen Themen können Strategien des fremdverstehenden Rekonstruierens entwickelt werden. Dazu gehören die Imagination der jeweiligen Situation und die Einbeziehung möglichst vieler Faktoren, die die historische Situation von der gegenwärtigen unterscheiden. Einen authentischen Zugang zu Aspekten der Fremdheit gewinnt der bilinguale Geschichtsunterricht durch die Arbeit mit originalsprachlichen Quellen, beispielsweise zur Französischen Revolution.

4. Methode: Design Ethnographie im bilingualen Klassenzimmer

4.1 Aktionsforschung

Ethnographie ist eine Richtung der qualitativen empirischen Sozialforschung (Coulon 1995), die mit einem vielfältigen Beobachtungs- und Befragungsinstrumentarium Feldforschungen betreibt, dabei gezielt Fragestellungen des alltäglichen Lebens nachgeht und ein besonderes Gewicht auf die Perspektive der Betroffenen, der zu Untersuchenden, legt. Im Rahmen ethnographischer Untersuchungen zur Erforschung des *second language classroom* wird besonders die von Lehrern durchgeführte Aktionsforschung empfohlen (van Lier 1988: 67).

Die Aktionsforschung, auch "pädagogische Handlungsforschung" oder, im englischsprachigen Raum *action research* genannt, ist eine Forschungsrichtung, die zum Ziel die Verbesserung der Praxis hat (Überblicksdarstellungen zu Aktionsforschung bei Altrichter 1998 und Hermes 1996). Forschungsmethodologisch versucht *action research* in emanzipatorischem Sinn die Trennung von Forscher und Beobachtungsobjekt aufzuheben und durch Aufklärung und Beteiligung aller an einem gemeinsamen Forschungsprozess zu einer Verbesserung der gemeinsamen Praxis zu gelangen (Zahlreiche Praxisbeispiele in: Networks 1998).

Die Experimentalklasse für meine Untersuchung war eine neunte Klasse im bilingualen deutsch-französischen Zweig eines Gymnasiums nahe Bonn. Die Schüler lernten die Fremdsprache also im fünften Jahr und hatten bereits zwei Jahre lang bilingualen

Sachfachunterricht in Erdkunde sowie ein Jahr in Politik. Geschichte setzte in der neunten Klasse neu als bilinguales Sachfach ein. Als Kontrollklasse bestand die Parallelklasse, in der Geschichtsunterricht in der Muttersprache erteilt wurde. Ich erhielt die Möglichkeit für meine Untersuchung in beiden Klassen parallel unterrichten zu können. Durch den Vergleich des Unterrichts in den beiden Klassen sollten die Besonderheiten der Verwendung der Fremdsprache im Geschichtsunterricht hervortreten.

Ziel war die holistische Betrachtung (zu diesem Prinzip ethnographischer Forschung vgl. van Lier 1998, beisp.: 39; Coulon 1995: 15f.) der gesamten Lernsituation im bilingualen Geschichtsunterricht: Prozesse in der Klasse, Unterrichtsinhalte, Unterrichtsmethoden, Lern- und Arbeitsformen. Nun wäre es pädagogisch nicht sinnvoll, die beiden Klassen zwangsweise parallel zu unterrichten, wobei diese Parallelität, ausgehend von der bilingualen Klasse, der Kontrollklasse übergestülpt worden wäre. Um dennoch eine gewisse Vergleichbarkeit zu errcichen, habe ich an vier Stellen im Verlauf des Schuljahres den Unterricht so parallel geführt, dass die Aufzeichnung von gleich geplanten Unterrichtsstunden möglich wurde. Die Stunden unterschieden sich jeweils allein durch den Gebrauch von Muttersprache beziehungsweise Fremdsprache – und natürlich durch die Schülerpersönlichkeiten und das verschiedene Vorwissen.

Von besonderem Interesse war in allem die Perspektive der Schüler, nicht nur im Unterricht im eigentlichen Sinne, sondern auch in Meta-Gesprächen. Die Perspektive der Schüler wurde mit verschiedenen Untersuchungsinstrumenten erhoben: in Retrospektionen im Anschluss an die aufgezeichneten Unterrichtsstunden, in zwei Fragebögen, in Lerntagebüchern und in verschiedenen Meta-Gesprächen während des Unterrichts. Diese Daten lassen sich auf deklarative und implizite Vorstellungen untersuchen, die ich als Lehrerin und die Schüler von den einzelnen Faktoren des bilingualen Geschichtsunterrichts konstruieren und in der Interaktion kontinuierlich interpretieren.

Zur Vervollständigung der Triangulierung der Beobachtung stellten sich freundlicherweise ein Kollege und eine Kollegin zur Verfügung, die als Supervisoren fungierten und an den aufgezeichneten Unterrichtsstunden als Fremdbeobachter teilnahmen. Diese Supervisoren haben im Anschluss an jede der aufgezeichneten Unterrichtsstunden mit mir eine Retrospektion durchgeführt, bei der die Interpretation von Unterrichtsprozessen durch den Vergleich der verschiedenen Perspektiven validiert wurde.

Durch die jeweiligen Retrospektionen im Anschluss an die aufgezeichneten Unterrichtsstunde ergab sich der für pädagogische Aktionsforschung wünschenswerte Diskussionsprozess in Gestalt einer aufsteigenden Spirale bestehend aus Planung – Durchführung – Evaluation – verbesserte Planung – erneute Durchführung etc.

Dabei ist zu berücksichtigen, dass die Aktionsforschung, auch wenn sie sich weitgehend mit den allgemeinen qualitativen Methoden der Ethnographie im Klassenzimmer überschneidet, erstens durch die Handlungskomponente einen eigenen Charakter gewinnt und zweitens nicht dem ethnographischen Kriterium der *empathic neutrality* (Coulon 1995: 41f.) entspricht, da ich mich als Lehrerin in Form meiner didaktischen

Zielsetzung, Fremdverstehen zu fördern, nicht neutral verhalte und diese Zielsetzung in den Retrospektionen wie ein Gütekriterium wirkt. Die Aktionsforschung kann den Unterricht in seiner Gesamtheit als Handlung betrachten und Wechselwirkungen von Lehrerverhalten/Schülerverhalten, Unterrichtsinhalten und Unterrichtsmethoden beobachten oder unvorhergesehene Faktoren aufdecken. Die Stärke dieses Prozesses besteht in der Involviertheit und Innensicht der Beteiligten.

4.2 Mikroanalyse

Um darüber hinaus die Phänomene dieses Schuljahres vor allem im Hinblick auf die Konstruktion von Fremdverstehen detailliert studieren zu können, schließe ich an den (inzwischen abgeschlossenen) Aktionsforschungsprozess eine (noch nicht abgeschlossene) Mikroanalyse an. Die Betrachtung fokussiert auf die Inhalte der Unterrichtsdiskurse und zwar auf solche Begriffe oder Sequenzen, die Aussagen über Fremdverstehen erlauben. Die ethnographische Mikroanalyse geht an Tiefe der Betrachtung einzelner Unterrichtsdiskurse über die Aktionsforschung hinaus, kann detailliert mündliche (und nun transkribierte) Daten und Unterrichtsmaterialien sowie schriftliche Daten aus der Hand der Schüler miteinander vergleichen. Die größere Distanz zum Unterrichtsgeschehen und die *empathic neutrality* sollten tiefergehende Erkenntnisse über die Konstruktion von Fremdverstehen ermöglichen, als es die auf die Handlungsebene konzentrierte Aktionsforschung erlaubt. Zum Abschluss der Untersuchung ist eine kommunikative Validierung mit den verschiedenen Beteiligten und gegebenenfalls auch mit anderen Experten angestrebt, um so die Triangulierung der Perspektiven zu vervollständigen. Am Ende dieses Beitrags findet sich eine schematische Übersicht über den Gesamtverlauf des Forschungsprozesses.

4.3 Was kann diese Untersuchung leisten?

Aus der Exploration des Untersuchungsfeldes bilinguales Klassenzimmer können multiple Faktoren beschrieben werden, die für die Konstruktion von Fremdverstehen relevant erscheinen. Dabei sollten auch Wechselbeziehungen und Interdependenzen zwischen verschiedenen Faktoren beobachtet werden können. Insofern können empirische Anhaltspunkte für eine Weiterentwicklung der Didaktik des Fremdverstehens im bilingualen Geschichtsunterricht gefunden werden und Hypothesen für weitere Forschungen generiert werden.

Quantifizierbare Ergebnisse liefert diese Untersuchung nicht, auch wenn intern gegebenenfalls manche Faktoren auch quantitativ betrachtet werden können. Inwieweit jedoch die soziale Zusammensetzung oder andere Charakteristika der untersuchten bilingualen Klasse für die bilingualen Klassen im Allgemeinen repräsentativ sind, lässt sich nur vermuten, nicht aber mit Sicherheit sagen, da dazu bislang zuwenig gesicherte Erkenntnisse vorliegen. Es ist auch zu vermerken, dass der experimentelle Charakter der didaktischen Vorannahmen und der Einfluss der Aktionsforschung bewirken, dass die

Prozesse in der untersuchten bilingualen Klasse nicht für die allgemeine Praxis des bilingualen Geschichtsunterrichts repräsentativ sind – dies sollten sie jedoch auch ausdrücklich nicht sein, da als repräsentativ ein zu überwindender lehrerzentrierter Unterricht angesehen wird.

Dennoch kann der Vergleich der Daten mit den Erkenntnissen anderer Forscher im "bilingualen Feld", die empirisch gearbeitet haben (Helbig, Wode, Weber) oder derzeit arbeiten (Bonnet in Hamburg, Fehling in Kassel) interessante Hinweise liefern.

5. Empirisches: Vorläufige Beschreibung verschiedener Aspekte

5.1 Eine weitere Kategorie des Fremdverstehens: "Fremdverstehen im Unterrichtsgespräch"

Aus dem Vergleich der beiden Klassen ergaben sich spezielle Schwierigkeiten in der bilingualen Klasse: Die Schüler wandten sich im Unterrichtsgespräch immer an die Lehrerin und nur äußerst selten an ihre Mitschüler. Viele Schüler achteten nicht auf die Wortbeiträge der anderen Schüler. In den ersten Retrospektionen mit den Fremdbeobachtern wurde übereinstimmend festgestellt, dass insbesondere die "horizontale" Kommunikation im Unterricht, also die Kommunikation zwischen den Schülern in der bilingualen Klasse sehr viel schwieriger war als in der muttersprachlich unterrichteten Klasse.

Die Ursachen dafür sind vielfältig und können hier nicht alle diskutiert werden, aber ich möchte doch auf das Zusammenwirken der beiden Faktoren Fremdsprache und Geschichte hinweisen. Das Mitteilungsbedürfnis der Schüler war oft größer als die fremdsprachliche Kompetenz. Eine besondere Schwierigkeit bestand darin, die Beiträge der Mitschüler zu verstehen. Die Interaktion im Unterricht mit anderen Schülern ist dadurch im bilingualen Unterricht offensichtlich schwieriger. Für die Förderung von Fremdverstehen ist dies jedoch ein wichtiger Ansatzpunkt: im Verlauf der Aktionsforschung wurde sowohl von mir als auch von den Fremdbeobachtern eingeschätzt, dass es wenig sinnvoll ist, Fremdverstehen nur rein akademisch anzustreben, ohne es in der Unterrichtssituation zu praktizieren beziehungsweise praktisch in der Kommunikation mit den Mitschülern anzuregen. Um dies zu fördern wurden verschiedene Maßnahmen ergriffen und Prozesse initiiert, auf die ich an anderer Stelle ausführlicher eingehen werde. Ich bezeichne diese dritte Kategorie (s. Punkt 2.1.) des Fremdverstehens als "Fremdverstehen im Unterrichtsgespräch" und will in den weiteren Untersuchungen zeigen, dass sich das Übungsfeld bilingualer Geschichtsunterricht zwar als schwieriger, aber vielleicht auch gerade deswegen als wirkungsvoller zur Anbahnung von Fremdverstehen erweist.

Während der erste Punkt gewisse praktische Schwierigkeiten einer Didaktik des Fremdverstehens im bilingualen Geschichtsunterricht beschreibt, möchte ich nun zwei Unterrichtsbeispiele darstellen, aus denen sich möglicherweise ein grundsätzlicher Vorteil der bilingualen Schüler ableiten lässt.

5.2 Unterrichtsthema: Der Freiheitskrieg des revolutionären Frankreich gegen europäische Monarchien – ein gerechter Krieg?

Das erste Beispiel ist die vergleichende Auswertung einer schriftlichen Aufgabe über die Französische Revolution, die beiden Klassen gestellt wurde.

Die Schüler beider Klassen wurden aufgefordert, sich zu folgender Frage zu äußern:

Si tu avais vécu en France de 1792, aurais-tu participé comme volontaire à cette guerre?

Bzw.:

Wenn du 1792 in Frankreich gelebt hättest, hättest du freiwillig an diesem Krieg teilgenommen?

In beiden Klassen erklären sich die meisten Schüler und Schülerinnen für die Teilnahme an diesem Krieg zur Verteidigung der Revolution. Die Ausführlichkeit und Differenziertheit der Antworten hält sich in beiden Gruppen in etwa die Waage. Jedoch nennen die Schüler der Kontrollklasse vermehrt ein Argument, das sich in der bilingualen Klasse gar nicht findet:

- *... Außerdem wäre einem Normalbürger fast nichts anderes übriggeblieben, denn sonst wäre er als Verräter angeklagt worden.*
- *Ich glaube, ich hätte am Krieg teilgenommen. Ich hätte den Krieg aber nicht befürwortet und ich wäre auch gegen die Hinrichtung des Königs gewesen. Trotzdem hätte ich mich den Revolutionären angeschlossen. Wenn ich zugeben würde, gegen sie zu sein und offen dazu stehen würde, würde ich mich zum Feind der Revolutionäre machen und dazu wäre ich nicht mutig genug.*

Solche Überlegungen finden sich bei den bilingualen Schülern nicht. Die Schüler sprechen beispielsweise von (unkorrigiert):

la Patrie a lutté pour la liberté du peuple français. Et moi aussi, je faisait partie du peuple français.

Oder:

L'esprit des français était: la liberté ou la mort.

Die Überlegung, als Verräter gelten zu können, findet sich in der bilingualen Klasse gar nicht. Ablehnung wird wenn überhaupt mit Angst vor der Lebensgefahr begründet.

Die bilingualen Schüler nahmen in stärkerer Weise eine Innensicht auf die Französische Revolution ein als die Schüler der Kontrollklasse, die entweder gar keinen Perspektivenwechsel vornahmen oder deren Urteil einseitig in den Wertvorstellungen der Gegenwart gebunden blieb. Es wurde mit den Supervisoren die Überlegung angestellt, dass die bilingualen Schüler in ihrer Schullaufbahn eine besondere Affinität zu Frankreich ausgebildet haben und dies der Grund für die qualitativ andere Perspektive sein könnte. Im zweiten Beispiel wird deshalb die Perspektive verändert – es geht nun nicht mehr um das Verstehen von etwas Französischem:

5.3 Unterrichtsthema: Kanada 1534. Jacques Cartier landet im späteren Québec – wie sehen das die Indianer?

In einer der aufgezeichneten Unterrichtsstunden im Zusammenhang mit der europäischen Eroberung der Welt wurde ein Auszug aus dem Tagebuch des französischen Entdeckers Jacques Cartier behandelt, in dem dieser seine erste Begegnung mit den nordamerikanischen Ureinwohnern schildert. Für beide Seiten ist dies die erste Begegnung mit dieser Gruppe von Fremden. Im Verlauf der Begegnung zwingen die Franzosen einige der Indianer gegen deren Willen auf ihr Schiff. An dieser Stelle der Textlektüre wurde im Unterricht auf die Perspektive der Indianer fokussiert. Die Schüler beider Klassen wurden aufgefordert, Hypothesen darüber aufzustellen, was die Indianer nun tun würden.

Folgende Vermutungen stellten die Schüler der bilingualen Klasse an (ich zitiere nach dem Transkript der Unterrichtsstunde):

Lehrerin: Donc, les Indiens, comment pourraient-ils réagir maintenant?
S1: Peut-être ils vont attaquer les Français eh, halt um die zu befreien.
S2: Die Indianer sind viel zu tapfer, um sich zu unterwerfen.
S3: Ils vont parler avec le chef qu'ils ont plus de force.
S4: Sie werden sich zurückziehen und beraten und die vielleicht alle fertigmachen.

Im Vergleich dazu äußern die Schüler in der Kontrollklasse folgende Vermutungen:

Lehrerin: Also, was könnte jetzt als nächstes passieren, was könnten die Indianer jetzt machen?
S1: Die werden die bestimmt mit nach Europa nehmen.
S2: Ja, die nehmen die mit als Vorzeigeobjekte.
S3: ... oder als Sklaven.
S4: ich glaub, die werden die nicht mitnehmen, die werden sie wieder gehen lassen um zu zeigen, dass sie den Indianern nichts Böses tun wollen.
Lehrerin: Könnt ihr euch denn nicht auch etwas vorstellen, was die Indianer tun könnten?
S4: Die können doch da nichts machen, die anderen haben viel bessere Waffen.

Während die muttersprachlich unterrichteten Schüler auch durch Nachfragen nicht dazu zu bewegen waren, sich Reaktionen der Indianer vorzustellen, gingen die bilingualen Schüler sehr übereinstimmend davon aus, dass es zu Widerstandshandlungen kommen würde. Wenn man die Imaginierung solcher Reaktionen der amerikanischen Ureinwohner auf die Zwangsmaßnahme der Franzosen als Maßstab für das Erreichen von Fremdverstehen nimmt, dann erreichen die bilingualen Schüler auch hier eine besondere Qualität des Fremdverstehens, die im Übrigen auch dem historischen Verlauf der Ereignisse näher kommt.

6. Hypothese und Ausblick

Die beiden Unterrichtsbeobachtungen stehen hier beispielhaft für eine größere Zahl vergleichbarer Beobachtungen. Wie lassen sich die Unterschiede zwischen den beiden

Klassen erklären? Die Unterrichtsreihen waren in beiden Klassen so ähnlich, dass hierin kein wesentlicher Grund liegen sollte. Ein möglicher Faktor, der sich meinem Blick weitgehend entzieht, ist der schon durchlaufene bilinguale Sachfachunterricht. Ich messe diesem Faktor allerdings keine sehr hohe Bedeutung zu, da in Interviews, die ich in Vorbereitung der Untersuchung mit Kollegen geführt habe, Lernziele wie "Fremdverstehen" oder "interkulturelles Lernen" nicht genannt wurden.

Eine Überlegung, auf die ich hier nur kurz hinweisen will, ist die, dass in der hier behandelten bilingualen Klasse ebenso wie in den bilingualen Klassen allgemein, verstärkt die leistungsfähigeren und -bereiteren Schüler zu finden seien. Diese Überlegung gehört nach meiner Anschauung zum festen Bestand allgemeiner Annahmen von Lehrern in bilingualen Zweigen bzw. über bilinguale Zweige. Sie ist zwar wahrscheinlich nicht von der Hand zu weisen, es ist aber doch zu fragen, ob die Qualität des Fremdverstehens in ursächlichem Zusammenhang mit Leistungsfähigkeit und -bereitschaft eines Schülers stehen kann. Ich halte dies für eine sowohl sehr weit- und folgenreiche als auch für eine höchst problematische Annahme.

Meine Überlegungen gehen vielmehr in die Richtung, einen erklärenden Faktor im Einsatz der Fremdsprache im bilingualen Geschichtsunterricht selber zu suchen: Wenn man davon ausgeht, dass der Einsatz der Fremdsprache im Geschichtsunterricht von den Schülern vermehrt den Einsatz von Erschließungs- und Inferierungsstrategien verlangt, dann sind es möglicherweise gerade diese Strategien, die der Konstruktion von Fremdverstehen zuträglich sind – oder die mit den Strategien, die zur Konstruktion von Fremdverstehen eingesetzt werden, eng verwandt sind: Im bilingualen Geschichtsunterricht müssen die Schüler immer wieder Hypothesen über das Weltwissen des Textautors anstellen, um den Textsinn zu entnehmen. Sie müssen fremdsprachliche Begriffe inferieren und auch wenn nicht alle vorhandenen Konnotationen bekannt sind, so können die Schüler doch schon frühzeitig lernen, dass vieles nur im Zusammenhang einer anderer Kultur als Bezugssystem verstanden werden kann. Der Einbezug der fremden Perspektive wäre also in gewisser Weise immanenter Bestandteil jeder Texterschließung im bilingualen Geschichtsunterricht.

Daraus ergäbe sich dann auch, dass ein dem autonomen Lernen verpflichteter bilingualer Geschichtsunterricht, bei dem ein besonderer Schwerpunkt auf *discovery skills* und *skills of relating and integrating* gelegt wird – um mit Byram zu sprechen – zur Anbahnung von Fremdverstehen besonders günstig ist.

Diese Überlegungen werden in der weiteren Arbeit eine wichtige Rolle spielen. Es werden aber noch andere Gesichtspunkte eine Rolle spielen, auf die ich hier nicht weiter eingehen kann, so zum Beispiel die Verflechtung von Kognition und Emotion im Zusammenhang mit dem Fremdverstehen, weiterhin der Einsatz geeigneter Lern- und Arbeitstechniken oder auch die Möglichkeiten, die sich durch den Einsatz neuer Medien ergeben können.

Literaturhinweise

Altrichter, Herbert/Posch, Peter (1998): *Lehrer erforschen ihren Unterricht*. Bad Heilbrunn: Klinkhardt, 3. Aufl.

Baker, Colin/Jones, Sylvia Prys (1998): *Encyclopedia of Bilingualism and Bilingual Education*. Clevedon: Multilingual Matters.

Borries, Bodo von (1999): Notwendige Bestandsaufnahme nach 30 Jahren? Ein Versuch über Post-68-Geschichtsdidaktik und Post-89-Problemfelder. *Geschichte in Wissenschaft und Unterricht* 5/6: 268-282.

Bredella, Lothar/Christ, Herbert/Legutke, Michael (Hrsg.) (1997): *Thema Fremdverstehen*. Arbeiten aus dem Graduiertenkolleg "Didaktik des Fremdverstehens". Tübingen: Narr.

-----/Delanoy, Werner (1999): *Interkultureller Fremdsprachenunterricht*. Tübingen: Narr.

Byram, Michael (1997): *Teaching and Assessing Intercultural Communicative Competence*. Clevedon: Multilingual Matters.

Coulon, Alain (1995): *Ethnomethodology*. London u.a.: Sage.

Decke-Cornill, Helene (1999): Einige Bedenken angesichts eines möglichen Aufbruchs des Fremdsprachenunterrichts in eine bilinguale Zukunft. *Neusprachliche Mitteilungen* 52/3: 164-170.

Finkbeiner, Claudia (1997): Zum Einfluss von Interessen und Strategien auf das Verarbeiten von Texten: Bericht von einer empirischen Studie im Englischunterricht. In: Bredella, Lothar/Christ, Herbert/Legutke, Michael (Hrsg.): 313-332.

Helbig, Beate (1998): Lern- und Arbeitstechniken im bilingualen Sachfachunterricht aufgezeigt am Beispiel von Texterschließungstechiken (Sekundarstufe I). *Der Fremdsprachliche Unterricht (Französisch)* 4: 53-57.

Hermes, Liesel (1996): *Förderung der Selbst- und Fremdwahrnehmung von Fremdsprachenlehrkräften zur Verbesserung der fremdsprachenmethodischen Kompetenz*. Ein Projektbericht. Koblenz: Staatliches Institut für Lehrerfortbildung Rheinland-Pfalz.

Huschke-Rhein, Rolf (1989): *Systemische Pädagogik: ein Lehr- und Studienbuch für Erziehungs- und Sozialwissenschaften*. Köln: Rhein-Verlag.

Jeismann, Karl-Ernst (1997): Geschichtsbewußtsein – Theorie. In: Bergmann, Klaus/Fröhlich, Klaus/Kuhn, Anette u.a. (Hrsg.): *Handbuch der Geschichtsdidaktik*. Seelz-Velber: Kallmeyer.

Krechel, Hans-Ludwig (1994): Inhaltsbezogene Spracharbeit im bilingualen Sachfach Erdkunde. In: *Fachunterricht in der Fremdsprache. Triangle 13*, hg. v. Goethe-Institut/The British Council/ENS-CREDIF. Paris: 95-111.

Lamsfuss-Schenk, Stefanie/Wolff, Dieter (1999): Bilingualer Sachfachunterricht: Fünf kritische Anmerkungen zum state of the art. *Zeitschrift für Interkulturellen Fremdsprachenunterricht (ZIFU)* [Online], 1(3), 10 pp.
http://www.ualberta.ca/~german/ejournal/lamsfus.htm

Lier, Leo van (1988): *The classroom and the language learner: ethnography and second-language research*. New York: Longman.

Ministerium für Schule und Weiterbildung des Landes Nordrhein-Westfalen (1997): *Empfehlungen für den bilingualen deutsch-französischen Unterricht in der Sekundarstufe I – Gymnasium des Landes NRW*. Geschichte. Frechen: Ritterbach.

Missler, Bettina (1999): *Fremdsprachenlernen und Lernstrategien*. Eine empirische Untersuchung. Tübingen: Stauffenburg.

Networks: An Online Journal for Teacher Research. (seit 9/1998) http://www.oise.utoronto.ca/~ctd/networks/

Palmowski, Winfried (1995): *Der Anstoß des Steines*. Systemische Beratungsstrategien im schulischen Kontext. Dortmund: Borgmann.

Weber, Robert (1993): *Bilingualer Erdkundeunterricht und internationale Erziehung*. Nürnberg: Selbstverlag des Hochschulverbandes für Geographie und ihre Didaktik e.V.

Welsch, Wolfgang (1995): Transkulturalität: Zur Verfasstheit heutiger Kulturen. *ZfK* 1: 39-44.

Wendt, Michael (1993): Fremdsprache und Fremdheit. Zu den Aufgaben des Fremdsprachenunterrichts aus der Sicht einer konstruktivistisch orientierten Fremdheitswissenschaft. *Der fremdsprachliche Unterricht (Französisch)* 27/10: 46-47

----- (1999): 15 Thesen zum erkenntnistheoretischen Konstruktivismus. http://ourworld.compuserve.com/homepages/michaelwendt/DGFF.htm

Willke, Helmut (1994): *Systemtheorie II*. Interventionstheorie. Stuttgart u.a.: Fischer.

Wode, Henning (1994): *Bilinguale Unterrichtserprobung in Schleswig-Holstein*, 2 Bde, Kiel: l&f Verlag.

Wolff, Dieter (1993): Der Konstruktivismus: Ein neues Paradigma in der Fremdsprachendidaktik? *Die neueren Sprachen* 93: 407-429.

----- (1996): Bilingualer Sachfachunterricht: Versuch einer lernpsychologischen und fachdidaktischen Begründung. (Vortrag am 21.11.1996 an der BUGH Wuppertal). http://www.uni-wuppertal.de/FB4/bilingu/texte.htm

----- (1998): Lernstrategien: Ein Weg zu mehr Lernautonomie. http://dark.ucs.ualberta.ca/~german/idv/wolffl.htm.

Zeitschrift für Interkulturellen Fremdsprachenunterricht [Online] 4 (2) Oktober 1999 Thema Bilinguales Lernen. http://www.ualberta.ca/~german/ejournal/ejournal.html

Abbildung

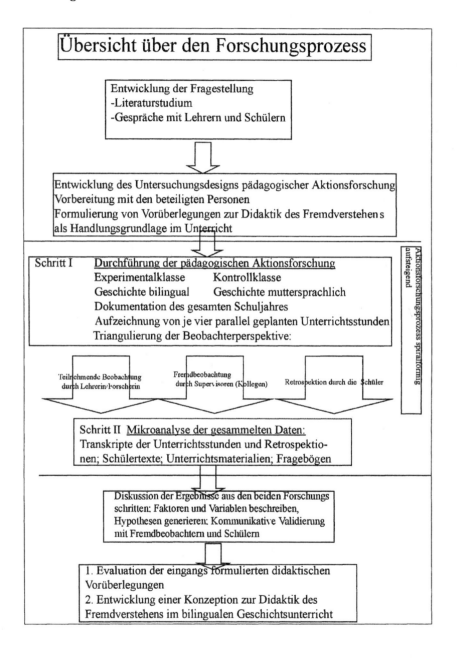

Anschriften der Autoren

Abendroth-Timmer, Dr. Dagmar, Universität Bremen, FB10, Postfach 330 440, 28334 Bremen

Bach, Prof. Dr. Gerhard, Universität Bremen, FB10, Postfach 330 440, 28334 Bremen

Bonnet, Andreas, Universität Hamburg, Von-Melle-Park 6, 20146 Hamburg

Breidbach, Stephan, Universität Bremen, FB10, Postfach 330 440, 28334 Bremen

Grundy, Prof. Dr. Peter, University of Durham, Elvet Riverside 2, New Elvet, Durham DH 1 32 T, UK

Küpers, Dr. Hannelore, Universität Bremen, FB10, Postfach 330 440, 28334 Bremen

Lamsfuß-Schenk, Stefanie, Bergische Universität-Gesamthochschule Wuppertal, FB 4, Gaußstr. 20, 42097 Wuppertal

Schüle, Prof. Dr. Klaus, Universität Bremen, FB10, Postfach 330 440, 28334 Bremen

Wendt, Prof. Dr. Michael, Universität Bremen, FB10, Postfach 330 440, 28334 Bremen

Kolloquium Fremdsprachenunterricht

Herausgegeben von Gerhard Bach, Volker Raddatz,
Michael Wendt und Wolfgang Zydatiß

Band 1   Volker Raddatz / Michael Wendt (Hrsg.): Textarbeit im Fremdsprachenunterricht – Schrift, Film, Video. Kolloquium zur Ehren von Bertolt Brandt (Verlag Dr. Kovač 1997).

Band 2   Gabriele Blell / Wilfried Gienow (Hrsg.): Interaktion mit Texten, Bildern, Multimedia im Fremdsprachenunterricht (Verlag Dr. Kovač 1998).

Band 3   Renate Fery / Volker Raddatz (Hrsg.): Lehrwerke und ihre Alternativen. 2000.

Band 4   Gisèle Holtzer / Michael Wendt (éds.): Didactique comparée des langues et études terminologiques. Interculturel – Stratégies – Conscience langagière. 2000.

Band 5   Gerhard Bach / Susanne Niemeier (Hrsg.): Bilingualer Unterricht. Grundlagen, Methoden, Praxis, Perspektiven. 2000.

Band 6   Michael Wendt (Hrsg.): Konstruktion statt Instruktion. Neue Zugänge zu Sprache und Kultur im Fremdsprachenunterricht. 2000.

Band 7   Dagmar Abendroth-Timmer / Stephan Breidbach (Hrsg.): Handlungsorientierung und Mehrsprachigkeit. Fremd- und mehrsprachliches Handeln in interkulturellen Kontexten. 2000.

Peter Lang · Europäischer Verlag der Wissenschaften

Ulla Fix / Dagmar Barth
unter Mitarbeit von Franziska Beyer

Sprachbiographien

Sprache und Sprachgebrauch vor und nach der Wende von 1989 im Erinnern und Erleben von Zeitzeugen aus der DDR Inhalte und Analysen narrativ-diskursiver Interviews

Frankfurt/M., Berlin, Bern, Bruxelles, New York, Oxford, Wien, 2000. 719 S.
Leipziger Arbeiten zur Sprach- und Kommunikationsgeschichte.
Herausgegeben von Ulla Fix, Rudolf Große, Gotthard Lerchner und Marianne Schröder. Bd. 7
ISBN 3-631-33208-4 · br. DM 148.–*

In narrativ-diskursiven Interviews werden Menschen, die die DDR bewußt erlebt haben und jetzt in den neuen Bundesländern leben, nach ihren sprachlich-kommunikativen Erfahrungen und Bewertungen damals und heute – im Sinne der Foucaultschen Ordnung des Diskurses – befragt. Es zeigt sich, daß sowohl die Inhalte der Interviews als auch die Darstellungs- und Deutungsweisen der Interviewten etwas über deren Verhältnis zur politischen Vergangenheit und Gegenwart ausdrücken.
Der Band enthält 22 (behutsam gekürzte) Interviews aus den Jahren 1994 bis 1996. Während die Interviewtexte in einer „Lesetranskription" vorgestellt werden, liegt den Analysen eine feinere Transkription zugrunde. Den Interviews sind zwei Aufsätze vorangestellt: ein Projektbericht von Fix, der auf die Ethnostrategien der Interviewten eingeht, sowie eine quantitative oberflächen- und tiefenstrukturelle Analyse der in den Interviews verwendeten Referenzmittel von Barth.

Aus dem Inhalt: Berichte und Erzählungen über Sprache und Sprachgebrauch in der DDR in der Zeit der „Wende" und in den neuen Bundesländern · Beschreibung von individuellen Lebens- und Kommunikationssituationen · Darstellung eigener Erlebnisse mit Sprache und Kommunikation früher und heute · Wiedergabe von Bewertungen und Empfindungen angesichts der als politisch empfundenen sprachlich-kommunikativen Verhältnisse · Analyse der Selbstdarstellung und der Deutungs- und Argumentationsstrategien bei der Darstellung der eigenen Situation

Frankfurt/M · Berlin · Bern · Bruxelles · New York · Oxford · Wien
Auslieferung: Verlag Peter Lang AG
Jupiterstr. 15, CH-3000 Bern 15
Telefax (004131) 9402131
*inklusive Mehrwertsteuer
Preisänderungen vorbehalten

46
48
71